通州纪事

王陆昕 著

新华出版社

图书在版编目（CIP）数据

通州纪事 / 王陆昕 著 .
——北京 : 新华出版社 ,2023.3
ISBN 978-7-5166-6735-4

Ⅰ . ①通…　Ⅱ . ①王…　Ⅲ . ①通州区—地方史　Ⅳ . ① K291.3

中国国家版本馆 CIP 数据核字 (2023) 第 038066 号

通州纪事
作　　者： 王陆昕

责任编辑： 丁　勇　　**设　　计：** 李　勇　吉洪霞

出版发行： 新华出版社
地　　址： 北京石景山区京原路 8 号　　**邮　　编：** 100040
网　　址： http: //www.xinhuapub.com
经　　销： 新华书店、新华出版社天猫旗舰店、京东旗舰店及各大网店
购书热线： 010-63077122　　**中国新闻书店购书热线：** 010-63072012

照　　排： 北京孝赢天下文化发展有限公司
印　　刷： 天津市永盈印刷有限公司

成品尺寸： 170mm×240mm　　**字　　数：** 326 千字
印　　张： 23.75
版　　次： 2023 年 3 月第一版　　**印　　次：** 2023 年 3 月第一次印刷

书　　号： ISBN 978-7-5166-6735-4
定　　价： 88.00 元

序

辗转接到一部友人送来的准备付梓的书稿，翻开第一页看到第一行我就笑了：通州是个有味道有故事的城市。

且不谈故事，单说味道。

这是我常常琢磨的一个话题。城市是有味道的，忘记是谁说的了，当你乘坐着火车，深夜在某个站上停车的时候，不必起来看站牌，光凭着味道，就知道是哪个城市。

那么通州的味道是什么呢？

提起味道，立马就会想到美食。美食是一种文化，一个城市的文化底蕴越是丰厚，它的美食越是丰富、越是独特、越是易于外乡人接受。书中写到的美食如“炸油鬼”“咯吱盒”，加上被称为“通州三宝”的大顺斋糖火烧、小楼烧鲶鱼、万通的酱菜，都会令人口舌生津。这是舌尖儿品尝出来的味道。

有一种味道是嗅觉捕捉到的。我在通州城里大多数时间是住在大杂院的，有一个院落曾经住着 11 户人家。下班回来，还没进院就闻到了各种各样的味道：蒸饭炒茶的味道，生炉子冒烟的味道，合欢树飘香的味道，拍打晾晒被褥的味道，甚至还有一些尿骚和腐臭的味道。这便是人间的烟火气，是暖暖的、安全的、亲密的邻里生活。

也有一种味道是需要用眼睛品味的。我曾经无数次在通州的大街小巷行走，特别是我在写《漕运码头》的时候，几乎每天下午都是我寻访历史的宝贵时光。那狭窄得只能侧身而过的牛毛小巷，那大门斑驳门楼长草的神秘小院，那胡同拐角处的小酒馆，那阔大气派老气横秋的旧官府、旧商号、旧学堂，都能让我长时间的驻足，让我感受着一种故纸堆般的味道。我在寻思，也在等待。一位老人出现了，给我讲述起运河的久远和漕运的辉煌。

有一种声音常常在我的耳边挥之不去，它是顺着滔滔滚滚的大运河飘来的，是从遥远的历史纵深处生发出来的。这个声音的背景是舳舻千里帆樯蔽日，是拉纤的双脚、是摇橹的双臂、是扛粮包的肩膀。这便是《运河号子》，是大运河的韵律，是饱含着河水、汗水、泪水的味道。每每听到这古老的呻吟或呐喊，我都会心热泪湿。

还有一种味道是需要感同身受的。通州人有地域自豪感，有共同的家乡情怀和文化认同，有重情义、好脸面、讲礼仪的地方特征。我在许多场合讲过，生为通州的读书人、写书人是幸福的，因为这片土地给我们提供了丰厚的文化滋养，也培育了文人之间的尊重和友爱。这浓浓的味道让我们的乡愁有了根基、有了博大的爱。

翻完这部书稿，按照友人提供的电话打给作者，第一句话问他小时候住在哪儿？第二句问他母亲的名字，第三句我便把他父亲的名字说出来，并且告诉他，我跟你父亲是非常好的朋友。

我们同时说：“没想到、没想到。”巧吗？这巧合是不是很有味道？把这部很有味道的书推荐给读者，希望读者和我一样喜欢。

王梓夫

壬寅冬月于通州

前言

通州是个有味道有故事的城市。

作为漕运要镇，京畿左辅，通州有上千年的建置，积累了深厚的历史文脉。曾几何时，这里“舟车辐辏，冠盖交驰”。大运河将全国各地的文化融入至此，经过多年的洗礼和沉淀，形成兼容并蓄、独具特色的人文底蕴，以及自信、包容的城市精神。

通州又是个变化中的新城，北京城市副中心发展日新月异，成为全世界瞩目的焦点，震古烁今，日月同辉。

通州通天下，运河载文明。讲好通州故事，是当代人的必然责任。笔者在通州长大，长期从事文字工作，对这里的一切都充满了感情。这些年，踏遍通州，拍摄了数万张影像，积累下了近百万字的文字素材。通过这些影像、历史记载和自己的记忆，纵横古今，让那些熟悉或生疏的人文地理，跃然纸上，充满情感和意境，让人耳目一新。

本书的出版是一种集纳升华，力求深度记录古今通州的一山一水、一草一木、一人一事，挖掘变化中的北京城市副中心历史文脉，展现大运河沿岸风韵，着力打造“最美人文通州符号”。本书共有四个部分，分别是“考据”“迹访”“人像”和“杂记”。

“考据”是对通州历史的深度还原，其中包含两个方面的内容。第一方面重在“考”，就是充分的调查研究；第二方面重在“据”，就是给出确凿的证据，做认真的分析。笔者特别关注了近些年的新发现、新成果，针对不同时期的史籍记载，精细地比对，站在更加广阔的视角，得出符合逻辑的结论。希望这些文章经得起时间的考验。

“迹访”的第一步是必须走出去，笔者这几年走遍了通州很多地方。在这期间，随着新城建设速度的加快，很多老建筑消失了，甚至很多地形都变了。值得万幸的是，笔者一直拍摄不止，笔记不辍。比如通州老城胡同系列，前后近二十年，留下了很多珍贵的影像资料，有了这些第一手资料，写起来得心应手。

“人像”本来是摄影语言，笔者把他们变成了“图话”。历史是人创造的，有人才有故事。通州有很多古代和当代的“牛人”，他们大多爱憎分明，个性鲜明，值得仰视，是通州文脉的推动者。

“杂记”像个大筐，但并不是什么都能往里面装。笔者行文自由，不受约束，但是也绝无夸夸其谈。核心宗旨摆脱不了一样东西，那就是通州的文脉。文脉像根大绳，串起了各色的人、各种的物。文脉是一个城市的魂魄，走得再远，也离不开这根大绳。

书中有乾坤，相信读者会从文中大量的典故、风景、古今人物中感受到。一个城市的兴衰，离不开天时地利人和，而通州源远流长的历史，正好证明了这一点。

打开记忆的长卷，走进岁月的星河。这里有通州的老胡同，您可以回忆老时光；这里有家乡的老故事，这里有先辈的足迹，这里有喜悦、有悲悯，还有的是激动的第一次……

王陆昕

2022 年 12 月

目录

第一章 考据

◎ 通州老街记忆

通州城的历史如此悠久厚重，但是在一些四九城朋友眼里，仿佛还是一个疑似城市的小镇。上大学的时候，即使是最好的同学，也时不时揶揄笔者两句：你们通县解放了吗？

通州并不土，通州是北京的左岸，与一些远郊地区比起来没有大山大水值得欣赏，但是通州的风景在城内，这里有着上千年历史的城垣和纵横交错的街巷。

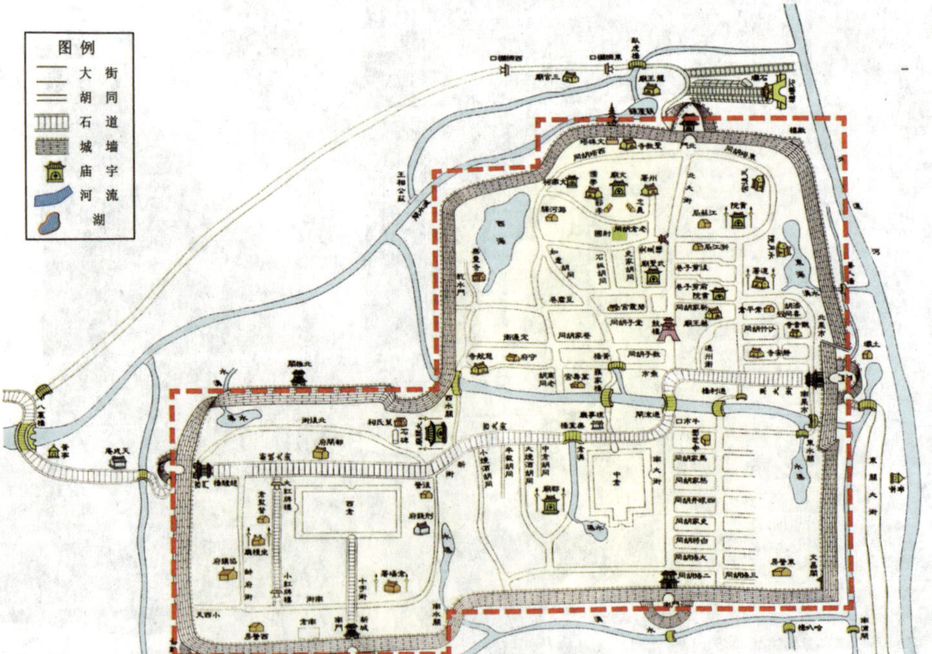

通州城池图（清光绪九年）　（来源：2003 版《通县志》）

通州城曾经就是个微缩的小北京，通州有着其他区县没有的老城底子。它的中心城区说是镇，其实很多年前就是个地级市，人称“一京二卫三通州”，在华北地区当仁不让地排行老三。通州也是个“漂”来的城市，作为京杭大运河的北起点，历为交通要道，漕运、仓储重地，官员、商贾进出京畿必经此地，也正因为如此，通州的老商号、老衙门、老街道和老胡同非常多，虽然留下来的很残破，但是也别有一番景致。

历史上，通州的城郭曾被毁于元兵战火。明洪武元年，始在潞河（北运河）西边用砖石修建了周围九里十三步、高四丈六尺的新通州城。此城开有东“通运”、西“朝天”、北“凝翠”、南“迎薰”四门。明正统年间，因游牧民族侵袭骚扰，又在西门外筑新城作保护。所以，通州城墙呈不规则形，有五座城门。城门的命名，既有仰承天朝的含义，又有涵盖“漕运通济”、凝练通州景色的浓浓诗意。

清朝和民国时期，通州城镇街巷的变迁基本上都在此老城的基础上进行，主要以东南西北四条大街，还有中山大街、新城南街为主干分布着，街巷的名称多与漕运中的仓场、衙署和交易货场有关，比如粮食市、磁器口、鱼市口、南仓街等。

西海子公园《通州城池图》浮雕中的鼓楼影像

每个有历史的城市都有个叫“鼓楼”的地方，通州也不例外。这是一个城市的中心和制高点，老城区基本围绕鼓楼为地标不断进行扩建。鼓楼前面的万寿宫河（通惠河支流）是通州城的南、北大街分界线，站在河面的闸桥上，南、北大街笔直相对，东、西大街分别沿着河的左岸和右岸错位分布。从西大街往西，与此连接的是位于新城的中山大街，从此处出西门，走官道，途经八里桥，可以一直走到北京的朝阳门。

鼓楼建于明初，上面是两层，楼顶是传统歇山式建筑形式，在规格上仅次于皇家庑殿顶，其屋脊陡峭，两端装饰兽吻，四角飞檐，门、棂、椽、柱都涂饰朱漆。最下层建筑不仅是楼基，还是南北向的“城门洞”式拱券通道。登高楼远眺，通州城和京杭大运河尽收眼底。

万寿宫河在1952年被改造成了新华大街东段，闸桥变成了一个地名。这里一直是通州区最繁华的地段。20世纪80年代，这块地上分布着老通百、人民商场、金鼎大厦等数座1万平方米以上的商场，里面的商品琳琅满目。

东大街、西大街、中山大街，从东到西连成一线，连接起了旧城东西二门，将漕粮陆运至通州各粮仓和京师。清代雍正七年（1729年），修建了通州至北京城朝阳门间的石道，这三条街是通州老城内的干道。从这里再往西，经过八里桥，顺着官道，能直达朝阳门。

西大街东口（摄于2005年）

北大街（摄于2010年）

东大街为东西走向，位于北运河东岸，东起北小门，西至北大街。明代洪武初年，东大街即为主干道之一，因位于通州旧城东门之内，故名东门大街。清代乾隆年间改称今名——东大街。西大街东起南大街小楼饭店门口的十字路口，中穿中仓路，西至车站路与中山大街相对。东大街和西大街是因整段位于通州旧城西门之内而得今名——西大街。

中山大街位于通州新城西门之内，曾称西门大街。清代光绪初年（1875年），因重名，改称新城大街。民国初年，因位于新城内西仓之北，曾更名为新城北街，与西仓南的新城南街相对。孙中山先生逝世后，为缅怀其丰功伟绩，更为今名——中山大街。在京津冀地区，曾辉煌一时的通县师范学校，就位于中山大街中段南北两侧。

北大街南北走向，位于通州旧城北半部。南起新华东街，与南大街相接，北至里河沿。明代初年，北大街与南大街已共同构成通州旧城之南北中轴线，因位于旧城北门内，曾名为北门内大街，清代乾隆年间称今名——北大街。民国初年，因街南段有鼓楼，又有鼓楼大街之称。街道全长曾达

800余米，车道宽5米。中段东侧，笔者记忆最深的是通县信托商店。街的南部如今只留下了鼓楼东南侧的宝通银号旧址。如果谁想看到当年的影像，可以看老电影《野火春风斗古城》，这部片子上映于1963年，虽然故事背景反映的是抗日战争期间的河北保定地区，但是外景很多是在这里拍摄的。

东大街和北大街方向的胡同较为集中，这里紧邻“三庙一塔”景区，其中比较著名的胡同有通州卫胡同、贡院胡同、女师胡同、静安寺胡同。

贡院胡同东西走向。东起天后宫胡同，西至北大街，中与贡院前街呈“T”字形。明代此地曾设有都察院，清代改作试院，是顺天府境内乡试考试场所，生员（秀才）在此考试，因为考入北京国子监去读书的称为贡生，此地亦称为贡院。在原贡院小学不远的西侧，曾有程家大院，是典型的北方四合院落，东南木门上镌刻有“簪缨世第，理学名家”门联。

女师胡同因胡同西部建有女子师范学校而名。明末清初，通永道署前居民渐多，东西向形成一条大街，因署衙而名道署前街。后八国联军入侵，烧毁通永道署，形成废墟。1915年，尚伯良到通州，在废墟上创办了京兆女子师范学校，1928年，此校改称为河北省立第六女子师范学校，简称女师，为河北省及北京培养了众多教师，著称于世，于是渐渐产生了女师胡同名称，取代了道署前街。

笔者收藏两张通县女师的老照片。是1949年10月1日当天，通县女师部分师生在胡同西侧学校的大门口拍摄的。从照片中能够看出，所有人的脸上都洋溢着笑容，对于他们而言，那是一个多么激动人心、值得纪念的时刻。

燃灯塔是通州的地标，它和文庙、佑胜教寺、紫清宫共同组成了“三庙一塔”景区。门口就是大成街，此街东北侧，自北齐始（550年前后），历为州县府所在地。元大德二年（1298年），在此建造儒学文庙与学宫。民国初年，形成街巷，依照孔子封号——“大成至圣文宣王”命名为大成街。

燃灯佛舍利塔所在的“三庙一塔”景区

1950年，通县地区督察专员公署曾驻于此，1958年撤销后，北京市花丝镶嵌厂又迁入。

宝通银号旧址是目前东、北大街之间留下的唯一老建筑。银号即钱庄，为我国早期银行雏形。该银号名“宝通”，取金钱交流不滞、亨通互利之义。清代创建，民国重修。通州城内最多时达40家。

宝通银号为勾连搭二层小楼，小式作法，面阔四间13.5米，进深四间8.5米，高约10米。硬山，前卷筒瓦箍头脊，彻上明造，浮雕折枝牡丹墀头，示富贵意，后卷合瓦元宝脊，示金钱堆满意。上层中两间前出廊带倒挂楣子，外两间吞廊，挑尖梁头雕霸王拳，示款项卫护严密，后改六抹玻璃隔扇，间各六扇，后吊木骨苇箔顶，前出木制护栏，木地板。下层挑尖梁方端，端钉浮雕八宝、绶带、缠枝莲花、万字不露头纹挂檐板，示财源不断意，上出叠涩式上展砖砌平檐，后改玻璃门窗。整座建筑体现老字号铺面风格，乃通州仅存之标准老门市。2007年，宝通银号被列为第四批通州区文物保护单位。

宝通银号旧址（摄于2005年）

南大街有个十八个半截胡同，这是对通州回民聚居地胡同的统称。位于通州旧城东南隅，南大街东侧，回民胡同与东顺城街之间。一条南北走向的中街将马家胡同、熊家胡同、紫竹庵胡同等八条胡同一分为二，加上仅及当地胡同一半长的半截胡同和北二条，形成十八条半截胡同，俗称“十八个半截”。

悟仙观胡同位于通州旧城南门内西侧，呈东西走向。东起南大街，西至前板井胡同（现为中仓路）。清代已成街巷。东端狭窄，西端开阔。因胡同中段南侧，曾有悟仙观而名。悟仙观，始建于元代至正年间，后无存。民国初年，悟仙观胡同简称今名——悟仙观。1989 年，街巷调整，将街巷东段 200 米长的南仓街并入该巷，成为今日之格局。1991 年，旧城改造时，西端拆除，现接中仓路。该街巷西北部，即为中仓遗址。院内存老水塔一座，巨型石碾一座，东侧老仓墙一段。

围绕着通州的胡同，还有很多有趣的传说。上香胡同和下香胡同这两

南大街雪霁（摄于 2012 年）

悟仙观胡同（摄于2012年）

条胡同原来连在一起，被称为香儿胡同。香儿胡同在原东关大街南侧，上香胡同在赵登禹大街与老冰窖胡同之间。南起下香胡同，北至财神庙，全长105米。下香胡同东起赵登禹大街，西至顾家坡，全长165米。2009年，随着上营棚户区改造被拆。据清康熙年间《通州志》记载："陈皇后，名寿，穆宗继妃，神宗嫡母也，父景行，通州候选岁贡，生母张氏，里中闻异香而后生，因呼其地为香儿胡同。"在通州当地有这样的传说，陈寿出生时体有异香，因此父母取乳名为香儿，后陈寿成为明神宗嫡母后，母以子贵，被册封为皇太后。昔日陈皇后的出生地也被赋予了传奇色彩，所以她的出生地被称为香儿胡同。

这些街巷胡同是由一家一户构成的，通州的宅院没有北京城里的豪华气派，却多了些平和质朴，坐落虽显得有些零七八碎，不连续，但是每幢院子背后都有着它独特的典故。北京城里的四合院就像现在的豪宅，在古代都是非常大的官员居住，而居住在通州的商人比较多，四合院就没有那

瓷器与扁担胡同路口（摄于 2009 年）

南二条胡同 18 号（摄于 2011 年）

中街北段（摄于 2018 年）

新城西门小后街（摄于 2005 年）

贡院前街胡同（摄于 2010 年）

么多的规制。还有一个典故，清代许多进京的大员们多带领随员进京，许多人不可能在东西城买房置地，所以定居在通州的，有许多达官贵人的师爷。说白了就跟现在一样，都是小白领。清末民国时期著名的政治家王芝祥，著名的红学家、中国艺术史专家李希凡，均生于通州城，但是他们的先祖都是以“绍兴师爷”的身份顺着大运河来到通州并定居下来的。

笔者从2005年开始拍摄通州的老胡同，十几年间，越拍越少。欣赏着那一张张曾经的老照片，每每扼腕叹息。资料显示，从明代到清朝光绪年间，通州的胡同共有102条，20世纪90年代减少到了69条，随着城市建设的加快，又有一大批胡同消失，目前仅保存有南大街一带的十八个半截及周边一部分胡同。胡同文化是通州文化的重要组成部分，是“通州味儿”的缩影，胡同伴着许多人长大，这种记忆无论如何是抹不去的。

◎ 通州历史有点儿“酒”

“南通州，北通州，南北通州通南北。东当铺，西当铺，东西当铺当东西。”还记得这副著名的对联吗？相传是刘墉为乾隆皇帝来通州打酒时留下的。据团结出版社出版的《通州民俗》考证，通州的酿酒历史可以追溯到金代，享誉金中都的“金澜酒”“醉流霞”“竹叶青”等名酒都来自通州烧锅。到了明清两代，通州的酒业形成了很大规模，曾为皇宫酿制宫廷御酒，酿酒历史迄今已经超过八百年了。

酒是粮食精，没有粮食无从谈酒。都说北京是由大运河漂过来的，当北京城建成之后，漕运的主要物资就是粮食。为了方便存储，通州有了专

紧傍运河的赵登禹大街曾发现古驿站和烧锅酒库（摄于2005年）

事买卖的“粮食市”胡同，粮食多了，酒文化也随之而来。通州自古就烧锅林立，烧锅是酿酒作坊的别称，1942年金士坚著《通县志要》介绍：“工商，烧锅业十八家，年造高粱酒二百余万斤。”由此可见通州酿酒之盛。

通州不少地名与酿酒有关。通州城内有大烧酒胡同、小烧酒胡同，现已被高楼大厦淹没。清光绪年间所建“同泉涌烧锅”到1953年依然存在，1960年合并到通县制酒厂。主要用于酿酒的“老冰窖”，位于现在西上园小区的位置。通州张家湾还有一个烧酒巷村，曾是通州烧酒较集中的地方，从村名可见一斑。

据记载，大烧酒胡同位于通州老城西北，因酿造烧酒而得名。据王彬、徐秀珊据《北京地名典》载，明永乐年间在此建军仓，以供军用，名大运中仓，内储大米和五谷杂粮，仓内难免出现将腐之粮，遂有酒作坊主在中仓之西置备烧锅建作坊酿造烧酒，购买中仓将腐欲弃之粮为原料，制造“二锅头”“醉流霞”等白酒。守仓官员可上报亏损而得外快，酒坊主可降低成本增加收入，双方自然是一拍即合。酒商及商贩聚居酒作坊附近，形成街巷，得名“烧酒胡同”。清乾隆年间，在“西门东边大胡同”内新建酿酒作坊，酒坊后建且小，人们嫌弃该胡同名长而改称“小烧酒胡同”，烧酒胡同则更名为“大烧酒胡同”。

北京人爱喝通州酒。《北京三百六十行》记载：北京所饮之烧酒来源，分南、东两路：南路乃容城、白沟河一带所产；东路则通州一带所产。张家湾、马驹桥、西集、永乐店、牛堡屯、大杜社等古镇和地区，都有造酒的历史记载。

明清的通州酒地位很高。据1986年北京糖业烟酒公司出版的《北京酒》记载，明清两代都在北京设有御酒作坊，专为宫廷酿酒，品种繁多，有“珍珠红”“竹叶青”等，同时提到了北京民间酿酒中的“通州竹叶青”“张家湾之湾酒”“马驹桥之烧锅的烧酒”。

到了近代，《北平风俗类征·饮食》第228页记载：“京兆人之饮料：酒，通县竹叶青。”1943年张江裁著的《中国史绩风土丛书·燕市商标萫录》中有“三字牌幌：竹叶青”的记载，充分证明了当时通州的竹叶青风靡一时。

宋庄古玩城是北方最大的实体老酒展示交流中心

20世纪70年代，通县制酒厂出品的通州老窖曾荣获市优质奖。据说当年茅台在北京卖几元钱一瓶的时候，通州老窖也能卖到三四元钱，其他的北京白酒都比通州老窖低个两三毛钱。

1979年至1980年北京酿酒总厂出的《北京酿酒》记载了通州老窖、向阳牌二锅头、潞泉酒、永乐醇酿、永乐白酒等白酒品牌。1986年版《北京酒》一书也介绍了通县制酒厂生产的通州老窖、通州佳酿、双曲、府酿酒、健胃补酒、向阳牌（后改为通州牌）二锅头酒及永乐店酿酒厂所生产的醇酿曲酒、特制醇酒、陈年醇酿、京乐牌二锅头等。

除了本土酒厂，北京同仁堂药酒厂就坐落于通州梨园果园环岛东北侧，著名的同仁堂虎骨酒、国公酒、青春补酒等药酒均是在通州生产的。

源远流长的酿酒历史，孕育了深厚的酒文化底蕴，全国老酒收藏交流的“大腕”，不少都是土生土长的通州人。宋庄古玩城，位于通州宋庄艺术区，是目前京东地区规模最大的古玩城，也是北方最大的老酒集散地。这里店铺林立，近百家摊位都珍藏好酒，像当年风靡北京的二锅头原浆、各种特供茅台，从 20 世纪 50 年代到 90 年代初，跨度 40 年的名酒这里几乎都有，可以说是老酒博物馆了。

这里的藏酒名家不少，朱春光，绰号“杯莫停”，通州北苑人士，国家级品酒师，中国收藏家协会老酒鉴定专家；魏建波，通州梨园人，收藏研究老酒多年，藏酒涵盖了全国 5 次评酒会评出的中国名酒和中国优质酒，他收藏的北京酒更是囊括民国至 20 世纪 90 年代北京各区县生产的白酒、啤酒、黄酒、果酒、药酒以及滋补酒等多个品种，藏酒种类近千种之多。

“北京酒虫”陈学增是原通州制酒厂副厂长，出身于三代酿酒世家，祖父陈宝琛曾在天津河西务烧锅当掌柜，同时兼职同庆泉烧锅理事，曾任永乐店烧锅掌柜。他的五爷陈宝珩曾任安平烧锅掌柜，1949 年后先后担任昌平酒厂和通县酒厂厂长。

陈学增复原了运河漕运烧锅的传统酿酒工艺

陈学增成功复原了古老的运河漕运烧锅酿酒工艺，成为2021年通州区级非遗项目。这种老窖古法酿酒工艺失传已久，陈学增经过多年潜心研究，终于复原了工艺流程，包括润料、蒸料、加曲、摊晾、入缸发酵、蒸馏出酒、入缸陈储等一系列过程，其中老五甑工艺及制曲、分缸、甩糟等特色工艺，也被完整地呈现出来。

说了这么多，你是否觉得通州历史真的有点儿“酒”，那就快来北京城市副中心（本书中简称“副中心”）看看吧。

◎ 新城南街住过“京兆尹”

新城南街（摄于2005年）

笔者的小学是通州后南仓小学。20世纪70年代的小学还是五年制，笔者有三年多在后南仓小学上课，还有一年多是在“铁小”上课。当时的后南仓小学建在明清粮仓——后南仓旧址之上，校北边不足100米处是东西走向的新城南街，街东段路北有个青砖灰瓦的大宅子，那时被叫作“铁小”，大名是通县铁路小学，后来合并到后南仓小学，笔者有一年多是在那里上学，但长大以后才知道那里曾是个大人物的旧居。

后南仓小学始建于1903年，原名端蒙小学，后改名为通县私立潞河中学附属小学，1952年起由人民政府接办，1956年后改为后南仓小学，至今已有100多年的历史。因为毗邻新城南街，有很多同学就是街里人，所以经常在新城南街许多宅院间和同学们玩耍。

新城南街虽然名字中带有“新城”字，但却是通州的一条老街，位于通州古城的西南部，距今已经有500多年的历史了。与通州的商业街和胡同不同，近代新城南街多居住着达官贵人与文教卫等白领阶层，如民国政要王芝祥、钱铺张家、税科王家等。中国妇幼卫生事业的开拓者杨崇瑞，著名爱国人士、“佩剑将军”张克侠，著名民间艺人“面人汤”汤子博、第七届全国政协委员、天津师范大学教授唐宝心，均随父母定居于此。其中，王芝祥还曾在1924年担任过“京兆尹”，相当于今天的北京市市长。

【老通州的旧城和新城】

新城南街在清《通州志·城池图》（1883年）标示为“南街”，1913年正式改名为新城南街。可是为什么前面要加个“新城”两字呢？说起来还与通州古城变迁史有关。

通州自西汉路县以来一直有城池存在。明洪武元年（1368年），燕山侯孙兴祖率军重修通州城，在原有基础上向西、向南扩建，以石为基，砖砌其外，中实以土，城周5.2千米，城高10.7米，设四门，上建有城楼，东名“通运”，南名“迎薰”，西名“朝天”，北名“凝翠”，城郭几乎是规规矩矩的四方形，这就是通州的老城。

明永乐七年（1409年），为充实北京卫戍部队与北陲边防将士粮饷，于通州旧城西门外修建一座大型军仓，称大运西仓。后又在其西南不远处修建了一个稍小的南仓，因为修建时间晚，所以人称后南仓。

明正统十四年（1449年），蒙古族瓦剌部强盛，经常入关侵及北京。为保护通州城外的粮仓，总督粮储太监李德与镇守通州的指挥使陈信联名奏请，抢筑新城，将本在老城外边的西仓和南仓围在城中，在旧城西南扩建，新城周长4000米左右，高3米，该工程于景泰年间（1450—1457年）

完工。成化十二年（1476 年）、嘉靖六年（1527 年）曾两次重修加高加固。

新城和旧城如同两个四方形的错位相叠，相交处本来还有旧城的城墙和西门，乾隆三十年（1765 年）重修通州城，拆除了旧城西门以南城墙，这样，新旧城就融合在了一起。从城墙的外形看，通州城有点儿像一艘帆船，又紧靠运河边，因此通州流传这样的民谣：“通州城，好大的船，燃灯宝塔做桅杆。钟鼓楼的舱，玉带河的缆，铁锚落在张家湾。”

通州新城东连旧城，西南两个方向设有二门，西门题额“五尺瞻天”，后改名为“神京左辅”，南门题额“望帆云表”，后改为“灌输”，不过一般当地人都叫新城南门。新老城融合之后，通州古城就有了五个城门。

对“新城”的提法，最早出现明正德年间对通州城的第三次修筑，重点是加固新城部分。大学士李东阳撰写了《重修通州新城记》，其言：“上

新城南街（摄于 2005 年）

疏言：天下之治，与其有事而图，孰若先事而虑。今番上京军数千名方留城守，宜以其隙计工修筑，工部分司有废砖数十万，宜借以供用。”记载了修建的原因和具体情况，对未雨绸缪“备战备荒”的行为表示肯定。

【新城南街的来历】

新城南街是新城最主要的街道。新城建好后，于西仓南北侧各形成一条东西向大街，居北者叫作新城北街（中山大街），居南者则称南街。由此形成的新城南街紧贴西仓南墙，东西长约 700 米。东口与新城南门内大街（今新华南路）交叉，称为十字街。西口同西仓西墙外石道（今新仓路）相接。因石道南端有一座牌楼，故称南街西口为“牌楼口”。因为是紧贴西仓建房，纵深有限，这里的民居一般只有一进院落，有钱人家有左右两所宅院。为了与老城的南大街（老通州人习惯叫南街）区别，因此慢慢就叫成新城南街。

新城的功能以漕储为主，因此这里最早的住户都是漕丁、运丁及护仓人员和漕署仓衙，新城南街多数人家过去都与仓廒事业有关。自从漕运衰落以来，这里的居民相继从商，比如“钱铺张家”“当铺高家”“冰窖李家”“棚铺陈家”等。这些商人世家基本上在北京或天津做生意，做的都是“大生意”。还有一些是政府内中下层官吏，如“税科王家”“集头徐家”等。

清末，因这里临近通州基督教会人员聚集的“南地”。这是 1901 年《辛丑条约》后，美国牧师都春圃要求对被义和团烧毁的教堂、学校、医院、住宅等赔款而占据的南仓官地、新城南门 2000 余亩地的统称，也就是现在的新城南关和复兴庄一带。建有教堂、潞河中学、富育女中、潞河小学、潞河医院等，再加上本地富绅在北侧兴建的通县师范学校、教塾等，有许多牧师教友、教职人员、医生居住于此，因此开化比较早，再加上空地比较多，因此逐渐形成了通州的一块“高档居住区”。

新城南街更像北京城里的胡同，这里不是商业街，几无街铺，街两侧

新城南街（摄于 2005 年）

几乎全是住户，据记载，民国初年，街北的房子，从东向西数，门牌一号至四十号。路南的房子，从西向东数，门牌四十一号至九十号。除极少数门户外，都是四合院。近代从八国联军到军阀混战，战火兵燹，也正是因为南街居住的权贵和基督教会人员缘故，因此较少被破坏滋扰。

【曾经住过“北京市长”】

王芝祥（1858—1930 年），字铁珊，通州新城南街人，清末民国时期著名政治家。他自幼跟着姐姐长大，并随着姐夫刘人熙读书。刘人熙是维新派人物，王芝祥对他非常崇敬，受其影响较深。王芝祥聪敏好学，学问优长，清光绪十一年（1885 年）科举人。后得光绪皇帝老师翁同龢的保举，做了河南光州知州，清末曾任广西按察使、广西布政使等。1911 年 11 月任广西副都督。中华民国成立后，原委任直隶都督，后遭袁世凯反对，改任南方军宣慰使。后曾任国民党理事、京兆尹、中华红十字会总会会长等职。1930 年 7 月 21 日因病在通州家中逝世，年 73 岁。

1924 年 11 月，冯玉祥将军推荐 66 岁高龄的王芝祥为“京兆尹”，“京兆尹”是北京地区最高行政长官，相当于今天的北京市市长。民国初年仍沿清制，将北京辖区缩小为宛平县等 20 余县。1914 年 10 月，改称京兆，其行政长官称京兆尹，颁布了《京兆尹官制》，设立京兆尹公署，京兆的地位与省同，1928 年废《京兆尹官制》。

王芝祥故居位于新城南街 9 号，笔者曾经就学的“铁小”，就是他的府邸。据《通州文物志》中记载，王芝祥故居在广西任职时重新修建过，占地 1100 余平方米。故居院子南向一排临街，东西约 60 米。这间院子曾售与提督米振标为家宅，1949 年后曾在此设通县铁路小学校，“文革”后改为教育局老干部活动站。

王芝祥故居系南向二进院落，前厅五间、后厅五间及东西配房各三间。20 世纪 90 年代因蚁害而拆除后厅、配房、前厅及抄手廊，台基完整保留，仅余大门及其两侧倒座房五间，后在这两年重新修复。故居的建筑为硬山筒瓦箍头脊，前后廊，明间为通道，彻上明造，四架梁。对扇木门，门簪四，对门枕石，前砌石阶三级，阶侧对置方形上马石。次、稍间通，与门道有

王芝祥故居（摄于 2005 年）

坎墙木窗相隔。前院东西配房各三间，硬山合瓦元宝顶，前出廊，步步锦棂上下合窗是后来改装的，明间前出石阶三级。该院落在2001年9月被公布为通州区文物保护单位。

王芝祥担任京兆尹的时间不长。但在署理京兆尹时，为京城治理永定河水患，数次带领工程勘察人员勘察流域河道，为永定河治理工程奠定了基础。王芝祥还批准成立了“通县农村简易师范学校”，为通县农村教育打下了基础。

告老还乡后，王芝祥热心公益和慈善事业。据说，在民国初期军阀混战的年代，通州也成了谁有枪谁就能主宰的地方，但不论来的是哪一派的军阀，最后遭殃的都是老百姓。当时多亏了王芝祥的出面，从中多次斡旋，才让乡亲们没有变得有家不能归。

王芝祥还在灶君庙内设“新城水会”，相当于现在的消防队。民国初年正月灯节时鼓楼着火、东街裕升和布店、闸桥北天禄斋点心铺大火，多亏了新城水会才没烧了一整条街。为了给新城失学的孩子办义塾，王芝祥不仅捐资，还捐出了位于李老公庄坟茔旁50亩地作为校产，又劝募新城南街富户果、王、李三家集资。他还亲自督工，在新城南街中段路南灶君庙后院，兴建东西厢房各3间作为校舍，前后共招收五六十名儿童入学。也是因为这一件件的善事善举，让王芝祥在通州人心中的地位越发地不可撼动。

王芝祥的远祖是绍兴师爷。清代绍兴一府八县前前后后走上幕友佐治之途的至少要有个十几万人。通州作为大运河最北端的漕运码头，移居了相当数量的绍兴人，著名红学家、通州人李希凡的祖先也是绍兴师爷。

据考证，直隶通县王家，是从浙江的山阴县迁来，也就是今天的浙江绍兴市。据思绥草堂藏《太原王氏支谱》载，王氏一世祖王云登，字路公，世居浙江山阴县丽江岸，康熙初年北上至于直隶保定府，游于通州，佣书自给，以布衣终。

王芝祥去世以后，其家族后人为避祸移居天津。其子就是被鲁迅誉为“老实人”的民国著名古籍收藏大家王孝慈，名立承，广西法政学堂毕业，曾任民国大总统府秘书、国务院秘书厅佥事等职。其孙为天津南开大学教授王达津。

【新城南街变身网红打卡地】

通州古城内曾经水道林立，这是许多今人无法想象的。在过去，通州的护城河不仅有城防的功能，也承担驳船转运粮食的功能。据《通县水利志》记载，当时入通州诸仓的漕粮，需循运河至通州城东的土坝，然后沿护城河或至旧城南门储入通州中仓，或到新城南街储入通州西仓。

新城南门外的护城河有个好听的名字叫作玉带河，20 世纪 80 年代，玉带河盖板改造成了玉带河大街。在历史上，元代的通惠河弃而不通航，在城西北分流“萎缩”成了玉带河，先奔南再奔东，这就是明代的护城河。玉带河引通惠河水，自新城西门外南流，经新城西门、新城南门、旧城南门，与东水关流出的通惠河汇合南流，流经南浦闸，至张家湾与凉水河汇合后入北运河。

现如今的新城南街与玉带河大街平行，其西口仍为当年位置，东口则因为规划的原因向北侧偏移了 100 多米，王芝祥故居因为接近南街东口，所以改道后的街道从故居的北墙经过，从街道上很难看出这是幢历经上百年的老宅。目前街道两侧平房除旧居外均拆除，仅在中段保留下了五棵 200 年左右树龄的老槐树，街西口北侧现为副中心新建的首都师范大学附中，故居东边的原第二毛线厂老厂房紧邻新华南路，正好在新旧东口之间，这里曾经是清末民初的河务局衙门，如今被改造成了一个叫作米开 TOWN 的文化艺术街区，成了文艺范儿青年的网红打卡地。

◎ 小小咯吱盒源起大运河

笔者有天请一个南方朋友吃饭，正在点菜之际，忽听隔壁包间“咯吱”一声，立马儿有了主意：“给俺们来一盘咯吱盒！”

“咯吱”一声，再没有谁会忘记这件吃食！一上口，朋友连连称妙，饭没白请。老北京仅靠声音就能辨别出的特色食物不多，咯吱盒最典型。听名字就是个象声词，口口相传，让这个金黄酥脆的“小花卷儿”，征服了古今大人孩子、男人女人的胃。它是零食、点心、下酒菜，除了色、香、味，还“锻炼”了我们的听觉。

咯吱盒的制作原料非常广泛，麦、米、豆、谷，甚至高粱、玉米均可。碾磨成粉，调水成浆，上炉火摊成薄如蝉翼、形如满月的煎饼；再均匀撒

咯吱盒

上少许香菜末和椒盐，卷成卷，切成寸段，滚油炸之，即成咯吱盒。咯吱盒的叫法很多，到今天都没有统一，它又名饹馇饸、咯吱饸，不过老百姓更喜欢叫咯吱盒。它是一种古老的特色食品，历经人们千百年品味推敲，仍保留了原有风味。

咯吱盒是真真正正的运河码头小吃。运河蜿蜒，势若游龙。通州历史悠久，是重要的漕运码头，而咯吱盒的起源与大运河颇有渊源。

据说京杭大运河开漕之际，船工们从山东带来酥脆的煎饼，但日久受潮，煎饼变得皮软，入口不爽。有心的人将煎饼卷成卷，切成段油炸，食之香脆，长久不变质。咯吱盒很快成为陪伴船工远航的美食，在北运河码头方圆数十里的京东一带民间流传开。

通州的漕运码头有好几处，但是历时最长的当属张家湾。这里曾是古运河漕运的终点，周边还集聚着萧太后运粮河、凉水河等河流，是漕运物资的集散地和艄公过客的聚居地。在张家湾、永乐店、台湖一带，至今仍然流传着一个关于咯吱盒的传说。

传说辽萧太后有一日准备到延芳淀的行宫，途经张家湾码头，看到街巷熙熙攘攘，商幌林立，好不热闹。正在仔细观瞧之时，突然感到腹中饥饿，可是又不到饭点儿，于是就叫随从下船准备些当地的小吃充饥。不一会儿，随从领着一个店小二抱着瓷坛来了，里面就是一层一层的咯吱盒，当时这个小吃还没有名字，萧太后拿起一块放到嘴里，刚咬了一口，就听“咯吱”一声，豆香四溢，口感甚佳，顿时心花怒放，一连吃了四五块。随后，她问小二，这叫什么名字？店小二人也机灵，顺口答道：咯吱盒。萧太后听后非常满意，让随从把剩余的咯吱盒连同瓷坛都留了下来，贴上“咯吱盒”三个字，留在船上备用，同时吩咐当地官吏，今后咯吱盒作为宫廷小吃定期进贡。于是，这道小吃就有了名字。

咯吱盒的起源从正史上很难考证，但是我们仍然能够从传说与真实的历史沿革比对中发现一些蛛丝马迹。

被列为通州区非遗项目的刘老公庄咯吱盒

咯吱皮和煎饼非常类似，有资料显示，煎饼的历史很漫长，可以追溯到黄河流域农耕文明出现时，即农业生产活动开始的早期，仰韶人已经创制陶鏊之类的烹饪器具，后来各时代都有“饼铛”出土，也发现了多幅不同时代烙煎饼的壁画，揭示了煎饼在历史上的真实存在。

辽代人嗜肉，尤其是契丹族人，但辽代人粮谷类食物的原料也很丰富，契丹辽地的农作物品种已经很多，如粟、黍、稻、稗、菽、稷、麦等，这些都是制作咯吱盒的原料。历史文献记载，辽人食用粮谷的方法已经很多，能加工制作多种食品。

再从制作工艺上看，中国油炸食品的鼻祖油条，宋代已有记载。《宋史》中说，秦桧迫害岳飞，民间通过炸制一种类似油条的面制食品（油炸桧）来表达愤怒。类似的油炸面食，其起源远远早于宋代，可追溯到唐以前。

原料、工具、烹饪技法一应俱全，只差古代史志官们一颗吃货的心，虽无记载，但咯吱盒的历史应不会晚于宋辽时期。

炸咯吱盒是通州民俗。在笔者小时候，每逢过年，家家户户都会炸咯吱盒。如果没摊咯吱，没炸咯吱盒，就好像这年没过一样。从春节到正月十五，走亲串友拜年，这是必备的礼物。不同的家庭，不一样的口味，比的是手艺，收获的是亲情友情。

咯吱盒的做法很多，但是说起正宗来，还是通州刘老公庄的技艺保存最好。

“刘老公庄儿，好地方儿，户户的咯吱能透光儿。”这句顺口溜提到的刘老公庄，原属大运河流域通惠河古道，其咯吱盒制作技艺是通州区非遗代表性项目，制作历史能够考证到300年前，现传承人张连和，可追溯传承人刘玉琨、刘庆泉、刘月兰，共四代。斗转星移，这项技艺的传人现在搬到了永乐店镇，在古运河流域延芳淀的萧太后行宫和晾鹰台旁边安了家落了户。

刘老公庄咯吱盒的原料全部选用百分之百上好的绿豆，讲究的咯吱盒原料必须是纯绿豆面，这样摊制的咯吱皮炸制完成后才会色泽金黄，食之满口豆香。

咯吱盒的制作工序较多：选豆、破瓣儿、泡豆、淘皮、磨浆、摊制、卷裹、切卷、油炸、脱油、包装共11道工序一样都不能少。张连和说，要想做出好吃的咯吱盒，最难的就是摊咯吱皮。咯吱皮讲究的是圆、薄。使用工具为马勺、铲子，用马勺摊制豆皮时，手腕要非常灵活，马勺用勺心处画圆，过厚多余的浆舀到勺心，过薄的地方用勺心的余浆迅速铺匀，每当一张豆饼画圆满时，勺心永远裹着一团浆。据说手艺好的能一把将马勺里的余浆舀出而不洒。此步骤最难掌握，只有人与工具完美结合，才能摊制出形如满月、薄如蝉翼的咯吱皮。

在通州农村，衡量一家媳妇厨艺高低，摊咯吱会不会、好不好是条硬杠。笔者70多岁的丈母娘绝对算个好手。摊咯吱皮应该用平面的饼铛，可是以前家里穷，用不起饼铛，都是用大柴锅摊，把摊好的咯吱皮趁热铲出来铺在盖帘儿上，等凉了，咯吱皮就变得平整了。就这样，一层一层铺上去，随吃随炸。

现在，自己在家摊咯吱皮的越来越少了，要想吃到新鲜的咯吱盒，更多的人是去市场上购买现成的咯吱皮。在通州的老城区南街十八个半截胡同，还有张家湾、永乐店、台湖等地的很多乡村集市都有卖的。把买回来的咯吱皮卷好，分段儿，用中火炸制七八秒，迅速捞出，口感极佳。

咯吱盒是粗粮细作的典范。即食，是平民食品，可下酒，可做点心招待客人；而作为食材原料，也可做成汤，或者做馅、焦熘、爆炒，可登酒席餐桌等大雅之堂。

西集镇位于通州东南，这里的习俗是用湿咯吱，也就是半干的咯吱皮进行“深加工”。把咯吱皮摊平后放上肉馅，卷起来切成六七厘米的段后油炸，这叫“鹅脖”。还有一种吃法：用上下两层咯吱皮中间夹上肉馅，做成半拉手掌大小后再油炸，起名曰“螃蟹盖”。是不是都很形象？

这几年，京东地区流行一个别致的吃法，叫“金屋藏娇（焦）一二三四五”。就是一张金黄色的咯吱皮、两根小葱蘸上酱、三片肘花、四个咯吱盒，五指一并，放在耳边攥下去，只听见焦脆的“咯吱”一声，咯吱盒碎了，一口咬下去，肉香、酱香、葱香一齐冲击你的味蕾，糯糯的肉片、脆脆的香葱、酥酥的咯吱碎片，妙不可言。

这朴实的特产美食，因运河而生，既是通州的年味儿，又饱含乡愁。那耳郭的回响和舌尖的回味，交织起来，就是牵挂。

别致的下酒菜“金屋藏娇”

◎ “回不去”的老家牛堡屯

牛堡屯在通州城南30里，最早是通州区的一个历史悠久的乡镇，后来在20年前，因为区划调整，牛堡屯镇28村整体并入到了现在的张家湾镇，从此，牛堡屯作为行政区域的名字就消失了，成了许多人记得住的乡愁，但是“回不去”的老家。

牛堡屯地区村庄集中，人口密集，前街村、中街村、后街村、后坨村、西永和屯村、前南关村、后南关村、北仪阁村、小耕垡村……几乎连在一起。研究牛堡屯，离不开延芳淀的演变以及“捺钵”文化。

通州博物馆展厅内的辽代延芳淀图和对联

在通州博物馆里面，有一张古代延芳淀的复原图。这片水域位于今天通州城南部，涵盖了漷县、马驹桥、永乐店、台湖、于家务镇等通州南部诸镇，也包括牛堡屯，这里有大面积的水域和湿地，方圆数百里。每到春秋两季，北上、南迁的候鸟就在这里歇脚、捕食。

据《辽史·地理志》记载："延芳淀方数百里，春时鹅鹜所聚，夏秋多菱芡。国主春猎，卫士皆衣墨绿，各持连锤、鹰食、刺鹅锥，列水次，相去五七步。上风击鼓，惊鹅稍离水面。国主亲放海东青鹘擒之。鹅坠，恐鹘力不胜，在列者以佩锥刺鹅，急取其脑饲鹘。得头鹅者，例赏银绢。"这是描写辽后主率领后妃、文武百官以及侍卫军到此打猎时的情景。

辽、金、元代的皇上都是北方少数民族，喜游猎，都有"捺钵"的习俗。"捺钵"原是个契丹语词，意为辽帝的行营。辽帝保持着先人在游牧生活中养成的习惯，居处无常，四时转徙。因此，皇帝四时各有行在之所，谓之捺钵，又称四时捺钵。辽代早期，四时捺钵在以上京为中心的区域内举行。至辽圣宗时期，为便于筹备对宋朝的战事，从统和五年到统和二十年，辽帝常驻南京（燕京），其春捺钵的区域大致在漷阴县之西的延芳淀一带。

元代时，延芳淀缩减为四处较大的水泊，其中的柳林海子就在西永和屯西部，周边慢慢形成了一些人口聚集地，柳林镇就位于现今的柳营村附近。至元十三年（1276 年）漷阴县升至漷州，州治一开始就设在柳林，同时在这里设置的还有大都营田提举司，割大兴府之武清、香河二县归州管辖。根据《北京历史地图集》，漷阴县就在牛堡屯东的大、小北关和前、后南关几个村落之间。这恐怕是牛堡屯历史上管辖地区最多、行政级别最高的时候了。

因为漕运的需要，漷州府搬走了。元世祖忽必烈在至元十八年（1281 年）到此游兴后于此处建有柳林行宫。此后近百年，这里都是元朝皇帝夏季在此游猎避暑之所，周围水面宽广，林木丰盛，蒲苇片片，鱼游鸟儿飞，环境优美。

柳林行宫是元朝皇帝游幸的主要驻跸地，元朝皇帝除行猎外，还在这里处理政务，许多元朝皇帝的圣旨都点明“柳林里写来”的字样，体现出其在元朝政治生活中的重要地位。据统计《元史》中涉及柳林和柳林行宫的相关记载达 40 多处。

柳林行宫在明洪武元年被焚毁，成为一片废墟，造成今人无法考证行宫的具体位置。据《读史方舆纪要》载：“柳林，在县西。元至元十八年，如漷州，又如柳林。是后，皆以柳林为游畋之地，建行宫于此。”陈喜波、张清华《北京通州区牛堡屯村为元代柳林行宫说》（《中国地名》第 9 期）一文认为：“柳林行宫建在漷州之西，而牛堡屯恰恰在大小北关、前后南关之间的元漷州故城（辽金漷阴城）之西，与古籍记载十分吻合。”然而笔者经过多次实地调查，判断柳林行宫不会在牛堡屯现有的村址之下，而在其之北侧。因为所谓行宫和皇宫不一样，比如承德避暑山庄，作为清朝的行宫，一是面积比较大，二是建筑物之间相距比较松散，三是城墙比较随形。附近村落是依行宫而建，与行宫相伴而生，即便行宫后遭烧毁，也不可能在行宫之上建村，最大可能是将行宫旧地开荒种田。

刘福田《元代柳林镇寻踪》一文所述与笔者观点契合，文中勾画：“（行宫）当在今西永和屯村西砖渣地以西有相当距离，和今柳营村以东这片比较广阔的地带，其南北界线则应该在今牛堡屯北和大北关村南。”

关于牛堡屯名称的来历，也有近千年的历史。曾有当代史志说牛堡屯名字的由来是因为古时这里放牛的多，所以叫牛堡屯，完全是望文生义，缺乏对中国地名文化的研究。据当地朋友描述，20 世纪 90 年代牛堡屯附近的村子里还有不少海子褪去后形成的大水坑，例如前街村就有肖家坑、东坑、南坑等，古时这里是春水秋山狩猎的放飞泊，应该更是海子、沼泽密布，怎么可能大规模放牛呢？

中国测绘科学研究院研究员、地名学专家牛汝辰在《地名的简史》中针对“少数民族语地名的汉化”谈道：“一种民族语地名向另一种民族语地名形式的转化，这是世界地名的一种普遍现象……”他举例说：“随着满族的汉化，满语逐渐为汉语所代替，满语地名也随之演变，其中绝大部分借音改成汉语地名，并过分追求汉字义美，常不取同音而取近音。”其实，“牛堡”就是“捺钵”。所谓“捺钵”，乃契丹语，又译作纳拔、纳钵、纳宝、剌钵等，相当于汉语中表示皇帝出行所居之处的“行在”或“行幸顿宿之所”。牛堡就是捺钵的讹写，牛堡屯，原来应该叫“纳宝屯”，即依附行宫而成的村落，古人记地名往往记音不记字，后来叫着叫着就成了“牛堡屯”。

如此说来，牛堡屯跟“牛”还真没啥太大关系，但是由于其深厚的历史和文化，所以牛堡屯是真“牛”。辽、金、元三代少数民族帝王之“捺钵”文化，催生了通州南部尤其是牛堡屯地区村落的出现和发展，在2001年撤销牛堡屯镇之前，牛堡屯镇28个行政村，不少村子都与“捺钵”文化相关。

在后青山村西、前青山村北，原有一座高土台，占地约十亩，辽时帝王于此游猎，而且用膳，膳从僧俗不食荤，为清膳。金时在土台上建延庆院，台侧建村称清膳村。明初时徐达、常遇春率兵北伐元廷，在柳林行宫指挥攻陷元大都，后将延庆院烧毁。因“清膳”的谐音，再加上台上杂树盛长，状似青山，逐渐称清膳村为青山村。

青山村北还有一村曰苍上村，亦做仓上村，顾名思义就是粮仓的意思。村东北有放鹰台，南有呼鹰台，台上就是延庆院，该村曾设置粮仓供皇上游幸食用。据周良考证，村南原有地势较高的耕地数亩，早在合作化时期建设场院时发现粗沟纹条砖所砌台基，应是辽代设仓遗址。

牛堡屯曾经是北京的水陆南大门。从古时地图沿革和水路变迁上看，牛堡屯往南是水泊和湿地沼泽，往北15里就是漕运古镇张家湾，往北30里是通州城，已是一马平川的平原，战略位置极其重要。

元末明初，也就是元至正二十八年（1368年），朱元璋麾下大将徐达、常遇春北伐，首先攻陷柳林镇并占领柳林行宫，以这里为指挥部，直下通州，元顺帝自知北京无险可守，竟然主动放弃元大都远遁漠北，自此宣告元朝对中国的统治终结。

明清之时，随着北方漕运和陆路物资贸易往来，牛堡屯凭交通之利日益发展壮大。在明代原柳林行宫之南形成集市，渐有固定商户居此，又形成街市，明代商户村民都希望盈利粮丰，曾建关帝庙供奉关羽神像。至清代，牛堡屯渐渐发展成为周边地区的商业中心，根据乾隆《通州志》记载，“牛堡屯集场，逢一、三、五、八日集期”，至民国时期依然如此。可见，牛堡屯至少在清乾隆时期，已经形成集市，并发展成为城郊固定地点的定期集市之一。据了解，牛堡屯的地盐碱地比较多，应该是和水泊退去有关，这一定程度影响粮食种植。因此，该地村民在务农的同时，多从事一些副业和传统商业。

牛堡屯中街 275 号和 288 号

牛堡屯中街 275 号和 288 号是两座古色古香的前门脸后宅院的老房子，于 2013 年 1 月被通州区文化委挂牌认定为普查登记文物，据介绍，老宅建于清代嘉庆年间，由此可见，那个时候这条街就已经十分繁华。

提起牛堡屯，不能不说通州的二锅头。清光绪年间，南仪阁村的刘家在通县建立“同泉涌”烧锅、“积成涌”烧锅，以大曲、高粱生产烧酒，行销京城各地。1950 年，以“积成涌”为主合并其他几家烧锅成立了通县酒厂，起初名称为“地方国营北京通县牛堡屯酒厂”，之后先后更名为北京市通县酒厂，北京市通县制酒厂，北京通州区制酒厂，酒厂也从牛堡屯迁址通州大杜社。1967年，由总厂授权生产二锅头，注册商标“向阳”牌，20世纪80年代初改为“通州”牌。现在位于牛堡屯前街和中街附近的幼儿园就是以前酒厂的旧址。

这里还要提起来的是在京城享有盛誉的老字号“烤肉季”的创始人季德彩就是牛堡屯中街人，该名号创建于清道光二十八年（1848年），在餐饮圈素有“南宛北季”。“烤肉季”是京城百姓送给其创始人季德彩的美名。

季德彩于清咸丰末年来京城，最初以挑担卖凉粉为业，后在什刹海一溜河沿设摊经营烤羊肉，打出“烤肉季”的布幌。经过数代人的打拼终于成为京城最有名餐饮企业之一。许多人不了解，烤肉季饭庄早年的名字叫作“潞泉居”，不知道是不是季家为了纪念他们的祖先而起名的，因为汉代时的通州称潞县，有潞水流经，通州早年的不少烧锅名叫“潞泉”。2008年，“烤肉季”烤肉制作技艺被评为国家级非物质文化遗产。

三十年前，牛堡屯乡经济曾经领跑全区，1984年，牛堡屯中心小学扩建成三层教学楼，1986年，牛堡屯中学扩建为四层教学楼，是全市农村地区第一所小学教学楼、第一所中学教学楼。北京电视台还来牛堡屯实地拍摄了专题片《春到牛堡屯》。据说那会儿乡镇企业比较多，比如精铸厂、同仁堂饮片厂、垡头塑料厂、通州制酒厂，前街还有个出口创汇大户前街花丝镶嵌厂。

尽管这里已经没有了原来的行政区域，但是一些单位仍然以牛堡屯命名，比如牛堡屯邮政所、牛堡屯卫生院等，尤其有意思的是，不少店铺都摆着当年的招牌，中街277号店门口右侧立着的一个一米多高的残破的招牌，后边衬着一块木板，上书“牛堡屯供销社生产资料门市部”，给思乡的人留下了一点点念想，店主人周大叔说这是1987年他刚来这儿工作时制作的招牌。这个房子是“文革”前后的老房子，门口的几个柱子还是当年建的，时不时有当年插队的老知青大老远过来拍几张照片。

牛堡屯老街

原牛堡屯供销社门市部旧址

随着北京城市副中心建设的进一步深入，牛堡屯的区位优势日渐突出，据了解，张家湾镇做了一个“张湾向南”的规划定位，以镇行政办公区驻地和优质资源南迁带动牛堡屯地区实现跨越发展。经济发展指日可待，古老的牛堡屯即将变身为“宜居新镇”。同时，笔者也希望相关部门能够对这片区域进行考古挖掘，开发柳林行宫遗址公园，如此一来，漕运古镇张家湾就北有大运河漕运码头公园，南有元忽必烈柳林行宫公园了，既传承了文化，又做大做强了文化旅游牌。

◎ 玉带河去哪儿了？

通州城内有条玉带河大街，大街东部横亘运河的大桥叫作玉带河大桥，街好找桥能见，但是玉带河在哪里？即使你寻遍通州城，也看不到它的踪迹，甭说外来人，就连不少本地人都困惑。那么，如此这条“只见地名，难见河流”、名字还充满诗情画意的河，到底有没有？

答案是肯定的，玉带河就在玉带河大街的脚下，只不过是条暗河，在向东快到运河的地方，拐了弯，向南流下去了。所以说，玉带河大桥跟玉带河一点儿关系也没有。这条河出了通州城才冒出头，难怪在城里看不到。

横跨运河的玉带河大桥

它蜿蜿蜒蜒到了张家湾古城南，汇入萧太后河。玉带河全长为14.1公里，算不上太长，但是它的历史竟然可以上溯到700年前，是条充满了漕运印记的“历史长河”。

玉带河之称始见于清，因河道弯曲，状如玉带而名。玉带河上游古城段曾经是通州古城的护城河，据《通州地名志》记载，玉带河本为明代所挖西、南两面护城河及漕运舢板通道，经新城西门、南门，旧城南门和旧城东南角与东水关流出的通惠河之水汇合，流经南浦闸，经土桥至张家湾先汇入萧太后河，后与凉水河汇合，流入北运河。

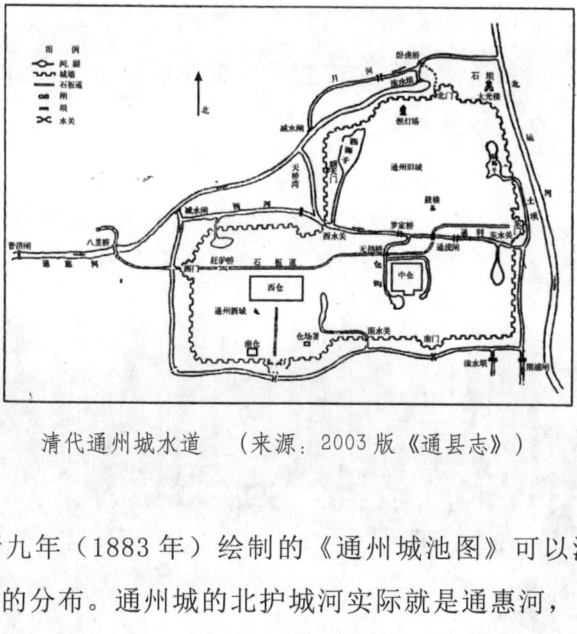

清代通州城水道　（来源：2003版《通县志》）

从清光绪九年（1883年）绘制的《通州城池图》可以清楚地看出通州古城护城河的分布。通州城的北护城河实际就是通惠河，它在通州新城西北角外引出一个分支向南，成为新城西墙外的西护城河，然后顺着新城的西南角拐弯向东流，变成了古城的南护城河。同时，通惠河又在通州旧城西北角外侧也引出一个分支，自天桥湾分流南下，自西水关流入通州城西大街北侧，过闸桥后，沿东大街南侧至东水关流出城外，与东门外土坝南侧的一个湖泊的水汇合南流，沿东城墙南段向南，在旧城东南角与南护城河汇合南流，这两条分支就是玉带河，它将古城封闭起来形成一个护城河体系。

在过去，通州的护城河不仅有城防的功能，也承担驳船转运粮食的功能。陈喜波在《说说通州水系那些事儿》一文中提到，通州旧城原有护城河，而通州新城护城河则开凿于明正德六年（1511 年），当时刘六、刘七在霸州发动起义，震动京畿地区，副都御史李贡巡抚通州，为了保卫通州新城，遂引水环绕新城三面。由于缺乏维护，通州护城河常常缺水而干涸。万历二十二年（1594 年），户部郎中于仕廉开始引用通惠河水入护城河用以运输漕粮。据《通县水利志》记载，当时入通州诸仓的漕粮，需循上述水道至通州城东的土坝，然后沿护城河或至旧城南门储入通州中仓，或到新城南街储入通州西仓。

话说两头，出了城的玉带河，直奔张家湾，这段玉带河，正是元郭守敬开凿的通惠河旧河道。和许多现代人印象不同的是，那时的通惠河终点在张家湾，而不是通州城东关。

出了城的玉带河支流流经绿心公园

通惠河是由元代都水监郭守敬奉诏，于元至元二十九年（1292 年）开始主持修建的一条人工运河。元世祖将此河命名为“通惠河”。通惠河的开通标志着京杭大运河的全线贯通，使得江南的船只可以直接抵达大都城。

开凿成功的通惠河河道自上游至河口依次设有24座水闸，使运粮船轻而易举逆流而上，以实现“节水行舟”。其中，位于通州境内的水闸有4座，通州闸2座，又名通流闸，上闸在今通州新华大街与人民路交叉口，因此留下个地名闸桥；下闸在通县南门外明代称南浦闸的位置。下游还有河门闸2座，又名广利闸，在张家湾土桥村一带。村里有一座桥面垫土的古桥，村庄以此得名。这个土桥就是元代通惠河上的广利桥，在广利闸一侧，始为木桥后改为石桥。石桥独券平面，桥身高大，下面可以通行运粮船。桥两侧各有三块花岗岩长条石的矮护栏，雕回形纹。在1981年文物普查时，在广利石桥东南向雁翅中间嵌砌着一只大石雕刻的镇水兽：镇水兽长1.5米、宽0.8米，大角犀利，梗项扭头，背上和尾巴上都是鳞片，蜷着尾巴，兽腰处有一道明显的裂纹。从这里开始到终点之间还有东门桥、虹桥，直至在张家湾古城东汇入萧太后河，周边的皇木厂、盐厂、上下码头等村落，均为元明时期漕运旧迹，也是古通惠河的见证。

张家湾是有名的漕运码头，货运集散地，当通惠河水量不足时，南粮及贡物大多在大运河北端的张家湾码头下船，然后再通过陆路运抵京城和通州。据《通县水利志》记载，凡入通州的漕粮都要“循此水道至城东土坝”。嘉靖七年之后，通惠河入北运河的河口北移至通州古城东北，漕运重镇张家湾随之衰落。失去漕运功能的这段通惠河，来往船只日渐稀少，部分故道荒废，后来被称作玉带河。

玉带河连接了通州和张家湾两座古城，是大运河文化带一个重要的文化符号，在通州流传着这样一首民谣：“通州城，好大的船，燃灯宝塔做桅杆，钟鼓楼的舱，玉带河的缆，铁锚落在张家湾。”据传说，通州城就像一艘大船，漂在运河上，那北城墙内的燃灯塔就是粗壮高大的桅杆立在船头，可是没有船舱，于是就在城中建一座鼓楼，上边是五脊六兽，下层中间是砖券大门洞，巍峨壮观，这就是舱。然而，要让这艘船稳稳停住，就要有锚，所以，就在城南十几里的地方，即张家湾城北，玉带河西岸建一座铁锚寺，当作大锚；那条玉带河，出城南流，弯曲盘旋，就是那条大缆绳。这样，船才算稳住。

1949 年以后，玉带河先后经历过三次不同时期的改造。第一个时期是“疏挖”。1970 年至 1971 年，玉带河作为引水工程进行疏挖，起于通州西门外通惠河右岸，沿西护城河入南护城河，从南关折向东南，全长 14.1 公里。疏挖的目的是利用通惠河的蓄水位，引通惠河水灌溉城关、梨园、张家湾镇农田。根据 1992 年《通州志》记载，1970 年在京塘公路东侧土桥处改道，不再入凉水河，直入北运河。

玉带河大街南关段（摄于 2014 年）

第二个时期是“盖板”。玉带河沿岸先后建成的居民小区、医院和学校等加重了对其的污染，1986 年，政府为改善环境，决定治理玉带河即玉带河盖板工程。玉带河一期盖板工程西起总后干休所，东至车站路，全长 1641 米。盖板工程竣工后，地下为排水河道，地上为玉带路。1987 年，又开始了玉带河二期盖板工程，这其中还包括通惠北路打通工程。南起玉带路，北至通惠河，全长 918 米（即通惠南路）。1988 年 6 月，第三期盖板工程竣工。西起车站路，东至铁路桥，全长约 1060 米。玉带河治理工程的竣工，不仅治理了城市局部污染，而且开辟了玉带河大街（长

4554 米）和通惠路（2700 米）两条交通要道。这就是目前人们看到的城内街道。2008 年，运河大街至梨园南街段，也进行了盖板暗河施工，如今柳岸芳园东侧的小花园，底下就是玉带河。现在玉带河的地上部分，从梨园南街向南钻出。

幼时笔者对于玉带河的印象非常真切。笔者自小在新城南门外的潞河中学居住，从上小学第一天开始，每天都要出大院北门，向北走 100 多米，穿过横亘在玉带河上的一个小木桥，再走到后南仓小学上学。

记得有一次，高年级的学生恶作剧，把我的帽子揪下来扔到桥下，我无奈走到桥下水边捡帽子，印象很深的是玉带河的水虽不清澈但是还不算太脏，后来随着附近居民区楼房增多，河水被倾倒各种垃圾，变得臭不可闻。印象中是在上大学的 1986 年上半年，为了治污，将玉带河截断后，先清淤后盖板，变成了如今的玉带河大街，笔者曾经参加过当年的义务劳动——搬砖。

目前，在通州老城区这一段唯一露出地面的是艺苑东里小区北侧京秦铁路的涵洞两侧，四五十米长，被一个蓝色铁制的棚子遮住。据附近一位姓王的老人讲，玉带河的暗渠从此处往东南方向，顺着玉桥中路的书法公园街心公园一路向南，先后途经远洋东方、柳岸芳园、梨园东里，从梨园南街钻出地面，在此地，还建有一个水闸。往前不远，就是通州区建的一个 300 亩的碧水污水处理厂，笔者看到，从此流出的水比较干净，甚至能看到河底。前几年，梨园南街东南部到六环之间还是大片的庄稼地，算是城外，现在随着城市建设发展，先后也建起了金隅自由筑、花石匠、华远铭悦、净水园等小区，再加上砖厂村、土桥村的改造，已经成为一个新兴的大型居住社区，玉带河就在这几个小区之间往南流淌，一直延伸到六环高架路。

最近，笔者对玉带河进行了多次探访。在朋友的指点下，找到了玉带河的一条支流。

玉带河北起点位于通惠河与通惠南路交叉处桥东侧

玉带河大街上的雨后彩虹（摄于 2014 年）

北京城市绿心森林公园是副中心的新地标，位于北运河西岸，东六环南，京津公路东侧，在面积达 11.2 平方公里的城市绿心中，除了运河故道之外，还有一处玉带河支沟。这段支沟位于绿心公园西侧，紧靠京津公路，在玉带河砖厂村这段分叉，提前穿过六环路，弯弯曲曲流入绿心，这段支沟主要是由于历史上河流淤塞形成的。如今，绿心之中的玉带河支沟主要承担起防洪排涝的重要作用，两岸栽植芦苇等水生植物，让干涸百年的河道重现悠悠水韵，还有个诗意的名字“玉带花溪”。

2017 年 9 月，《北京城市总体规划》（简称《规划》）发布，这是玉带河改造的最重要的第三个时期，《规划》中特别提及玉带河的改造，其重要性可见一斑，其目的也清晰可见，就是通过恢复历史文脉肌理，置入新的城市功能，古为今用，提升北京城市副中心文化创新活力。纵观《规划》，第三节“高水平规划建设北京城市副中心，示范带动非首都功能疏解”篇提到：要深入挖掘、保护与传承以大运河为重点的历史文化资源，对路县故城（西汉）、通州古城（北齐）、张家湾古镇（明嘉靖）进行整体保护和利用，改造和恢复玉带河约 7.5 公里古河道及古码头等历史遗迹。

按照规划要求，2018 年底，有关部门首先开工恢复了下游北起通州梨园南街，南至萧太后河一段故道，如今这一段长 5.5 公里的“玉带”已经变得水清草绿，闪烁轻灵的波光。而目前，改造难度比较大的是余下的 2 公里，通州区水务局相关负责人曾透露，这 2 公里的大致范围是自梨园南街向北，至玉带河大街，现为地下暗涵。由于穿越了繁华的通州城区，其恢复方案尚在规划之中。

不过笔者经过多次探访，发现梨园南街向北至玉带河大街这段，即便按照最短的距离，也在 2.4 公里左右，肯定和规划的里程有很大出入，然而，如果计算从梨园南街向北至艺苑东里铁路涵洞一段，则正好是 2 公里。同时，梨园南街到艺苑东里铁路涵洞这段，虽然是地下暗涵，但是地上目前均是街心公园，只有极个别路段是待拆迁的平房，比较容易建设。而从艺苑东里铁路涵洞到玉带河大街，虽然只有区区 400 米，地面上已经被小区和街巷覆盖，基本上不可能被重新开挖。因此，完全可以确定，规划中的最后两公里，是指梨园南街向北至艺苑东里铁路涵洞一段，恢复成地面上的明河指日可待。

因此，2017 年版的《北京城市总体规划》中针对玉带河的恢复和改造规划，距离玉带河的全面复原，充分发挥其历史文化内涵，还有一定的差距。玉带河只有和上游的通惠河水系连接，与通州古城交融，才能尽最大可能还原历史风貌，体现其重大的历史文化价值。而要完成其连接，不能完全按照原有路线上推，而是要“扬长避短”，整合现有通州文化遗址、遗迹，再现“北方水城”。

按照笔者的构想，新的玉带河起点应该在燃灯塔下的西海子公园葫芦湖（二期），然后流经西海子湖（一期），这里是通惠河故道，然后向东北方向，到达南大街和新华大街路口，这里古称闸桥，是原通惠河支流的闸，从此处向西南方向，在南大街西侧并行，从西营后街与玉带河大街口，斜向东南，到达西营前街街口，这里有北齐土长城遗址，然后从这里向东，环冯玉祥兵营旧址，向南到京通铁路（1900 年）侧，与艺苑东里铁路涵洞相交，与玉带河规划路线连接。

这条路线全长 2.8 公里，之所以没有按照原有路线，一是因为历史原因，城墙、护城河部分遗迹已经被拆除和破坏，无法恢复，还要尽量规避已经形成的小区和街道；二是符合通州古城的规划，把通州老城的部分古代和近代历史文化遗产串联在一起，尽量利用了规划中需要拆迁改造的地区土地，完美地诠释了玉带河的历史文化意义。

◎ 运河家门口有长城

长城一撇，运河一捺，二者在首都交汇在一起，构成一个厚重的“人”字。这是20世纪80年代中期轰动全国的电视专题片《话说长江》的第一句解说词。通州是京杭大运河的最北端，世人皆知。但是，如果说通州也有长城，肯定颠覆你的三观，让你不敢相信一马平川的京东平原，也会有“高山仰止巍峨挺立”的长城。

其实，此长城非你印象中在重峦叠嶂中盘桓延曲的保存完整的明长城，而是1400年前的北齐土长城。这段“内长城”与北运河流域的数条河流相伴相行，绵延200公里入海。如是，通州就成了北京唯一既有大运河又有长城的区，横跨承继“长城文化带”和“大运河文化带”之文脉。

现在这段长城的遗址位于通州区永顺镇窑厂村，具体位置在通州南关

通州区文物保护单位石碑

北齐土长城遗址通州窑厂段

大街和玉带河大街丁字路口南100米处。土长城遗址南北走向，北侧始自西营前街路口，南至京通铁路桥基，总长度150余米。土长城的东边几十米就是近代的冯玉祥兵营旧址，东边200来米处是玉带河暗河的拐弯处。笔者十年来搬了两次家，都距离这段长城的遗址不远。遛弯的时候，经常会从它的旁边走过。

目测遗址高4至6米，两侧长满了杂乱的灌木，上面还有十来户的民居，宽处10余米，最窄处也有八九米，中段几近被村民挖断。也许是这两年文物保护的宣传加大，因此遗址目前能够维持现状，没有再遭到破坏。

遗址很不起眼，要不是北侧起点处立有两处石碑，从外观上很难将它和长城联系起来。右侧石碑上写明其为“通州区文物保护单位”，是由“通州区政府2001年9月21日公布，通州区文化委2016年11月20日立”。左侧石碑这样写道：“位于通州区永顺镇南部窑厂村。北齐天宝年间，为保护北方军事重镇蓟城和首都邺城安全，在万里长城之内修筑一道重城，此城从今北京昌平区开始向东南方向延温水（温榆河）、潞水（潞河、北运河）右岸修筑，中经今顺义区、通州区，天津市武清区，长达400里。今仅存通州区窑厂村一段遗址……”

窑厂村明清开始有人口聚集，位于通州古城南门外，目前已经变成了城中村，1991年《通县地名志》中记有：“窑厂村、属南关居民委员会，位于镇域东南在原旧城南关小庄与小园间，玉带河大街南侧。东起小园、西至小庄、南自京秦铁路，北到东、西营前街。清代已形成聚落。清初军队驻此处，就地建窑烧砖，建东营、西营、南营等营房。清乾隆初始成聚落，故名。”

遗址是由已故的通州区文物所专家周良考证后确定的。《周良文史选集》曾经回忆了当年发现它的过程。这道古代夯土长城遗址最早发现于1983年，当时遗存长度尚有1000多米。其后，继续被窑厂村的砖瓦窑长期作为制砖取土之地，逐渐被破坏。2001年9月，通州区人民政府公布此处遗址为文物保护单位。2002年4月，竖立起土长城遗址保护碑，确定它为区级文物保护单位。

北齐土长城遗址通州窑厂段

通州有“长城”曾在几个朝代的文献中均有提到。清初顾炎武《读史方舆纪要》、顾祖禹《昌平山水记》均提到顺义、朝阳、武清等地有长城，基本和通州长城在一条线上。明末清初驰名的地理学家顾祖禹，在他的《读史方舆纪要》《城邑考》篇提到：州北三里有长城，相传秦将蒙恬所筑。

其记述武清县时载：“志云：‘县西南三十里有长城故址，延袤数百里，相传战国时燕所筑。’”

关于通州长城着墨最多的考证文献是240年前清代的通州人刘锡信所著《潞城考古录》。刘锡信，榜名锡侯，字桐村，出生于通州一个书香世家，自幼聪慧过人，喜好读书。曾任户部湖广司员外郎，乾隆四十七年（1782年），受邀参与编撰《通州志》。刘锡信从政之暇，笔耕不辍，其著作《潞城考古录》，针对以前之文献缺漏或错误之处得到补足和改正。

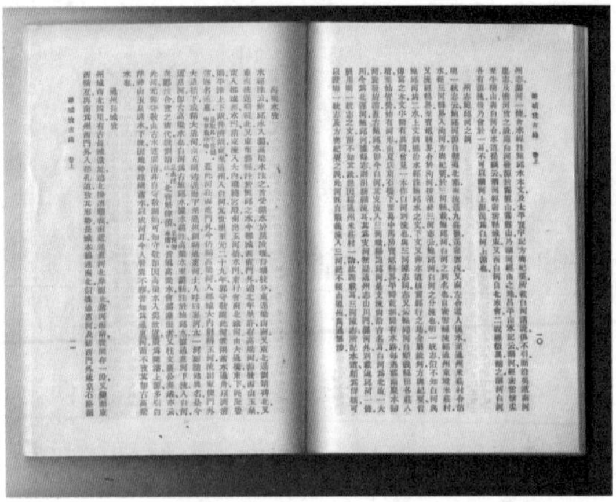

刘锡信《潞城考古录》中的“通州长城考”篇

《潞城考古录》曾在1936年商务印书馆出版的《丛书集成初编》当中，与《燕魏杂记》《京东考古录》一起，出过一册合订本。笔者收藏有一本1985年中华书局出版的影印版。此次影印所采用的上海图书馆藏本是目前所知最好的版本，系乾隆四十三年刻、嘉庆补刊本。

书中专门有一章节《通州长城考》这样描述：“州城西北四里，有古长城遗址。迤北接顺义。南近通惠河北岸而止，逾河而南，复闲存一段，其址又变而东西横亘，再南为州西门外入都孔道。”这里所说的是这段长城遗址北，也就是古长城在进入通州古城前的情景。刘锡信又说：“考其形势，长城本绵连南北，似挑通惠河及修西门外通京石路掘断者。询之村人亦云。”他的治学态度还是严谨的，经过询问附近的村人得知，古长城在穿过通州古城时，因为修建通惠河和通州到京城的石板路被挖断。

刘锡信还说：“又唐李丕墓志石，得之城南，其铭曰，屹然孤坟，长城之东。可见长城自北绵亘而南。唐时，城西南遗址尚存也。”“辽史顺州南有齐长城，齐天宝中所筑之长城矣。漷县武清二志，俱载有古长城，疑昔时亦与此接连为一云。”刘锡信查阅了古人编辑的《辽史》《漷县志》《武清志》，初步勾勒出土长城沿着顺义、通州、漷县、天津武清逶迤而行，复原了这段长城的位置和其走向。

据史载，不仅是明长城，自春秋战国以来，先后有约 20 个朝代或诸侯国曾不同规模地修建长城。其中，北齐、北周、东魏、隋、唐的古长城经过北京，他们的功用都是抵御外族侵略。为什么确定为北齐年间修建呢？周良在先人的文献记载基础上，经过多方勘察，除了确定了土长城的建设年代外，还确定窑厂村这段遗址为古长城。他的主要依据是三方墓志铭。第一个就是刘锡信提到的唐李丕墓志石。刘锡信考证说李丕墓志出土地点在“城南一里许”，与《李丕墓志》志文说的“葬于县之南三里”，在位置上是一致的。因为元代以前的通州城（潞县城）恰在旧城东北部位。明洪武元年（1368 年）镇守通州的燕山侯孙兴祖率兵修筑通州城时，将以前通州城向南扩建一倍，距离正好一致，这个位置正好是墓志铭中所言“长城之东”的位置。另外两个墓志铭则是周良在 1983 年 6 月，到距离窑厂村南 2000 多米的小街村附近古墓发掘现场收集到的唐代孙如玉、孙封两人的墓志铭，里面都提到了这段“长城”和它的方位。周良根据实际踏察发现，在 20 世纪 80 年代，自今通州旧城南门外窑厂村至张家湾镇皇木厂村，中经蔡家坡、北三间房、小街诸村，断断续续存在着一道长约 6 公里的条形土岗。先后出土的这三块唐代的墓志铭，都位于这道土岗的东侧，玉带河（暗河）之西。志文中都记述了这条形土岗是“长城”，而且在《唐孙如玉墓志铭》志文中，非常清楚地指出这道长城是北齐所筑。因而，今窑厂村村址处的条形土岗确定为北齐土长城遗址。

北齐（550—577 年）是个短命的政权，是中国南北朝时期的北朝政权之一，由东魏权臣高欢次子高洋所建。历经六帝，仅存在了 28 年。550 年，高洋当上了东魏的相国，受封齐王，不久后废去孝静帝（534—550 年），推翻东魏，建国号齐（550—577 年），改元天保，都城定于邺（今河北省邯郸市临漳县）。据史料记载，北齐在文宣帝天保年间修筑六次长城，其中天保八年（557 年）这次与通州有关。

据《北齐书》记载，天保六年（555 年），柔然与突厥一起对北齐进行侵害，文宣帝统兵亲讨柔然并大破之。待北疆稍静，便“发夫一百八十万人筑长城，自幽州北夏口至恒州九百余里”。天保七年（556 年），“自西河总秦戍筑长城东至于海，前后所筑东西凡三千余里”，如此，文宣帝心里还是不太踏实，于是在天保八年（557 年），在契丹兵势尚未恢复之前，“于长城内筑重城，自库洛拔而东至于坞纥戍，凡四百里”。“重城”就是在已有的长城里面再修筑一道长城。前筑长城已“东至于海”，则是在“东至于海”的长城里面修“重城”，就是从今昌平经顺义、通州、武清诸区而达的土长城，正好是 200 公里左右，是段“内长城”。

在平原上修建长城，与原有依山就势的老长城不同。它是用黄土夯筑而成，矗立在北京平原上，迤贯于京津间的一望平川。它傍河而行，倚河设城，凭水为险，水陆结合，双道防线比邻，令敌方难以攻破。隋统一后，长城失去防御作用。明初开始，通州城区民房需求量增大，因为长城夯土日晒千年，适于烧砖，于是老百姓数百年来不断取土烧砖建房。这处本是 200 公里长的雄伟长城就只剩下了 150 米，外观上就像一个小土坡，看不出任何长城的影子。

这几年，根据多方文献和出土的墓志，古通州境内曾有长城观点，已经得到大多数专家的认可。但是，关于通州土长城的建造年代也引发了一些学术争论。一篇来自国家社科基金项目“中国古代长城的历史地理学研究”的论文《北京市通州区古长城遗址年代考辨》，甚至把其建设时间下推到明世宗嘉靖三十六年（1557 年），其依据的文献是明代历朝官修的编年体史书《明实录》。据载，明朝兵部尚书许论策划“重关”长城，并于嘉靖三十六年五月提出动议，经嘉靖皇帝批准后开始构筑。笔者将此重关长城认定为北京市通州区的古长城，具有非常明显的错误。因为也是在

俯瞰北齐土长城遗址通州窑厂段

明代嘉靖年间，曾由职任南京吏部尚书的通州人杨行中主编了《通州志略》，共13卷，该书于明世宗嘉靖三十六年（1557年）刊行。其卷一“舆地志”的“古迹”专题中记载：“长城岗，一在州城北三四里，俗传秦蒙恬所筑，遗迹也；一在州城南十里，迤逦直达漷县而南，年代莫考。”仅从对长城的记载所言，就要早于《明实录》所述8年之多。

许论（1487—1559年），字廷议，灵宝人。喜研究兵法。著《九边图论》升任为南京大理寺丞。蒙古骑兵一千多人先后劫扰黄崖口、大木谷等地，都被明军击退，许论因功升为右副都御史。蒙古贵族俺答率部直犯都城，许论受命巡抚山西，因守边有功，升兵部右侍郎，主持京营军务，又因构筑北京外城的成就显著，升任兵部左侍郎。嘉靖三十三年（1554年），许论升为右都御史和兵部尚书。

杨行中（1489—1572年），通州人，嘉靖二年（1523年）考中进士，不久后，即被派往浙江省山阴县城任知县，后任监察御史。嘉靖晚期，他升任刑部侍郎，继而晋升为南京吏部尚书。他主持编纂的《通州志略》刊行于世，该书是迄今所见最早的通州方志，也是第一部留存完整的北京方志。可惜自清中期以来，该书一度被认为已经亡佚。直至1986年，首都图书馆从日本东京都中央图书馆获得复制本。2007年，中国书店以此复制本为基础出版了嘉靖《通州志略》点校本，得以重新刊行于世。

许论和杨行中出生年份仅差两年，而且都在明嘉靖帝属下任要职，如果土长城是那时建筑的，作为通州人的杨行中不可不知。即便退一步来说，根据1984年至1985年进行的航空遥感调查显示，北京地区明前长城，多被明代长城掩覆。也就是说，通州的土长城可能被明长城覆盖，但是肯定要早于明朝。

随着历史文献和今人考证成果的逐渐丰富充实，通州北齐土长城的历

北齐土长城遗址皇木厂段

史脉络越来越清晰。有证据表明张家湾皇木厂村就建在北齐土长城之上。据古碑记载约今张家湾城东一带，河边长城随古笥沟（今港沟河）转弯地方有守卫戍点，应该就是皇木厂村土长城段。皇木厂一带河流纵横，沿岸河滩多为沼泽湿地，先民祖辈择吉处而营之，首选高坡台地，渐成聚落。村址原有纵贯南北的条形土岗，成村之初，即建于北齐古长城旧址之隆起坡地上。

笔者和朋友曾在皇木厂村南探访，发现了一段几十米长的高坡，与窑厂村遗址惊人相似。这段高坡位于皇木厂村南，距离玉带河大约 100 米，高坡大约长 80 米，高 3—4 米，宽处 15 米。据坡上仅有的一家居民介绍，原来这里曾经居住着几十户居民，后来因为拆迁，仅剩下他们一家。虽然他们对于这段历史不清楚，但是从坡下露出的土能看出有夯土层，还有一些陶器碎片夹在其中。环绕周边数百米范围，有古城（张家湾古城），有水（运河故道），有码头，此处似为土长城遗址，至于是不是，还真得请有关部门组织考古挖掘方能认定，此为后话。

◎ 漷阴有长城　相伴运河生

千年古镇漷县是通州区的南大门，因独特的地理位置，历来为北运河的咽喉要道，南北漕运的腹地，兵家必争之地。又因地势低洼，历史上曾汇聚数个浩渺的淀泊，水道交织，因此整个镇遍布了好多条的古堤和古道。不仅如此，漷县还有一段古长城，从北向南，与古运河相伴而行，上承通州古城，下延武清，蜿蜒入海。

【土长城北齐建】

这段长城建于北齐，距今已有近 1500 年的历史。据《北京长城史话》载：北齐时期北京地区所建长城有内外之分，外长城主要分布于山区，即今延庆、昌平、怀柔、密云、平谷一带，而内长城主要分布于平原地区，即朝阳、顺义、通州一带。长城为夯土结构，自昌平开始，沿温榆河右岸，经过顺义到通州，再沿潞水（今北运河）右岸（西侧）一直到天津，长约 200 公里。

收录刘锡信《潞城考古录》的影印图书

北齐是个短命的政权，因此在历史书中着墨不多。它是由东魏权臣高欢次子高洋所建，历经六帝，仅存在了 28 年。漷县当年就在北齐的境内，其中天保八年（557 年）

这次修筑与漷县有关。

不过也有一种说法，土长城建于北齐天统年间（565—569 年）前后，稍晚 10 年。这段长城为斛律羡主持修筑的。斛律羡为敕勒族，东魏到北齐时期将领，曾任幽州刺史。为了抵御突厥人的入侵，修筑了这条长城。

笔者曾经在《运河家门口有长城》一文中考证了通州的两处长城遗迹。一个是在通州古城南关外的窑厂村，2001 年被通州区政府列为“通州区文物保护单位”，2016 年 11 月 20 日还立了石碑为纪，这是明确由文物部门认定的遗址。还有一个在张家湾皇木厂村，系长城随古笥沟（今港沟河）转弯地方的守卫戍点。

出了通州古城和张家湾，长城还有吗？刘锡信《通州长城考》记载：“辽史顺州南有齐长城，齐天宝中所筑之长城矣。漷县武清二志，俱载有古长城，疑昔时亦与此接连为一云。”刘锡信查阅了古人编辑的《辽史》《漷县志》《武清志》，猜测这段土长城沿着顺义、通州、漷县、天津武清逶迤而行，大致勾勒了这段长城的位置和其走向。

【“长堤回燕”原是长城基】

漷县也有土长城，从古时候传下来一个“漷县八景”，见诸时间不会晚于明清，分别是：泮宫古槐、禅林宝塔、白河渔舟、春郊烟树、驻跸甘泉、晾鹰旧台、长堤回燕、远浦飞鸿，其中的“长堤回燕”与土长城有关。

此景原在漷县村北港沟河西堤处。据《千年古镇漷县》一书记载：明时，此处的长堤尚然高阔，上面滋生许多杂树，夏季像一道绿色长城。“回燕”，指北方的小燕飞回南方越冬。深秋时节，四面八方的紫燕都会聚在此处树上，呢喃而语，准备回到南方。长堤古树上，燕子成千上万，飞起飞落，叫声一片，像在互相告诫，又像在互相鼓励，如同一段飞动的长堤，景观非凡。

这段长堤即北齐土长城遗址。《通州志·古迹·长城岗》在“长城”条目中载：“旧志云‘在州南漷县东北一里，南抵武清，北接通州，即长堤之异名也。’”在平原上修建长城，与原有依山就势的老长城不同。它是用黄土夯筑而成，矗立在京东冲积平原上，迤贯于京津间的一望平川。它傍河而行，倚河设城，凭水为险，水陆结合，双道防线比邻，令敌方难以攻破。

漷县城域在汉时本是泉州县境内霍村镇，先后经历了晋、十六国、南北朝的北朝、隋、唐时期，从大乱走向大治。隋朝统一中国后，接着是强大的唐朝，这道长城失去防御作用，就被后来的历代王朝当作堤防，变成了“长堤”。

北运河漷县段右堤

【土长城遗址哪里寻？】

古时的漷县处于古永定河、古潮白河流域下游，东有潞水（北运河），西有广袤辽阔的延芳淀。古永定河俗称“无定河”，古潮白河曾被称作“沽水乱流”，都是异常暴烈的河流，潞水河道多有摇摆变迁，延芳淀今已消失，水多水患更多，因此堤坝很多，志书中多有记载。

清《漷县志》曾记载多条长堤，一云：县北长堤。“是堤始于州之张家湾善人桥，至漷县北门绵亘三十余里。今堤亦坍缺。”其他还有杨景芳堤、马头店堤、白浮圈堤、曹家庄堤、小屯堤，多延运河西岸逶迤南行。“运河萦其前而万艘经泊，漷水环其后而三派分流，长堤如龙蜿蜒相接而会于城闉，亦形胜地也。”

长堤用于阻挡水患，长城用来抵御外敌。因为都依水而建在高地，所以可以肯定土长城被部分长堤改建取代。

历经千年的漷县土长城还有遗迹吗？随着历史文献和今人考证成果的丰富充实，北齐土长城的历史脉络越来越清晰。笔者近期到漷县马头村探访，在村民的带领下，找到在马头村东侧京津公路有一段近 100 米长的路

北齐古长城漷县马头遗址发现地

基，距离其东面的北运河只有100余米，其向河一侧高出地面约2米，与窑厂村、皇木厂土长城遗址非常相似。

据村民介绍，此处古为京津驿路，抗战期间，日寇为掠夺中国资源在其上拓宽为混凝土路，此段幸得先辈保护才没有被破坏。据了解，已故的通州文物专家周良老师曾经多次到漷县探访调查并认定此处为土长城遗迹，惜未留下任何文字就去世了。笔者希望有关部门尽快组织考古发掘，补充证据链，如果这样的话，通州境内的土长城就能连成一条线了。

◎ 话说通州小吃“油炸鬼”

因为笔者的寓所紧挨着通州老城区，所以时常起早儿去南大街吃早点。老城区是回民聚集区，清真馆子多，早点的品种更多，像小楼饭店的螺丝转、面茶、杂碎汤，鲍记饭馆的糖耳朵、糖焙子，还有几家，笔者都没少吃，南关东侧还有个于记火烧，是从街里搬出来的，他们家的牛肉火烧太好吃了。

但独独有一种早点小吃，笔者从来没吃过，也试着问了卖早点的师傅，他们有的说没听说过，有的岁数大的，隐约听说过，但是也不知道怎么做，反正几十年前就消失了。这个小吃就是“油炸鬼”。

油炸鬼是一种传统的通州小吃，说起它的来历，其实是“油炸桧”的意思。宋朝秦桧卖国，世人痛恨，便将两块面团儿抻长，一块代指秦桧，一块代指其妻王氏，缠绕在一起做捆绑状，下油锅烹炸。不仅能饱腹，还能受教育，对于国人来说妥妥的是一种“爱国食品”。

杭州岳飞庙的秦桧夫妇跪像

除了通州，北京四九城也有这个小吃。北京天桥等地的小吃店，也曾经卖过这个东西。据记载，清末那些大臣们上早朝前，在宫门口吃的早点里就有它，中国历史上最后一任苏州知府、福建人何刚德在他的《话梦集》中写道："军机处阶前，每晨必列烧饼、油炸果……备枢臣召见后作为点心，可谓吝啬极矣。"

油炸果，是它的本名或者说正规一点儿名字，因为做这个的有不少山东人，齐如山先生在《北京土话》中提到过："'果'俗读成'鬼'，北方古音也。"在通州，还流传着这么一个传说，所谓"油鬼"就是夜里干活儿，点灯熬油到半夜三更，工人们被油烟熏得满脸黑乎乎的，人似鬼样，因此称"油鬼"。

油炸鬼要和烧饼一起夹着吃，把烧饼用刀切开，再把油鬼塞进去，就算一套。著名学者梁实秋在《北平人的馋与北平的小吃》一文中，专门提到了油炸鬼："一清早卖点心的很多，最普通的是烧饼油鬼。北平的烧饼主要的有四种，芝麻酱烧饼、螺丝转、马蹄、驴蹄，各有千秋……螺丝转儿最好是和'甜浆粥'一起用，要夹小圆圈油鬼。马蹄儿只有薄薄的两层皮，宜加圆饱的甜油鬼。驴蹄儿又小又厚，不要油鬼做伴。北平油鬼，不叫油条，因为根本不作长条状，主要的只有两种，四个圆圈连在一起的是甜油鬼，小圆圈的油鬼是咸的，炸得特焦，夹在烧饼里一按咔嚓一声。离开北平的人没有不想念那种油鬼的。外省的油条，虚泡囊肿，不够味，要求炸焦一点也不行。"

好多人误以为油炸鬼是油条，其实他们无论是制作工艺、外形，乃至火候都是不一样的，因此，油炸鬼和油条是两种食品。在这点上，梁实秋说得对。即便是油炸鬼本身，不同地方的制作工艺也都不同。

通州是油炸鬼的大本营，作家张国庆曾经在北京日报撰文曰："旧时，这种油炸鬼，通州的小吃店做得最好，北京也有卖这种炸货的，但是不多。"遗憾的是，这种小吃在20世纪50年代以后就消失了。不过由此可以断定，要说能考证出来点儿渊源的，通州算是正根。

1991年10月，通县举办首届美食小吃节，展售各种小吃和其他商品1370种，有60万群众参加，在全市引起轰动。其中，由清真向阳小吃店恢复制作的“炸油鬼”获得了一等奖。据当年获奖单位的介绍，这是一种通州独有的小吃，别处虽也有此种小吃名称，但形、味均与之不同。制作炸油鬼的主要原料是面粉和食油，调料有：矾、碱、盐。先将调料按比例加水制成调料溶液，再用溶液和面，经饧面、搓条、成型等工序制成面坯，面坯长50厘米，两根条并列，中间隔3—4厘米，又是两根条并列，两端成环形，四根条都在同一平面上，形似一个大小圈相等的回形针。将花生油在旺火上烧至六成热，放入油鬼面坯炸制，勤翻个，炸至两面均是深黄色即成。成品深黄油亮，酥焦香脆，横放竖放、堆叠码放均不变形。

可惜昙花一现，到如今一转眼又是30年过去了，油炸鬼又消失了。追踪它在通州的历史，没少让笔者花时间，不过，在两位朋友的帮助下，

南街胡同博物馆收藏的石碾子和石磨

笔者最终将目光锁定在回民聚集区——南大街。因为通州的很多小吃，包括“通州三宝”都发源于这里。

89岁的马振东阿訇是南大街的老住户了，身体硬朗，据他回忆：1949年前，通州城里一共有4家油鬼铺，比较有名的是华家油鬼铺。其次是南关金祥家有一个油鬼铺，但是他本人不会干这个活儿而是雇人干，还有一个汉族的武凤山在北门里有一个油鬼铺，西大街还有一家。

据说，这几家油鬼铺都卖不过华家油鬼铺，因为华家主要是批发兼零售。其他两三家是早点铺，开始炸油鬼也是他家派伙计传授的技术。华家油鬼铺在鼓楼后头——路西堂子胡同口，他们早上起来后，不仅卖油鬼，还卖面茶、卖炉箅子（就是油饼，因形状而得的俗名），卖墩饽饽，卖糖火烧。

马老说他的四舅会做油鬼，而且就在华家油鬼铺帮工，那时候制作油鬼离不开面、碱、矾。做油鬼有个工具钎子，和好了面用刀剁好了筋儿，再用竹钎子按成小长条就可放油锅里炸了，随炸随往长里抻，炸成焦黄色就可以出锅了。做油鬼，和面是个手艺，他的四舅会这个手艺，后来，他的二舅、三舅，都学会了这个手艺，相继开过油鬼铺。

马老提到的华家油鬼铺大名叫作裕顺斋油鬼铺，他的老板华定远，竟然是通州非遗项目“枯木陶”的创始人，当年在整个通州都是响当当的人物。

华定远是回族，祖籍山东（这也从一个方面印证了前文所述），他的父亲华俊卿从山东逃荒北上来到河北省地界，最后在通州城里落了脚。后来他娶了通州永乐店村大户人家朱氏的姑娘，清朝末年在通州城里投标投中了秤行第一标，开了华记秤行发了家，后来被选为通州城商会的会长。

华俊卿有五个儿子，华定远排行老二。他最早通过做“枯木陶”掘得第一桶金，然后用赚的钱在鼓楼后北大街堂子胡同口儿买了三间门脸房开了早点铺。当时在通州城里的经营既零售又批发，前来的批发者被称作“行份儿”，他们一般先在柜上拿走烧饼、火烧和油鬼，等当日卖完了，下午回到柜上时再交货款，每天如此，日复一日，年复一年。据记载，当年卖油鬼的吆喝声是这样的：

老北京油炸鬼

“油儿清来，面又白，扔到锅里就飘起来，越炸越大赛过烧鹅，这大个的油炸鬼来！”

新中国成立以后，裕顺斋油鬼铺公私合营，工人被分配到各个饮食门市部，油鬼铺和油鬼逐渐地销声匿迹。

据说，过去做油炸鬼，必须用到明矾，但是对身体有害。另外，做油鬼的工艺比较复杂，远不像从天津、上海等大城市传过来的油条方便。最主要的，随着人们生活水平的提高，人们对早餐越来越重视，早餐的品种也越来越多，这或许也是油炸鬼消失的原因。

盼望着有心人，能够把这个小吃恢复起来……

◎ 仓烧老米：漕运的副产品，仓廪中的美食

说起通州的运河美食，大小吃货绝对两眼放光，扛把子是“通州三宝”——小楼的烧鲶鱼、大顺斋糖火烧和万通腐乳，这是通州美食的名片。除了这三样，各种小吃和绝活儿也是杠杠的，咯吱盒、十八天毛鸡蛋、东路烧酒等，都是大运河漂来的“尤物”，保证让人馋掉大牙。

东四胡同博物馆保存至今的仓烧老米　（张佳东／摄）

然而有一种美食，用料普通得不能再普通，制作方法简单得不能再简单，可是味道“好极了”（笔者没吃过），明清皇家曾为之趋之若鹜，但今人知道的不多，见过的没有，已经绝迹了上百年，不过说它是漕运副产品，一点儿不过分。

这就是因漕运仓储而诞生的美食——仓烧老米，它的诞生地就在当年通州鳞次栉比的官仓。

据《通州志》记载，仓烧老米又叫“烧老米”或“仓烧米”。是指仓

廒内存米最上层称“气头”，半尺多厚，粮米经高温已结块炭化。“气头”以下尺许厚，仓米由紫棕色渐变为棕黄色：廒底自下而上也有尺许厚的一层。这层米可保存较长时间，煮饭不粘、熬粥不乱汤，并有特殊香气，成为米中珍品。

明代大运中仓加工漕粮的碾磙

元明清各朝，经京杭大运河每年运抵北京的漕粮有 300 万—500 万石，在通州和北京设有多座仓群存储。以明朝为例，当年京通粮仓共 15 座，北京 11 座，通州 4 座。每座仓群都有成百上千个仓房。顺治初年，《清会典事例》规定：“每仓以五间为一廒。每间七檩六椽，阔一丈四尺，深五丈三尺，山柱高二丈二尺五寸，檐柱高一丈五尺五寸。”廒房十分坚固，三面有墙，墙根留有气眼，正面敞开，无门窗。廒的屋顶是阴阳合瓦，廒顶各开“气楼”，用于调节廒内温度和湿度。廒房内，地面铺一层细沙，上铺方砖，砖上再用杉木垫底，铺上厚木板。为了防止潮气，还在“廒门及墙下均开窦穴以泄地气”。廒内三壁钉一层樟木。整座仓廒防坍防潮、防火防盗，唯一防不了的是“内贼”。

这么好的东西，无形中成了腐败的滋生床。仓场管事的内外勾结，专营此米以获取高额利润，由此还形成了一个产业链。老米碓房就是专门收购、兑换、转售仓场“仓烧老米”牟利的商业经营性行业。因为特别抢手，“仓烧老米”还成了好多皇家贵族压箱子底的“硬通货”，曾有句话说：黄金有价，老米无价。

前些年热播的电视连续剧《漕运码头》，讲述的清道光年间，仓场总督铁麟赴任通州漕运码头整肃漕弊的故事。一开始就有一个桥段：粮店掌柜金如林问杜鹃的用人杨嫂为什么不买米？没想到她们买不起米，而是来卖“米”换钱的，还反问老板，收不收老米？老板一惊，说了句台词：“您把这么贵重的东西来卖，一定是遇到麻烦了。这叫仓烧老米，不要说老百姓，就是朝廷的文武大臣，要是得到一两斤，那绝对也是极其稀罕的事情了。每个粮店要是有这么一袋仓烧大米，那就是镇店之宝！”

中仓仓墙遗址石碑

“仓烧大米”之所以被炒得这么热？是因为明清皇家的加持和“代言”。明代皇家曾以此为原料制作神药“灵露饮”。

据说“灵露饮”是用仓烧老米、糯米、小米等蒸煮提炼凝结出来的雾水，还是当年阉党魏忠贤寻的偏方，为了救皇帝的命，当然也是为了救他自己。方法是用银锅放水再套一个木甑，再在甑底的篦子上置银瓶，依次向锅内放入糯米、老米、小米。把米蒸透，然后再添一层。再用一只尖底银锅对准银瓶的瓶口，待锅中蒸汽上升后，遇到冷锅底凝结滴落到银瓶内，换几次之后，瓶内收集到的“仙露”就满了。趁温热时给皇帝服用。至于有没有用，反正天启皇帝的病情并没有减弱，最后还是驾崩了。

不过这个是真事儿，据故宫博物院记载：清代皇宫寿膳房为皇太后（慈禧太后）做饭，有白米和紫米两种。白米是京西稻米，紫米为仓变老米，又叫野意米。这种米由江南运至通州大仓，再转到东城禄米仓，又入紫禁城外的东、西仓中。清末《天咫偶闻》记载，京仓发放的禄米多红朽变色，俗称“老米”“紫米”，显贵人家却“以紫色米为尚”。可见皇家的爱好对民众生活的重要影响。

国人讲究“食不厌精”，不知道是不是好事，说老米好吃，大抵要得是一种做派。反正1900年大运河停漕之后，通州的官仓也逐渐被废弃，这种依附在官仓的老米渐渐就没了。据说，真有好这一口的人，把剩下的“前朝老米”当作宝贝似的储存起来，间或吃一口或者放到集市上卖掉，20世纪40年代，偶尔还能在市集上见到，到了50年代就基本上“断顿了”。

◎ 笥沟 这段消失的古运河又回来了

这里曾经是一条枯竭的河沟，位于通州南部，因为没有水源且淤塞，已经逐渐消失，所以就连2012年通州区水务普查编制的《水文化遗产名录》都没有把它列入。但是，它在历史上极为重要，是通州第一条真正意义上的运河，曾经还被北运河借道很多年。也许正是因为这一点，水务部门近年来逐步地将其分段恢复。笔者近期沿着这条河的通州段进行了探访，虽然还有很多地方正在疏浚，还挡着围挡，但是整个河段基本畅通，碧波荡漾，白鹭蹁跹，两岸芦苇繁茂、草木葱茏。

港沟河风光

这就是港沟河，在古代是大名鼎鼎的笥（音 sì）沟。笥的本意是盛食品或衣物的竹筐，扩展开来，运输粮食、物资的河流为笥。因此，港沟河在历史上是一条非常重要的漕运水道。

【港沟河的历史变迁】

笔者探访的这段河流，起点在凉水河右堤许各庄闸，在此引出后向南，经过漷县村东口，向南过田村在建的拦河闸后与凤港减河汇合，然后借道凤港减河，先向南再折向东，在凤港减河右堤的军屯闸引出，向南流经漷县镇前元化村出北京界，虽然笔者的行程到此就结束了，但是，河水继续入天津市武清县境，至三间房村汇入凤河。

港沟河的北京段均在如今的通州区漷县镇域内，河流走向是从北向南，在北运河西侧，几乎与它并行，两河中间正好是连接北京和天津的京津公路 103 国道，河流蜿蜒向南进入天津武清境内。

港沟河在东汉末年和南北朝时期称为笥沟。“港沟”的名称始于辽宋

凉水河许各庄闸出水口——新港沟河的起点

时期，港字取天津市宁河区白龙港的港字，另取古称笥沟的沟字，合称港沟河。还有一种说法，港沟河形成于清代，光绪九年（1883 年），运河右岸苏庄北河堤决口，洪水直入此河，河口宽大如港，愈远愈窄，得名港沟河。

在西汉时，港沟河是沽水的一条支流，也是潞水故道，当时的港沟河北起张家湾，东南流经今漷县镇吴营、许各庄、南阳、漷县东门外、田村、西黄垡、柏庄、后元化、前元化等村，出通州界，入武清县堠上村入凤河，凤河再入潞水。曹操北征乌桓时，曾利用笥沟运送粮草供给征伐大军，进入北魏时期，此河道依然承担着运输粮食及各种物资的任务。

辽统和二十二年（1004 年），辽宋两国签订“澶渊之盟”，结束了几十年的南北战争。为加强陪都南京（今北京）的统治，辽国萧太后下诏开凿了运粮河，也就是如今的萧太后河，此河在张家湾附近与港沟河连通。从海上运来的辽东粮物经过此河，在张家湾附近进入运粮河，运送到辽南京。

元代港沟河曾与漷县东面的白河（北运河）相通，因白河大堤被洪水冲决无法继续水运，只好借道港沟河，让港沟河一度成为漕运主河道。当时在漷县东门设有闸坝收税，但时间不长便归复白河至张家湾段。清代，北运河曾决口夺港沟河道，港沟河也有数年成为京杭大运河航道。但在更长的时期里，港沟河就如同北运河的影子和备份，与其相伴相行，做着默默无闻的“老二”。

说起港沟河和北运河的亲密程度，不同时期，合则两河曾经共用一条河道，分则共用一条堤坝。民国《通县志要》记载：“东堤：北至长凌营与运河西堤会，南至武清境。”“西堤：北至张家湾，南至武清界。”长凌营位于漷县镇界内，港沟河与北运河相距较近处大约有 1.5 公里，因此两河的河堤到长陵营交汇在一起后共用一条河堤，也就是说北运河的右堤，是港沟河的左堤。

【港沟河上有座桥】

港沟河上最重要的地标是漷县东门桥，这是北京最大的平面方孔石桥，俗称大石桥，修建于清光绪二十三年（1897 年），因位于旧县城东门外，故名漷县东门桥。

该桥横跨在港沟河上，也是古城的东护城河。东西向，长 44 米，宽 7 米，是十三孔平面方孔石桥，花岗岩石所砌，两侧护以素朴石栏。

漷县东门桥旧址

漷县古城曾经做过州府和县衙，汉时称霍村镇，隶泉州，后属武清，是当今北京市已知唯一汉代村名。辽太平年间（1021—1031 年），因游牧民族的“捺钵文化”与保障漕运的双重需要而将霍村镇升置为漷阴州。元至元十三年（1276 年）升置漷州，明洪武十四年（1381 年）降称漷县，清顺治十六年（1659 年）省入通州。明虽降称漷县，但以域内白河即今北运河贯穿，“襟常万年昌帝业，朝宗亿国巩皇周”，战略地位尚高，故于正德初年（1506 年）创建城池，且屡予扩筑和修缮，成为出入京师要冲。

港沟河历来无桥可通，来往行人只能靠小船摆渡过河，直到清光绪二十三年（1897 年），武清县瓦屋村张善人以东门外港沟河上无桥病涉，即募捐修建此桥。据说张善人原来在京城的饭庄当厨师，到光绪二十年夏日，回家路过漷县，遇见洪水，船翻，多人溺亡，张善人被人救起后百感交集，始募捐建桥。

1989 年 5 月，该桥被确定为通县文物保护单位并立石碑，背面书写重修漷县东门桥碑记，如果仔细观察，桥新旧参半，桥面和护栏是新修建的，只有桥墩和横梁的石板还是旧物。

【曾经是漕运西水道】

2001 年，一幅绘制于清代咸丰年间的《通州漕运粮道图》在通州区首现，该图清楚地标明清代中期大运河枯水期南来的货物运到北京的路线，颠覆了不少人的认知，彰显了港沟河漕运的历史作用。

世人皆知北运河是漕运的主干线，古今各类志书典籍记录也非常详细，而对于港沟河的记载很少，要不是因为这张图，几乎无人知道在北运河之西还有一道由多河相连，且北起通州、南下天津卫的“西水道”。

漕运粮道由“旧运河”（即通惠河旧河道）、“港沟”“凤河”三条南北相接的河流为水道；以“五闸河”（通惠河）、马驹桥河（凉水河）、饮羊河（萧太后运粮河）三条西来之水为源流。

据收藏此图的军粮经纪人后人陈乃文描述：“西水道”在天津东北西沽与运河相连，水道上有专人对滞留于海河以北三岔口一带的运粮船帮所载之粮米进行检验，并由军粮经纪人负责接运引领进入港沟河，然后进入到粮道北端的旧运河（含小河），最终到达通州城的石坝、土坝等诸码头缴粮。据统计，每年有数以千计漕船穿行其间，年转运粮米三五十万石，有的年份甚至达到六七十万石。

这条水道缓解了北运河船只拥挤难以行船的窘境，清代中期以后，行走这条水道的船只日益增多，直至民国初期大运河停漕以后，这条水道还时有粮船经过。

【从乱流到治水】

港沟河的源头在哪里？1941年版的《通县志要》记载了港沟河源头在张家湾西北，紧靠通州城东南的南溪闸，并绘有河道全图。其实，不同的年代，港沟河的源头也有不同。港沟河处在白河、凉水河、萧太后河、玉带河等河流的下游水道，其源头正是如上几条河流，只不过交汇处经常变化。由此也产生了一个有意思的话题：沽水乱流。

北魏郦道元《水经注》载："沽水入潞乱流。"东汉初路县改称潞县，沽水就是通州水系的主要上游白河。"翻译"过来这句话就是说：白河的水进入京东大平原通州之后，摇摆不定，河道不断变化。笔者的一位专家朋友也说，北水乱流。北方尤其是京东平原这大片土地，属于冲积平原，地势低洼，且含沙量大，土质疏松，河床不稳定，为京西南沥水所趋之地。夏季降雨季节一片汪洋，形如泽国。所以河道你中有我，我中有你，经常

运潮减河军屯段港沟河分流闸口

变换，不同的历史时期，河道走向各有不同。也因此古河旧道、淀泊遗址遍布。

光绪九年（1883年），通州北运河大水，运河西岸苏庄以北河堤溃决，大溜直入港沟，水落后成为运河支流。此后每遇伏泛，运河正溜常直驱港沟，港沟河西堤每隔一两年必出现几段险情，一直到宣统末年都为患颇巨。

1949年以后，港沟河的上游河道经过几次较大的水利工程全部改道直入北运河，又加上在五六十年代新开挖了东西走向的凤港减河，将港沟河分割成上下两段，河水流量已经比原来大大减少，除了春灌期间河道有水，平时基本上是死水或干河。

这些年，水务部门为解决干河零基流问题，将上游凉水河和凤港减河与其连通，通过疏浚、调水、延长河道长度，使这条小河沟“逆袭”成为生态河道样板，水环境得以修复，河道保持常年有水、两岸绿化美化。目前，“水清岸绿、鱼翔浅底”的生态美景已经逐步成为现实。

港沟河田村段汇入运潮减河的交汇口

◎ 官衙“刑钱府”是个啥来头?

位于葫芦湖东侧的通州古城池地雕

朋友发过来几张照片，拍自西海子公园葫芦湖东侧的一个十几平方米大型铜地雕，地雕内容是一幅清代的古地图《通州城池图》，他疑惑的是，地图西南部大运西仓东侧有个建筑物“刑钱府”是个什么机构？通过“度娘”网络搜索的几篇文章，都标注的是“刑部和户部的派出机构”。其实这是不对的。那么，它到底是个什么机构？又有什么来头呢？

说起这个名词，得先捋一捋清代的行政体系以及在通州的特殊设置了。

这座地雕是西海子公园改造以后新建的，具体位置在通惠河南侧，葫

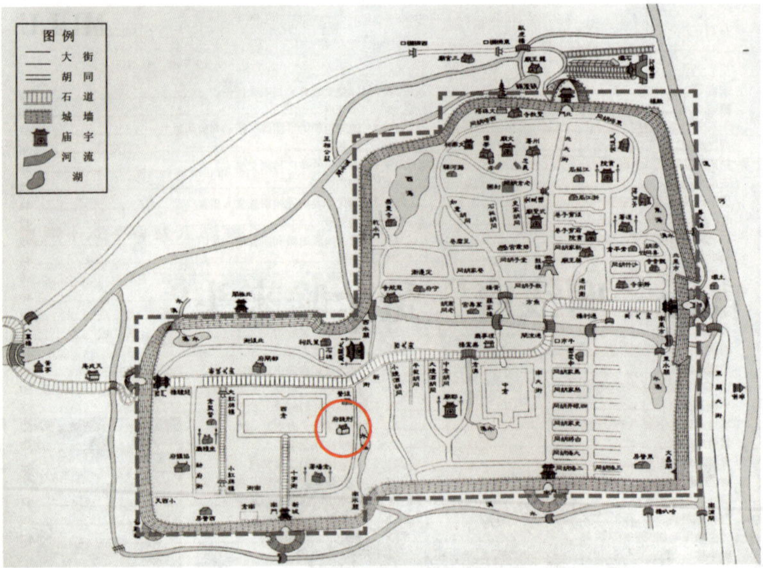

《通州城池图》标示的“刑钱府”位置

芦湖东侧，石坝码头遗址西侧，因为是古地图，所以观看起来是有方位的，必须站在雕塑的南侧，面北观看，该地雕采用浮雕形式展现了当年通州古城的地理地貌，有城墙，有建筑，燃灯塔和鼓楼这些通州的地标性建筑都跃然纸上并标注了名称。其实，在公园的西门口，还有一个差不多同样大小的浮雕画，同样的内容，镶嵌在西门假山西面山墙上。

据了解，这张图是根据清光绪九年增刻的《通州城池图》而制作的。《通州城池图》选自光绪《通州志》十卷附首一卷末一卷，清光绪五年（1879年）刊行，光绪九年（1883年）增刻。卷首载有数图，城池图为其中之一。“通州”之名有“漕运通畅”之意。通州是元明清漕运及仓储重地，甚至通州的护城河也承担驳船转运粮食的功能，故素有“一京二卫三通州”之誉。明代在通州城西门外筑新城，将原西城墙南半部分拆除，使新老城连接，以至城墙呈不规则形，并设五座城门。光绪初，通州城内有街巷102条，人口4万，为京东首邑。

明清时代，通州拥有便利的水陆交通，无论经济地位还是政治地位都

西海子公园浮雕壁画

比较重要。因此，城内衙署林立，从这些衙署的级别来看，几乎涉及明清所有行政建制的品级。研究清楚这些衙署的来龙去脉，对于了解通州历史尤为重要。

【清代顺天府行政区划变迁】

通州在明清时均隶属于直隶省顺天府。清定都北京后，顺治元年，顺天府沿明制，治所在今北京市东城区东公街、西公街间，领5州22县：大兴、宛平、良乡、固安、永清、东安、香河等7府直辖县；通州领三河、武清、宝坻、漷县4县；昌平州领顺义、密云、怀柔3县；涿州领房山县；霸州领文安、大城、保定3县；蓟州领玉田、丰润、遵化、平谷4县。

顺治十六年（1659年）八月，裁漷县入通州。康熙十五年（1676年）十一月，升遵化县为州，领丰润县。雍正三年（1725年）九月，武清县往属天津直隶州。雍正四年（1726年），析玉田、丰润二县往属于永平府；

雍正四年（1726年）八月，武清县复属通州。雍正六年（1728年），各县均直隶于顺天府。雍正九年（1731年）二月，裁梁城所置宁河县来属。雍正末领6州19县。乾隆八年（1743年）七月，遵化州升为直隶州，往属直隶省。

乾隆以后，顺天府所辖24州县基本定型，至清末都未变。

【特殊地位造成权力掣肘】

顺天府是京师所在，首善之区，体制特殊而隆重。按《会典》和《顺天府志》等史志所载，顺天府不同于外省的府，不设知府而是设府尹一人和兼管府尹事务大臣一人，由六部尚书兼任，顺天府府尹的地位相当于今天的北京市市长，甚至权力更大。

但是，顺天府的地位没有直隶省（河北省）高，是“准”省级，虽然由从一品的六部尚书兼管府尹事务大臣，但终是兼管，而理论上的顺天府正式长官府尹不过正三品，远低于正一品的直隶总督，因此就造成了一个麻烦。

中国法制史专家郑秦在《清代县制研究》一文中举例：命盗案件的缉捕审断，均由顺天府尹会同直隶总督办理。而重大事件的题奏，如秋审径由直督具本，反而无须府尹会衔。顺天府所属州县实际上处于直督与府尹的“双重领导”之下，并且是以直督为主，因为顺天府与省不平级，其所属州县事务如不经直隶省便难于上达朝廷，整得下级官员无所适从。

【形成三级特殊管理体系】

由于顺天府的特殊体制，在顺属州县和直隶省之间还应有府一级的机构，才能与全国的地方三级政权体制相一致。但是顺天府这个“府”不同于外省一般的府，况且府尹也不是直督的属吏，所属州县事件当然不可能经其转呈直督。为此有必要设立一级相当于府的特别机关。这个特别机关就是顺天府的“四路厅”。

康熙二十六年（1687 年），经直隶巡抚于成龙（小于成龙）奏请，议准在顺天府设立东、西、南、北四路同知，专司所辖各州县的捕盗。这是因为顺天府为首善之区，治安管理的要求远较一般地方严格。乾隆十九年（1754 年）议准四路同知兼管各州县钱粮，并且明确“四路同知既经管理该州县钱粮事务，则与知府、直隶州体制无异”。乾隆二十四年，又允许四路同知审转各州县刑名案件。这时候四路同知开始全面管理各州县刑钱事务，以后四路同知的职掌又增水利、营汛等事务。这样，四路厅的体制健全，具备了外省府一级政权的规格。

因为清朝时，州府的同知、通判派驻至府城以外的县城或者乡镇管理一定的事务，其驻地被称为“厅”。因此，在清康熙年间派出的这四路同知，其管辖的区域也被称为“厅”，按照方位分别为东路厅、南路厅、西路厅、北路厅。

有了这几路厅，顺天府在行政区划层级上就与各省扯平了，为顺天府—四路厅—州县的三级制，而其他省则是省—府—州县，虽然名称不同，但是层级是一样的，都是三级。

【“刑钱府”原来是东路厅简称】

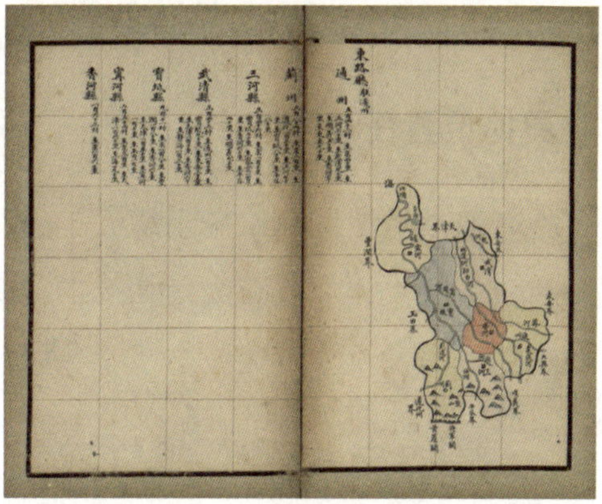

1859 年直隶舆地图册中的东路厅辖区

据《清史稿·地理志》的记载，四路厅范围如下：西路厅（同知驻宛平县卢沟桥）：宛平县、大兴县、良乡县、房山县、涿州。南路厅（同知驻大兴县黄村）：永清县、固安县、东安县、大城县、霸州、文安县、保定县。东路厅：通州（通永道驻）、三河县、香河县、武清县、宁河县、宝坻县、蓟州。北路厅（同知驻昌平州巩华城）：昌平州、顺义县、密云县、怀柔县。

通州不仅是顺天府东路厅的同知驻在地，还是直隶省设置的通永道道署所在地。这在今后单独阐述。

据郑秦《清代县制研究》一文：顺天府形成的这个体制既特殊，又与整个国家体制力求一致。如州县事件通常要“六路通详”（以详文报告案情），外省州县的“六路”是指督、抚、藩、臬、道、府，而顺属如东路宝坻县，据《顺天府全宗》档案显示：其“六路”是直隶总督、顺天府尹、直隶布政司、按察司、通永道、东路厅。从各上宪批示看，直督是决定性的，东路厅则是审转的关键，其他衙门不过附和“仰候督宪批示遵行”而已。东路厅有如外省府级的地位和职能，从档案中看得很清楚，东路厅全称“顺天东路稽察营汛总辖刑钱督捕府”，简称“东路府”“东路刑钱府”，所属州县对其尊称以“府宪”。

因此，《通州古城池图》中的“刑钱府”，绝不是什么刑部和户部的派出机构，而是顺天府派出的行使州府职责的机关，其管辖范围，不仅仅是刑名和钱粮，还有很多其他工作，跟现在我国曾经设置的地区专员一样。“刑钱府”就是东路厅，至于为什么在图中的称谓是“刑钱府”，是因为它实际上相当于外地的“府”，是全称“顺天东路稽察营汛总辖刑钱督捕府”的缩写简称，显示了它的职能，这样当时的官民更好理解。

【具体位置在哪里？】

《通州城池图》绘自光绪五年（1879年），那个年代没有测绘手段，只标示了其大体位置在大运西仓的东侧，那么“刑钱府”的具体位置到底在哪里？

杨家毅《中仓》一书在介绍“新街下坡”词条中引用了民国《通州志要》的记载，告诉了我们答案：“东路厅署：光绪庚子毁于火，民国五年（1916年）

知事唐铭鼐以其地改建潞河公园。”“五月成立通俗图书馆及演讲地。”“民国十七年十二月改为河北省立第二通俗图书馆。”“东路厅署”即“刑钱府”，在这张地图绘制的 21 年后，也就是光绪二十六年（1900 年）毁于八国联军血洗通州的战火中，后来在民国五年（1916 年）年被改建为潞河公园，民国期间变成了一所文化设施。如今，在通州区中仓街道有一条南北走向的新街下坡路，曾用名叫作“公园下坡”，这个“公园”二字就是

遗憾的是，这个潞河公园也消失了。1949 年以后，人民政府接收了这里，并将这里改为“通州市文化馆”。1958 年，公园被北京铜材厂占用。1995 年，铜材厂迁至梨园，该地变成了一片居民区，具体位置就在通州区老图书馆（现通州区文化和旅游局）马路西侧。

◎ 千年古州置　进京一马头

在距离通州城下游20多公里的北运河段，有一个大拐弯，宽阔的河面在这里从东南向突然90度逆时针折向正北，然后划了一个大大的圆弧，又转而180度折向南，河水在这里流速明显趋缓。

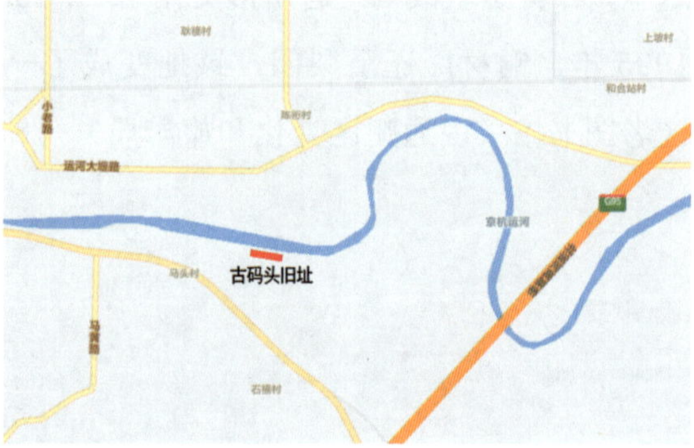

北运河马头村段古码头旧址示意图

马头村就坐落在这个大拐弯的南岸。据《通州志》记载，该村辽代已成村。丁、庞、李三姓至此地定居，因处北运河南岸，历为交通要道和漕运必经之地，于村北河边建有码头，开设店铺，故依同音而名马头。

【马头村有码头】

码头在哪儿？笔者顺着运河拐弯处南岸的堤坝上探访，在胡郎路大桥北一个叫作南山的山包下，找到了这段一百来米长的码头旧址，台阶已经翻建，邻水处打有一排柳木桩，河底有些许鹅卵石，其他遗迹无存，唯有临岸观涛，遥想当年“日过千帆不绝影”的繁盛景象

通州是大运河漕运及仓储重地，境内运河河道两岸码头密布。

古人以上为贵，通州北关浮桥北的皇船坞码头是皇家专用码头，往下

北运河马头村北的码头旧址

便是与通惠河交汇处的石坝、土坝码头，是官方码头，主要用途是向京城运送军民粮食及物资。在土坝以南的河沿还分布着若干码头，主要为民用的客货码头。明代时，为避免商船、民船和漕船争抢河道码头，土坝码头南百米外专门立有一个黄色亭子，作为漕运和客货船泊岸的分界线。在货运码头南侧，今小圣庙村至大棚村一带为客运码头。再往下，是漕运古镇张家湾，这里的码头比通州城里的码头“资格”还要老。辽代时开凿的萧太后河在张家湾汇入北运河，张家湾由此开始了作为漕运码头的历史。

相比于这些码头，位于漷县的马头村码头则鲜为人知，不过这并不能掩盖这处古老码头昔日的光彩。

它是北运河的漕船进入通州境内的第一个码头。据说，当年马头村北的河面宽，但是水缓且浅，只有河中心水深处很窄的地方可以行船，而且不能并列行驶。朝廷为保证漕粮和其他必需品运输，以满足京城皇家、官员和军队的需求，必须保障漕船、官船和驿船优先行驶，民用商船只能在浅滩处两侧等候，有时等候时间长达数天。民船运载的货物中有些怕腐烂变质，诸如海鲜类及南方水果等，急于销售以减少损失，于是商民们就将船靠南岸进行临时交易，这些停泊处就形成了码头。

此处正位于运河甩弯处，因为河水的冲刷，南侧河岸较陡，水较深，便于商船停靠，修建码头装卸货。

【日日为集成常市】

马头古村自金代开始形成货物交易中心，元代形成集市。这里是通州南部的水路交通要道，是重要的商业贸易中心，四通八达，其向西可至京南部的大兴、廊坊诸县，从这里过去比转道到通州和京城要近得多，向东则直达河北香河、大厂、三河等地一些古镇，商贩们到此处采购南方商品，或将北方部分特产运到这里销往南方。

随着市场的日益繁荣，这里吸引了四面八方商客到此做商品买卖交易。商品种类也越来越繁多，粮、油、瓷器、绸缎、棉布、酒类、生活日用品及农具等样样齐全。更有很多远道商家为了便于经营，索性在此搭建房屋定居，因此，现马头村所在地就搬来了数百家商户在此开店铺安家，形成村落。因为此处都是店铺，又因运河码头而建，此地就被称为马头店，后改为马头村。

马头村委会门前壁画再现马头市集景象

马头市集有个特点，日日为集。它不像有些古镇集市的日子隔三岔五地举办，而是常设的。《通州地名志》载：明代漕运鼎盛时期，此地店铺林立，终日为集，甚至有歇后语“马头集——常市（谐音：常事儿）”的梗。

明清时期，北运河段经常淤塞，再加上入冬和开春期间的封冻，即便一部分官船和漕船，也常常停泊滞留此处。

清代爱国史学家谈迁（1594—1658 年）在其日记体著作《北游录》中曾记载，他在清顺治十三年二月乙卯（1656 年 3 月 25 日）自北京回江南故乡，出北京东便门，顺着京通古道到通州，住一宿后又步行到张家湾，后骑驴沿着白河（北运河）的右岸古道行，“三十里登舟”，即今马头村处，登上前一年被冻阻在此处的回空漕舟南归。

【保障漕运多变迁】

马头村隶属于古漷州，在漷县古城的东南，相距不足 4 公里。据《日下旧闻考》载：“漷县，汉泉州地，辽初为漷阴镇，后升为漷阴县，以在漷河之南也。”元属漷州；明初复为县，称漷县，此域属漷县。

马头村以及漷县的变迁，始终与漕运有很大关系。元至元十三年（1276 年），因为蒙古皇族“捺钵文化”与白河（北运河）漕运之需，将漷阴县升置漷州，统领武清、香河二县，相当于把它的地位提升了。而又据《通州志》漕运篇记载，清代顺治十六年（1659 年），为了加强对漕运的管理，裁撤漷县，并入通州，始属通州域，等于又把它的地位降低了。这一升一降，全是为了保障漕运这个事关国运的大事。

在辽代，漷县古镇的西边有个延芳淀，是如今白洋淀的好几倍，后来成为皇家苑囿，建起了行猎行宫神潜宫，形成了北京最早的皇家园林群。到了元代，原来浩渺无际的延芳淀逐渐演变成多个较小的湖面，面积虽然较辽代大为缩水，但仍是“瞻彼漷兮，其水沄沄”的壮观景象。元朝皇帝喜欢“岁猎漷州海子林”，还整了一个柳林行宫。那时漷阴县已升级为漷州，皇帝们到这里不仅仅是为了打猎，而是为了完成“捺钵”——一种北方少数民族统治者独有的政治活动。

漷县不是运河的终点，但是这些皇室贵族以及定居于此的汉族和少数游牧民族所需要的各种物资，很大一部分要通过最近的漕运码头马头村（而不是绕道通州和都城），先集中到漷县古城，再分发到周边各个扎营地。元朝著名学者吴莱曾在一首诗《七绝·漷州》中这样说：“数株杨柳弄轻烟，舟泊漷州河水边。牛羊散野春草短，敕勒老公方醉眠。”其大意是说，在春天里，船停在码头上，看到遍野的牛羊，一些少数民族的牧民在这里喝酒放牧，也带出来元代北方多民族混居的历史。

【漕运文化留遗存】

马头村有“三多”，凸显出了该村浓浓的漕运文化气息。

一是姓氏多。村史馆有一面姓氏墙，按照人数多少排列，足足登记了147个姓氏，为北京之最。马头村现在有居民730户，人口2100人，分别来自汉、蒙、回、满、朝鲜族等十来个民族。但村里这100多个姓氏，即便是同一姓氏，也不一定是同一家族，比如刘姓就分属10个家族。溯

马头村史馆的姓氏墙

其根源，均是外来商户定居于此而成。

二是商号多。据统计，仅在民国时期就有上百家字号在此进行经营，即便是新中国成立后，一些商铺依然活跃，比如东顺兴刘记肉杠、瑞升和杂货铺，都开创于清末，天合记帽庄还由此走向了四九城。

三是庙宇多。马头村曾有庙宇十余处，其中多处尚有遗迹。土地庙、崇兴寺都建于元代，道教的紫清祠直到民国时期的灾荒年依然有富人舍粥。值得一提的是太阳庙。该庙建于辽代，是辽人契丹的习俗，这说明，在那个时候此地就是一个多民族聚集融合的地方，现遗址位于村南偏东。

马头村有不少“龙灯”“小车会”“高跷”等花会组织。这里早在辽代便有“邑会结社”的习俗，称“千人邑会”。宋元时期，香会被定名为“社火”，形成民间自发性组织。明代漕运兴盛时期，“邑会结社”已经演变成为民间花会。各商家店铺为了扩大宣传力度，纷纷组织成立各种花会，在店铺开业、庆典和各庙会期间，举行各种花会表演，吸引周边百姓前来观看，从而扩大他们商业店铺的知名度。马头村潞灯会传承至今，非常活跃，前几天刚刚被评选为通州区级第五批非物质文化遗产项目。

【历史可追，未来可期】

马头村是个大村，无论耕地和人口都是漷县镇的第一名。在20世纪50年代到70年代，提起“马头公社”，在通州区乃至北京市都是响当当的先进典型。漷县古城后来成了漷县村，一度还隶属于马头“乡”，也由此可见这马头村的实力。笔者在村委会看到，马头公社的旧址就在村委会东侧，最明显的标志是两个带有红五星的水泥大门柱。

据《通县地名志》所述，1946年1月，马头村是马头乡的所在地，漷县村隶属于该乡。1958年9月，属马头人民公社一部分，1965年5月，漷县、马头人民公社合并，称马头人民公社，人民公社机关驻马头，1978年5月，因地震，人民公社机关迁驻漷县以东（北）京塘（沽）、漷（县）

马（驹桥）公路交会处，1981 年改称漷县人民公社，1990 年 2 月改称漷县镇。

“历史可追，未来可期。”这是镌刻在新建的村史馆门口影壁上一句话。马头村曾经因运河而兴，如今，这个千年古村借着京冀大运河通航的契机，正在全盘做规划，恢复村内各种古迹，打造历史文化、龙灯庙会文化、漕运文化、姓氏文化等主题街区，依托古老风情码头等景观，再现当年马头村的繁华。

马头公社旧址大门

◎ 70 岁新华大街曾经是条河，有闸又有桥

从通县，到通州，再到副中心，变化之大，让几代老通州人的记忆有些不同。不同的年代，我们不一样。

我，就说说我们所看到的。我小的时候最喜欢去的地方是新华大街的闸桥，在 20 世纪 80 年代初到 21 世纪初，这里曾经是通县最繁华的地区。

闸桥位于新华大街东段与南大街，北大街交会处的十字路口，是通州镇商业中心所在地，围绕这周边有一大堆的百货商场，记得西北角的是“通百”（通州人给通州百货商场起的简称）、东北角的“金鼎”（通州商业大楼），还有金鼎大厦对面的人民商场，号称京东“三剑客”。在其他郊区县还在此起彼伏争当京郊第一个“万米商场”名头的时候，通州这三座

老闸桥路口

“万米商场”，早就齐刷刷地开始打商业广告了，惹得京东“北三县”和部分朝阳群众都往这儿跑，销售额噌噌地往上蹿。

改革开放把老通州人经商的潜能激发出来，这不难理解，因为通州本来就是水路要道漕运码头，天下熙熙，皆为利来，何况他们的前几代人本来就是顺着运河来的北漂。

通州人懒得争那些虚头巴脑的名分，但那时的通州创了很多的京郊第一，京郊第一家肯德基就开在老通百一层。给笔者记忆最深的是在20世纪80年代初，闸桥西南角的光明商场一层，开过一家超市。没错，比现在习以为常的超市时代还要早！

笔者记得当时那家超市还引起了轰动，这种只在外国发达国家才有的东西，被作为先进事物引进来，太新鲜了。笔者也曾经和家人过去体验过。印象中这儿以前就是一家卖小百货的日杂商店，突然改成超市以后，在大门处安装了一个跟现在地铁闸机一样的东西，人们必须排着队一个一个进入，里面的售货员全部改为理货员（应该还兼保安），人比进来的顾客还多。他们如临大敌，紧紧盯着顾客们的手。所有的货物（当然在那个年代也没几样），破天荒似的都摆在货架上，打上价签，售货员不断提醒，不买勿动。其实小小的我根本不敢动，因为那些货品的价格，比对门商场同样商品的价格要高出不少。估计那时所有顾客跟我一样，都抱着一个想法，只看不买。

果然，这个超市没多久就关张了。也不能叫关张，是又改回去了。如此看来，有些事情不能做得太超前，要和经济发展匹配，和人们的意识匹配。

笔者从小就有个疑惑，闸桥是个横平竖直的十字路口，哪儿来的“闸”，哪儿来的“桥”？及至长大成人，才从老一辈通州人口中知道答案。

原来在笔者未出生的20世纪50年代之前，新华大街不是如今这个模样。那时的新华大街东段是条河，而闸桥确实是既有闸，又有桥。

这条河的历史可以上溯到通州古城建城之时，通州古称潞县，最早的古城很小，在现在的新华大街东段的北侧，大街在金代以前是潞县南城垣外的护城河，河水引自蓟城（广安门一带）北面的高粱河。明洪武元年（1368年），燕山侯孙兴祖镇守通州，将通州城越河向南扩增一倍，使原来的南城护城河变为穿城河。

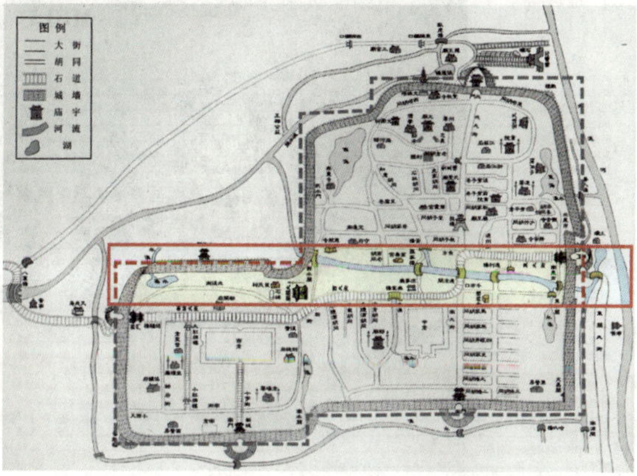
新华大街在《通州城池图》中的位置

这条河后来成为通惠河支流。元代郭守敬主持修建了通惠河，那时它的终点不在通州老城，而是张家湾，在通州古城东南就提前拐弯流向张家湾漕运码头，明嘉靖七年（1528年），巡仓御史吴仲排除了礼部尚书桂萼等势要的异议，提议重修通惠河并得到嘉靖皇帝的首肯。2月4日开始施工，5月22日告竣，用时仅4个月。重修后的通惠河在杨闸处不再向南拐，而是直接向东延至金代曹望之所开闸河旧迹，自普济闸直向东开，至通州城北门迤东入潞河（北运河），如此一来，穿城河便成为通惠河一条支脉。

闸桥就是在那个时候修建的，位置就在今通州城中新华大街闸桥西侧20余米处，不过它的功能不是提闸过船，而是节制通惠河水，可蓄可泄，保障通惠河主航道向北京驳运漕粮，所以称为通流闸。后于闸上建造三官庙，供奉天官、地官、水官三神，以护漕运，以佑民居，为北京地区独有。清顺治二年（1645年）易建为阁，额作“灵显”，于康熙十二年（1673年）起火焚毁。石闸东侧有木桥一座，清道光二十六年（1846年），废闸改建石桥，称通流闸桥，久之俗称闸桥。

老闸桥位于通州旧城的中心，不仅是调节里漕渠道的主要水利工程，更是沟通古城南北交通的重要通道。因此，闸桥周边一直以来都“商贾辐辏，百货骈阗”，逐渐形成了通州城里最为繁华的商贸中心。

修建新华大街时使用的推车

1900 年南漕停运，仓储废黜，通惠河漕运的历史任务完结，通流闸失去节制水位的作用而被废弃，但闸桥并未失去往日辉煌。据记载，1936 年，伪冀东傀儡政府为邀买人心，粉饰通州街巷，闸桥也被修葺一新，桥面拓宽并改为水泥结构，易木栏为铁栏，安装白罩电灯。当时曾有一段唾骂汉奸的民谣："殷汝耕，坐冀东，不下雨，净刮风，修马路，挖大坑，闸桥又把洋灰承。"从闸桥往西到老城西墙，河北岸大约 500 米的路段，曾经是近代通州最繁华的"小天桥"万寿宫。当年这里曾有金店、花鸟店、鞋店、文具店秀文堂、马姓中药铺、润身照相馆、半施医院、茶社书馆等四五十家商店，还有各种地摊，各地特色的小吃、游戏娱乐、曲艺杂耍等。

1952 年 6 月，为改善通惠河支流以及万寿宫一带的环境，通县镇政府启动万寿宫河沟改建工程。在施工条件较差、劳动力严重不足的情况下，经与各界人民代表协商，进行全民总动员，人人参加义务劳动。经过 5 个月的奋战，终于顺利完成臭沟的清淤，并砌成直径 1.5 米的砖拱下水道，运来 32 万立方米的城墙土将沟填平，建成了通州城内的一条主干街道——新华大街东段。西段则自新城北城墙向西延伸而修，1955 年全线通车。总长 3700 米，宽 50 米，车行道宽 20 米，为横贯镇域中心的主干道。路成之后，依新中华之意称“新华大街”，算算到今天也超过了 70 岁。

改革开放后，原闸桥附近的通州百货商场、物美商厦、人民商场、华联大厦等一幢幢商业大楼拔地而起，1991 年的通县小吃节，更让这里在全国都名声大噪，仍不失为通州商贸中心的历史地位。随着副中心建设的加快，通州新的商业聚集区此起彼伏出现，闸桥有些冷落，如今的老“通百”已经拆除，现在这里是中国北京人力资源服务产业园通州园区。而这些年，新华大街两侧新建的商业建筑，比如万达广场、北投希尔顿饭店等，更具有国际范儿。

新华大街两侧的数百株银杏树是著名的“通州一景”。1968 年春，当时的通县机关干部群众，义务在新华大街的两侧路边栽植了数百棵银杏。2013 年，新华大街改扩建，这些已经生长数十年的银杏树曾经进行了一次“搬家”和“回迁”。如今，它们依然屹立在大街两侧，给老城区增加了些许厚重和浪漫，每到秋天，金黄色的树叶漫天飞舞，成了通州人的打卡胜地。

新华大街秋色 （李春峰／摄）

◎ 低调内敛的郭守敬处女作，名字却霸气

通惠河是由元代郭守敬主持修建的漕运河道，它连接了北京城和通州大运河，是北京的一条经济大命脉，名气那是杠杠的。然而，你知道吗？在元代同期，还有一条与它平行的漕运河道，跟它一起发挥了重要的漕运作用，但是随着时间的推移，很多人把它忘记了。

这就是坝河，名字虽响亮，但是很多人不知道的是，它和通惠河同期开挖，也是一条漕运运粮河。坝河，因在该运河上修建滚水坝而得名。漕运路线是自通州北关起，沿温榆河至深沟坝入坝河，通过七坝，然后到达元大都光熙门，是大都城至通州最早、使用时间最长的运河。

如今的坝河源于东城区东北护城河，自西向东在朝阳区东郊边界入温榆河，属北运河水系。主要支流有北小河、亮马河和北土城沟等，主河道全长 21.63 公里，流域面积 158.4 平方公里。可是在当年，解决坝河的水源，却没那么简单。

坝河的修建要早于通惠河，首倡者是时年 31 岁的郭守敬，那时他还是一个激扬文字的青年才俊。

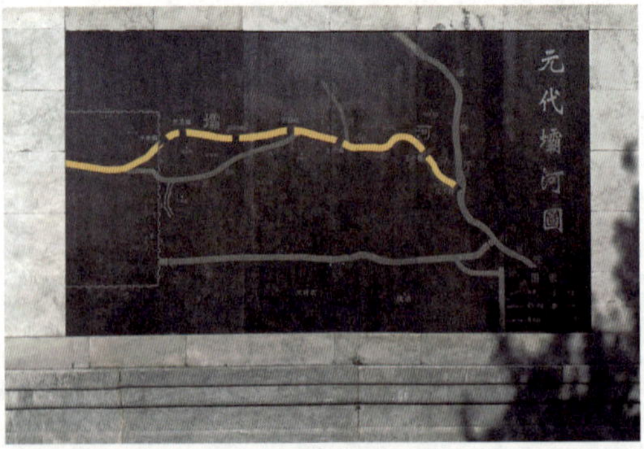

郑村坝码头东侧影壁上的元代坝河图浅浮雕

中统三年（1262 年）八月，忽必烈在上都接见郭守敬。郭守敬面陈水利六事，第一件就

国务院设立的郑村坝文物保护石碑

是“开玉泉水以通漕运”，赢得忽必烈赏识。元至元十六年（1279年），忽必烈采纳郭守敬的建议，在坝河旧河道的基础上拓宽扩建。这一晃儿郭守敬就48岁了。

至于忽必烈为什么考虑这建议足足17年，他还真是有迫不得已的苦衷。原来这玉泉山的水，还要供皇家用度，现在的金水河就是那时候引玉泉山的水修的，随着人口的增加，有点儿不够用了。不过，运粮食终究是大事，他最终还是拍了板。

坝河本是高粱河东段北支水道，金初在河上建堰坝，设官专司漕运。据《金史》记载，金大定四年（1164年）十月，金世宗到密云狩猎，“出近郊，见运河湮塞”，翌年春，“令官籍监户、东宫亲王人从及五百里内军夫浚治”。这就是金漕渠，即相当于今北京北护城河下接坝河水道。但是因为高粱河水量不大，又支引过多，这条水线并不通畅，动不动就淤塞。只能靠着陆路的人拉肩扛从通州往都城运粮，苦不堪言。

按照郭守敬的思路，“中都旧漕河东至通州，权以玉泉水引入行舟，岁可省僦车费六万缗”（缗是古代货币计量单位，铜钱每串一千文为一缗），预估在水路畅通之后，每年可以节省陆路运输的巨额费用。而要实现这个目的，必须引流玉泉山这个新的水源。他的想法是，以玉泉水向东引入大都，注入积水潭。再从潭的北侧导出，向东从大都城的光熙门出城，接通州境内的温榆河，然后下通白河（北运河）。

郑村坝码头牌坊

几百年前的玉泉山的水，没有现在那么金贵。西郊玉泉水，古代是清河的上源，从城区北郊流过，到达通州。元代文献载："泉极甘甜，供奉御用。""玉泉垂虹"是燕京八景之一，金代就已开发利用。这要是搁现在，得按瓶卖。

但是，问题又来了。玉泉水的水量太少，必须严防泄水。同时，河道比降太大，水泄太快。郭守敬通过实地勘察，创造性地在20多公里长的河面上拦腰修建了7座滚水坝，分别是千斯、长庆、郭村、西阳、郑村、王村、深沟7坝。其中，西阳坝在今东坝乡七棵树行政村西坝自然村北，郑村坝在乡域北小河与坝河交汇处。

坝河漕运的形式与通惠河不同。坝河内的运粮船是不能前后贯达的，他们分设在自通州以西的7坝中的6坝之间，平均每坝有船30只，分段将漕粮从通州北运到大都光熙门。这叫作"逐坝倒搬"模式，也就是说，船在两坝之间，只起到摆渡的作用，粮食则通过人工搬运，从这边翻过滚水坝到另外一边。《元史·河渠志》记载，坝河“岁漕米百万，全藉船坝夫力”。也就是说年运力在100万石粮食，运输效率也很低。“自冰开发运至河冻时止，计二百四十日，日运粮四千六百余石，所辖船夫一千三百余人，坝夫七百三十，占役俱尽，昼夜不息。”一条漕运路，牵动无数人工。

为了保证漕粮运输安全，朝廷还在坝河设置新运粮提举司，官职为正五品。如此一来，滚水坝不仅起挡水作用，还成了装卸搬运漕粮的码头。船只、船户、扛运粮食的扛夫、监督管理漕运的官员等，当时的郑村坝就是人流熙攘的码头。忽必烈看到船只来来往往，纤歌动地，龙颜欢悦，赐名阜通河，民间“阜通七坝”由此而生，老百姓则称这条运河为坝河。

郑村坝旧河道遗址

有了修建坝河的经验，至元三十年（1293年），通惠河在郭守敬的主持下建成，这年他62岁。这次他在通惠河上设立了二十四座闸坝，通过控制水位，使漕船可以溯游直上。从此以后，南来的船舶可直驶到大都城中，作为船舶终点码头的积水潭上登时桅樯如林，热闹非凡。通惠河不但解决了运粮问题，而且促进了南货北销，繁荣了大都城的经济，这也是京杭大运河全线开通的标志。

坝河上的20世纪60年代闸坝旧址

但是仅靠通惠河远远无法解决到元大都的运输量，坝河依旧承担漕运功能，并且随着运送到大都货物的增加，坝河的运输量随之增加。大德三年（1299年），曾经和张瑄（就是那个通州张家湾的开山鼻祖）、朱清一起主管过海道运粮的罗壁，疏通坝河，并展宽河道，使漕运粮食的运力又增加60余万石。

元末，坝河终因浅涩，疏浚效果不佳，漕运废止。明初，西郊玉泉水经过高梁桥、长河，沿着新城垣向北流去，形成了新的北护城河。北护城河流到东直门北角楼时转北绕后，与元大都土城河相汇，注入坝河，增添了新的水源。

坝河与温榆河交汇处

明洪武二十四年（1391年），《明实录》大明太祖高皇帝实录卷二百七记载，北平布政使司左参议周倬上书言："北平府郑村、常度、深沟三坝比因通州里河漕运，故设官管领，人夫递送，今河道淤塞，舟舡不通，三坝所置官夫亦当裁减。"此后，坝河因疏浚效果不佳，水源不济，基本不再承担漕运职能。

"阜通七坝"自1299年建成后，历经700多年沧桑，然而坝址却无多大变化。1949年以后陆续兴建的尚家楼闸房、酒仙桥闸房、驼房营闸房、北岗子闸房，东坝闸房、三岔河闸房、楼梓庄闸房、沙窝闸房，有些虽然已经更名，但大多都在原址附近重建。只有因为河道改道，原来的郭村闸移动到了酒仙桥的老庙附近。

为什么坝河在很多通州人眼里不如通惠河名气大？笔者认为原因有三：首先是坝河在漕运历史中发挥的作用远不及通惠河，这是老大和老二的区别。其次，通惠河从京城到通州段，早期和后期都从通州古城和张家湾古城经过，最终汇入大运河，因而当地人对它认知比较多，天天耳濡目染，但坝河没有直接和运河相连，而是汇入到运河的上游温榆河，因此，知道的人不多。最后一点，也是最重要的一点，是受行政区划的影响。元初时，东坝隶属于潞县，坝河中下游基本在潞县境内，后来这些地方全部划归朝阳区，坝河几乎变成了朝阳境内流淌的内河，如今只有在和温榆河交汇口处几十米的南岸在通州辖区内，因此通州区文史方面的专家对其研究和宣传得不够。

无论怎样，坝河是历史上发挥了重要作用的京通第二条漕运运输线，它是大运河流域的重要见证者。笔者在坝河汇入温榆河的北岸，看到了国家有关部门树立的这样一块石碑："全国重点文物保护单位：大运河——坝河故道"，毋庸置疑，它是大运河文化带的重要节点。如今，坝河河道已经基本疏浚改造完成，两岸建成绿化带，成为人们垂钓休闲的胜地。

◎ 七里龙潭，与北泗河有关

潞城镇有个七级村，七级村有个水梦园，水梦园有个七里龙潭，七里龙潭有个传说。传说什么？

明嘉靖《通州志略》载："在州城东二十里有池，广袤顷许，深处渊澄可测，每雨风云压潭，俗传龙来取水。遇岁旱，祷雨常应。"说的是，距离通州古城10公里，有个深不可测的池子，每到风雨骤变、乌云压潭水的时候，就是龙先生来取水的时候。遇到旱季，人们烧香祈雨，龙先生则来电必复，有求必应。

七级村位于潞城镇中部，在北京城市副中心办公区正东，最近的地方只有几百米，可以说，现在是离北京市政府最近的村子了。甭看近，透着

七级村水梦园全景 （黎振平/摄）

大运河水梦园湿地公园

亲，但是如果您“微服私访”到村里打听事儿，当地人问句村名就能够判断出您是不是本地人？因为这附近十里八村的人，都管“七级”叫“齐阶（轻声）”。

七里龙潭俗称“七级沟子”，常年不干，丰水年份，水面宽曾达200米。因为水多，不等传说中的龙先生取水，当地水管站早早就把这里变成了当地最重要的扬水站水源地。2000年，又在这里建设了旅游休闲景点大运河水梦园，2004年正式对外开放。据2017年调查，经过疏浚修整，这里的水道西起运减沟，中连水梦园，东至榆武沟，最宽处达50米，长达3500米。如今，这里已经改为水梦园湿地公园，即将对外开放。

为什么叫大运河水梦园，因为这里是大运河的故道，而七里龙潭原来就是大运河故道遗迹。据2021年出版的《潞城镇志》记载，潞河故道位于七级村南。此河道亦为沽水乱流时所遗，唐称潞河，元时称外白河。元朝曾用此河道进行漕运，抵通州城后，再用温榆河、坝河将漕粮驳运至大都东垣光熙门下入仓。元末坝河淤塞，外白河不再进行漕运，从此疏于治

理。洪水挟带大量泥沙致使外白河淤塞，留下此段。这里所说的潞河、白河都是大运河的别称。

据已故通州文物学家周良《周良文史选集》所载，这条河流就是自古以来口碑相传的“北泗河”。是从郝家府村东到七级村，从七级村继续向东南方向流淌，沿卜落垡村、太子府村、望君疃村、曹刘各庄、上坡村、和合站村一线，至吕家湾村折南而与现代大运河河道重合。

通州境内的大运河，历史上曾称作“泗河”。“泗河”一名，最早见于明万历时京师西城指挥使、武进人蒋一葵所著《长安客话》一书中，其在“畿辅杂记”卷内有“泗河”一目载：“在漷县东四里，即运河也。四水会流，故名泗河。”

元代通州域内的大运河，在通州城东南，分为内、外两道，一条从龙旺庄流向东南，一条从小圣庙经张家湾流向东南，又在合河驿（今和合站村）附近的吕家湾合流。

北泗河由白河、高粱河、小中河以及温榆河四条河流汇流而成，自郝家府之北的白河先后有3条河注入，流经吕家湾村北，因此称“北泗河”。南泗河由白河、温榆河、通惠河、凉水河四条河流汇流而成，从张家湾古城开始，流经吕家湾村南，因此称“南泗河”。

既然叫作运河，就要起到漕运的作用。古时从江南来的漕船到了吕家湾后分为两路而上。一路沿北泗河抵通州城后，再沿温榆河、坝河将漕粮驳运至大都东垣光熙门下入仓；另外一路沿南泗河到达张家湾漕运码头，在这里经由通惠河向大都城的什刹海一带转运。

历史上，潞城地区处于渤海退去湖泽地带，《水经注》有夏泽记载。上游水横流，本地水沥涝成灾，河流肆意改道，以致形成“隔河不认地”惯例。即沿河土地归属权地界，不以地契文书为准，而随河流改道而定，比如河流向西移动100亩范围，河西损失100亩，河东则增加100亩。至于丰水年份，水流湍急，断缆崩舟时发，在郝家府、谢家楼河段，都有沉船出土，这从一个侧面印证了古代运河漕运的历史。

元代以后，潮白河常发洪水，致使北泗河河道因地势、障碍物等原因，断断续续淤塞，后来干脆就不能行船了。从此以后，北泗河慢慢地从老百姓的记忆中消失。整条河变得支离破碎，沿旧河道形成了无数坑塘沟洼。至 20 世纪 50 年代，村有遗迹的大片水地有：胡各庄东南的碑阴洼、南刘各庄大苇塘、八各庄村湿地、前榆林庄西南白家洼、小甘棠与卜落垡村之间马洼子、小东各庄谢家楼村西的老河底等。时至今日，最完整的当属“七里龙潭”。

公园内的运河故道

◎ 大运河的水往哪儿流？

北运河通州城市段 2 号码头

京杭大运河是世界上最长的古代运河，被列为世界文化遗产，如此殊荣，自然是大运河沿线各地人民的骄傲。但是，人们又真正了解大运河多少呢？

说个冷知识：你知道京杭大运河的水往哪儿流吗？京杭大运河的源头在哪里？

问出这个问题时，很多人感到奇怪？大运河通南北，当然是顺流而下，从北向南流。

对不起，你说错了。

它只不过是在地图上貌似一条自然的“河”而已，而且恰好是从“上”到“下”，让你以为水往低处走。其实，它的流向真的很复杂。

什么是运河？《辞海》解释：运河就是人工开凿的航道，它必须符合两个条件，一个是人工挖出来的，一个是用来运输的。明白了吧，它的水不是自己的，而是“东拼西凑”从各个河流“借”来的。

1800 公里的京杭大运河，要是从地图上看，北起点在通州，南起点杭州，蜿蜿蜒蜒，穿越大半个中国，流经天津、河北、河南、山东、江苏和浙江，沟通海河、黄河、淮河、长江和钱塘江五大水系，蔚为壮观。

由此，京杭大运河的流向、水源在各段均不相同。它的流向分为四个节点、两种流向：具体来说，从北京到天津海河的北运河，河水向南流；从海河到山东南旺东平湖之间的南运河、鲁北运河，河水向北流；在现在天津市海河金钢桥三岔河口的地方，南运河和北运河在此交汇，然后并流入海，史称“三会海口”。

大运河庙会中扮演运河船夫的演员

咱们接着说，从南旺东平湖到长江之间的鲁南运河、中运河、里运河，河水向南流；而从长江到丹阳之间的河段向北流；丹阳以南河段（江南运河）向南流。所以，当年从杭州出发的漕船，一路上，一会儿顺流，一会儿逆流，一路向北，真的不容易。

杭州拱宸桥

咱们中国的疆域是西高东低，因此，那五大水系，都是从西往东流。而京杭大运河沿岸的整体地势却是南北低中间高，据姚汉源《京杭运河史》一书介绍，整个京杭大运河的最高点，在山东济宁的南旺。这个地方叫水脊，是京杭大运河的总分水岭。

天津之眼

据明代资料记载，南旺北高临清 90 尺，南高徐州 106 尺。整条航线宛如隆起的“驼峰”，所以南旺就成了整个运河上最为关键的一个部分，扼住了京杭大运河南北分水的咽喉。1411 年，朱棣派工部尚书宋礼重新开通会通河，为解决南旺段运河通航问题，宋礼采用了民间水利专家白英老人的建议，引汶济运，筑戴村坝引汶河水至南旺，解决了水源问题。说白了就是在大汶河上筑了一条坝，这就是戴村坝，把上游的大汶河截断，再挖一条河，把水引到高处的南旺，70% 往北进入北运河流向天津方向，30% 往南流，也就是所谓的“七分朝天子，三分下江南”。

明白了这些知识，我们就知道了，北方运河的水，是流不到南方运河；而南运河的水，也没有一滴是北京这边的，因此北京的这几条河都不可能是整个运河的源头。大运河分段流淌，京杭大运河的源头，我们应该遵循的原则是：各回各家，各找各妈。以此来确认它各个河段的源头。

至于说到京杭大运河的最北端和最南端，跟水源无关，这倒是应该有的。

很多年前，通州文史专家周良就在《文史选刊》撰文，元代京杭大运河形成之后，至明代始有南河、中河、北河、通济河（天津至张家湾）四段称。清乾隆二十五年，耀海在建言解决运河水源不足时，首次提到“北运河”，光绪三年，李元华在献策疏通运河时再次提到之。此时“北运河”实指山东以北一段，其北端自通州“北门外石坝楼起”，已很明确，而“北运河”所指也更加具体，即“自通州至天津”一段，且肯定指出：诸水（白河、温榆河）“未抵通州以前，不得被以北运河之名”。

毫无疑义，在运河漕运的上千年过程中，持续时间最长、最久的应该认定为最北和最南。至于有些在历史上短暂出现过的一些运河支流，虽行使过漕运功能，但是早已经湮没在历史长河中，绝对不能以偏概全。因此，北运河的最北端当是通州，京杭大运河的最北端当是通州五河交汇处。

北运河通州城市段2号码头

◎ “源”来如此！五河交汇处是京杭大运河北起点

2006 年 5 月 25 日，国务院将“京杭大运河”列为全国重点文物保护单位。2014 年 6 月 22 日，在第 38 届世界遗产大会上，中国大运河成功列入《世界遗产名录》，成为中国第 46 个世界遗产项目。

2015 年 6 月 13 日，北京市通州区政府在一干专家学者的见证之下，于北关闸五河交汇处竖立了一块“京杭大运河北起点”的标志牌，这里

俯瞰五河交汇处 （张寅生／摄）

京杭大运河北起点标志牌

是京杭大运河最北首，其西南200米处就是燃灯塔，曾见证舳舻千里的盛况。

五河交汇处中的“五河”是指温榆河、小中河、通惠河、运潮减河、北运河。这五条河齐聚在此挽成一个结，它的形状又像一个交通环岛，源水岛像一块翡翠镶嵌在水中央。其中，“环岛”西北方向的温榆河、东北方向的小中河、西部的通惠河的水汇入，“环岛”南边的大运河、东边的运潮减河水汇出。从空中俯瞰这形状，特别像2008年北京奥运会的“中国印”标志。

五河交汇处形成于2010年以后，它的历史渊源却能够上溯到1000多年前的汉代。

但如果从城郭和漕运的意义来说，应从元代大运河谈起，那时，此处是富河（温榆河）和潮白河汇流之处，从此处往下就是北运河。从这时开始直至民国数百年间，地貌变化不大。下方的码头帆船林立，各种物资云集，往来客商、南北人员交流频繁，繁荣的经济推动了文化的发展。

水是城市的命脉，而文化是城市的灵魂。无数文人骚客关注到了这里的美景。元末明初，此处有一沙嘴，“斩然如削，天造奇观”，沙嘴峭立，两河相会，浪涌汪洋，往南望去。“云际帆来万国同”，别是一番情景。因此，此地“入选”了通州八景之“二水会流”。

通州八景首次出现于明代嘉靖二十八年（1549年）的《通州志略》中。南京吏部尚书杨行中是明代通州人，他应知州汪有执之请，约集数人编纂《通州志略》，丙午年（1546年）初稿成。通州八景被编列于卷之一的“舆地志景致”栏目中，依次为：古塔凌云、长桥映月、柳荫龙舟、波分凤沼、

五河交汇处千荷泄露大桥

高台从树、平野孤峰、二水会流和万舟骈集。

富河就是今天的温榆河。

温榆河在《水经注》称湿余水，以关沟为正源，《汉书·地理志》记载："上谷郡，军都，温余水，东至路南入沽（白河）。"据《辽史》记载，顺州有温榆河，元代称榆河，又俗称富河。温榆河发源于北京市昌平区（原昌平县）军都山麓。上游由东沙河、北沙河、南沙河 3 条支流汇合而成。全长 47.5 公里。这条河相比较来说，比较踏实，千百年来河道变化不大，温和有余。

潮白河，是潮河和白河河流以后的名称。白河发源于河北省沽源县，古称湖灌水、沽水、沽河、潞水、潞河、潩水、白屿河。河多沙，沙洁白，故名白河；河性悍，迁徙无常，俗称自在河。潮河，古称大榆河、濡河，又称鲍丘（邱）水，因其"时作响如潮"而称潮河。发源于河北省丰宁草碾子沟南山下。早年，这两条河并不交集，各自流向渤海，后来两河汇合点逐步向北移动到密云和顺义交接附近，合流后称为潮白河。

1960 年通县北关拦河闸纪念章

然而，我们在现在的五河交汇处景观却没有看到潮白河的身影，那么，潮白河哪儿去了？

今天的潮白河跑到东边去了，成了通州与“北三县”的界河，这种状况形成于 1939 年。1912 年，潮白河在顺义区李遂镇决口，主流夺箭杆河南流。1913 年修复，汛期又决。1916 年建木闸拦水，1917 年被洪水冲毁。1923 年建 18 孔铁闸，1939 年又被冲毁，自此潮白河主流不再入北运河，断了北运河主要水源，形成现在的走向。

潮白河走了，小中河接棒。

历史上小中河曾是潞水故道，潞水改道后，原有河道逐渐演变为小河。因在潮白河与温榆河之间，称小中河。“二水汇流”时期，它在今天的顺义和通州附近汇入潮白河。1939 年以后，由于潮白河改道，小中河借用

运潮减河河口宝船

了故道，与温榆河在通州北关汇合。

至此，新的二水汇流形成。不过由于小中河水量较微，原有的景观不再呈现。

通惠河在“二水会流”北关闸下1000米处，这里以前有个石坝码头，旁边的大光楼也称验粮楼。通惠河是元代挖建的漕运河道，由郭守敬主持修建。自元二十九年（1292年）开工，至元三十年（1293年）完工，元世祖将此河命名为通惠河。河道全长20.1公里，其中通州境内4.3公里。

运潮减河是条“人工河”，兴建于1960年，是北京市第一条以机械施工为主的大型水利工程。西起北关闸（分洪闸），东至潞城镇东堡村东

源水岛

北入潮白河。据2003版《通州志》记载，1959年汛期，通县、大兴县连降大雨，发生特大涝灾，11月，水电部决定开挖运潮减河。运潮减河1960年2月开工，由于河北省提出不同意见停工，经省市协商，1962年10月复工，1963年完工。当时同步修建的京榆旧线的拦河闸桥、分洪闸桥，为京榆旧线跨北运河、运潮减河的公路交通桥，这两段闸桥就是通州人俗称说的“二道闸”。

从2007年开始到2010年，北京市水务局又在“二道闸”下游重新修建了新拦河闸、分洪闸，同时将通惠河和运潮减河之间打通，使原来的源水“半”岛彻底变成了湖心岛。至此，五河交汇在一起，形成一片750亩的水景，也成了运河核心区的地标。

◎ 口杯二锅头 通州酒最后的辉煌

还记得曾经风靡北京乃至全国的口杯二锅头吗？这种口杯酒兴起于20世纪90年代初期，那个时候，笔者刚参加工作，酒风日盛，笔者经常和三五好友、同事喝，一杯酒在二两半到三两之间，正好儿跟好多人的酒量差不多，喝多了该醉了，喝少了又没尽兴，所以说正好儿是一杯酒量儿。记得最早口杯的盖子是塑料的，密封不好，经常洒出来，后来，发展成一个马口铁皮的密封盖，跟开罐头似的，揪住拉环就能打开。

二锅头口杯酒

记得当时很多酒厂都生产这种酒，喝得最多的是俗称“牛二”的牛栏山酒厂生产的口杯酒，口杯里面有两三粒枸杞，非常有卖相，因为哪个男人都需要“补”。

口杯酒一直流传到今天，现在还有好多地方卖，已经成为一个品类。据“百度百科”解释，所谓口杯酒并不是一种白酒品牌，而是指装在杯装容器中的“白酒”，这种杯状容器被称为“口杯”。很多人并不知道的是，口杯酒是通州制酒厂发明的。

20世纪90年代初，通州制酒厂厂址还在原大杜社六郎庄时，白酒销售出现下滑，当时的党支部书记张伯海兼管销售，他和下边的业务员们发现，南方有一种酒的酒壶挺有特色，瓶口是拧盖，瓶身是口杯形状，非常别致打眼，于是他带领业务员对此进行了研究改进，创造出一种一次性的口杯，杯身采取北方常见的玻璃茶杯，把它缩小成能装三两白酒大约150毫升的容积，杯盖直接用塑料盖密封，再打上红色的火漆，里面装的就是通州制酒厂生产的56度二锅头。口杯酒一经推出市场，一下子就火了起来，每天到酒厂拉酒的汽车能在大门口排起长队。遗憾的是，到了90年代末期，由于管理等原因，再加上口杯酒不断地被各个酒厂模仿，使通州制酒厂再一次步入困境。

历史上，因为漕运的原因，通州的制酒业就非常发达。通州位于北京东部，大运河经过境内，是历史上著名的水陆码头，酿酒历史较为悠久，是素有盛誉的“东路烧酒”主要产地之一。明清时，以“湾酒”闻名于世，清代潘荣陛在《帝京岁时纪胜》书中记有“张家湾之湾酒”。据民国30年金士坚著的《通县志要》介绍：“工商，烧锅业十八家，年造高粱酒二百余万斤。”据统计，1949年以前，马驹桥曾有五家烧锅，永乐店曾有三家烧锅，漷县曾有一家烧锅，西集曾有三家烧锅，牛堡屯曾有一家烧

通州制酒厂生产的二锅头口杯酒

锅，南仪阁曾有一家烧锅，张湾曾有两家烧锅，通州镇曾有两家烧锅，其他小烧锅更是不计其数。

通州制酒厂主体始于明末清初，满族一张姓家族南迁并选中张家湾齐善庄建立酒作坊，一直生产高粱酒。1948 年，北平、河北省解放，因当时粮食不足，为节约粮食，北平和河北大部分烧锅均关闭，这时齐善庄烧锅同 1875 年建的位于通州东门外的同泉涌烧锅，和在牛堡屯的积成涌烧锅，以及永乐店烧锅等，在牛堡屯合并建立了国营通县制酒厂，继承“东路烧酒”的传统工艺，使产量和质量都有很大的提高。

据原通州专区酒类专管员，后又历任昌平制酒厂厂长、通县制酒厂厂长的酒界老前辈陈宝珩老先生介绍：1949 年，通州为河北省通县专区所在地，代管京东各县。1958 年后，通县等部分区县划归北京，部分县留在了河北。北京地区只剩下了通县、昌平、顺义杨镇、良乡、大兴、东郊葡萄酒厂等几个国营酒厂，同期为满足市场需要，又在建国门建立了北京酒精厂。这个时期，几个老酒厂仍按老工艺生产二锅头酒、烧酒和葡萄酒，酒精厂调制红星白酒，到 1955 年，老酒厂开始陆续取消老烧锅二锅头工艺，锡锅冷却技术从此在北京地区退出历史舞台，为节约粮食推行了液态酿酒掐头去尾新法。

二锅头酒是北京地区酒文化的典型代表，已有 800 年的历史。它是由湾酒等烧酒发展而来的，酿酒技师在蒸酒时将第一锅流出的酒头去掉，第三锅流出的酒尾也去掉，取第二锅流出的中段酒，称之为“掐头去尾截取中段”工艺，这是我国最早以工艺命名的白酒。为了能让新中国成立初期生活水平都普遍不高的中国大众都能喝上纯正的二锅头酒，国家规定二锅头酒的价格不得过高。因此二锅头酒也被称为大众酒、平民酒。

当年的通州制酒厂可以说是人才济济，技术水平是杠杠的。1953 年，酒厂率先改进工艺，废弃老天锅。1957 年，河北通州专区选派通州酿酒精英去顺义杨镇指导烧制二锅头。在 20 世纪 50 年代末 60 年代初，北京开始有瓶装酒以后，酒厂一马当先，创造了很多堪称北京酿酒业的第一。比如 1965 年到 1966 年生产的“向阳”牌二锅头，是北京最老的二锅头酒，瓶型特殊，时价 1.7 元，是当时红脑门儿的原创、鼻祖。这个“红脑门儿”是指压酒瓶瓶盖时封的一层薄薄的红色有机材料胶帽，极其易燃，因此很难被假冒伪造，既美观显档次又能够防伪。通州牌二锅头，1973 年小试，1974 年批试，1975 年批量供应全国市场，同年进入人民大会堂，是七八十年代北京最流行的“红脑门儿”网红酒，曾经垄断北京四九城及京东、京南地区。1976 年，酒厂还研制并生产了北方最早的液态发酵二锅头——潞泉试销酒。

1975 年，为了解决当时北京没有高档酒历史，通县制酒厂开始试制“老窖酒”，吸取南北各名酒厂的先进工艺特点，以凌川白酒工艺为主，在发酵上采用老窖酒的双轮底工序，在糖化发酵剂上采用六曲香酒的选菌种方法，在勾兑上采用泸州老窖大曲酒的调勾措施等工艺进行酿制，终于 1977 年试制成功，正式投产。因通县古称“通州”，故酒取名通州老窖酒。通州老窖酒属其他香型麸曲白酒。酒液清澈透明，初闻清香，细闻酱香，回味浓香，酒质醇厚，入口绵软，落口甜，回香长。酒度跟二锅头一样也是 56 度。通州牌通州老窖酒为北京酒坛上的一颗明星，畅销北京各地，

通州制酒厂 20 世纪 80 年代生产的通州老窖

颇受群众欢迎，享有较高的信誉，于1979年被评为北京市优质酒。和普通的二锅头酒的区别是，“通州老窖”属于当时北京唯一的高档白酒，据当年的老人回忆，20世纪70年代，茅台仅仅卖4元，通州老窖卖1.8元，而普通的二锅头价格在8角钱至1.4元之间，北京没有敢高于通州老窖的价格，只能按质量、名气排在它之后。

在1982年取消酒类专卖之前，北京二锅头酒市场几乎一直被通县制酒厂的“通州”牌（“向阳”牌），永乐店酒厂的“永乐”牌（“京乐”牌）及昌平制酒厂的“十三陵”牌所垄断，其中通县制酒厂、永乐店制酒厂的二锅头酒大约占北京地区市场80%份额。后因多种原因，能代表北京二锅头历史的通州二锅头被淡忘了，代表北京名酒、荣获部优产品称号、曾获香港博览会金奖的“通州老窖”，也因未引入市场经济体制而逐渐退出了市场。而北京酿酒总厂直属的红星牌二锅头逐步占据了市场成了行业龙头，另有16家总厂的归口酒厂生产了16个品牌的二锅头酒，合称北京17大二锅头酒，再加上后来居上的牛栏山酒厂，北京酿酒业的格局被彻底改变。

目前，在北京市面上，几乎看不到通州生产的白酒，在通州的很多饭局上，大家更多的是喝一些来自天南海北的流行网红酒。据了解，原通州制酒厂、永乐店酒厂分别在20世纪末改制，最近几年，几乎在市面上看不到该厂生产的新酒，倒是几十年前的老酒，成了不少收藏家到处寻觅的热门。

◎ 湾酒漕粮造　张家湾有个烧酒巷

张家湾有个烧酒巷，明明是“巷”却不在张家湾老城里，而是在城外东南 3 公里的地方。烧酒巷是个小村子，村不大，乍一看也没什么特别的，唯一特别的是它的村名“烧酒巷”。

张家湾博物馆内的清代张家湾及运河码头全图

这是个有历史有典故的村落，说起村名的由来，不但与烧酒有关，甚至与古时张家湾有名的湾酒有关，而湾酒就是当今蜚声全国的二锅头生产工艺的鼻祖。

据 1992 年出版的《北京市通县地名志》所载：“烧酒巷在元代已成村，此处北濒运河，通惠河在此之西汇入运河（当时称作白河），为供漕运行旅之需，于此地建有酿酒和经销场所，后形成聚落，因而得名。”

在明清时期，运河在张家湾一带的走向和现在不一样。当时的烧酒巷在运河南岸，村东的里二泗村还因为临近白河、凉水河、萧太后河、通惠河四河交汇处而得名。漕船每日川流不息，从这里运输到京、通的国仓入库。据说在繁盛时期，负责漕粮运输的运粮军士或民丁达10万余名。然而他们在运输的过程中，经常遭受地方官府盘剥，特别是到达通州交付时为免受刁难，每只漕船还要拿出几千两银子作为“手续费”。为解决这些费用，掌管漕运的官员便指使兵丁盗卖漕粮。买一种使漕粮发涨的药物，喷洒在漕粮里面，使粮粒涨大增重，然后偷出漕粮在里二泗的码头上岸销售给商家，就在码头西面不远处设置烧锅（烧酒作坊），就近制造烧酒，还便于将酒卖给来往的商贾行旅。

张家湾公园内的泗水古巷景点

数家烧锅在运河边排列，慢慢就形成了一条东西向狭窄而整齐的窄街，便称为烧酒巷。清光绪二十七年（1901 年），北运河停止漕运，漕粮不再经此，烧锅主失去造酒主要原料而停止制酒，但村名留至今。

顾名思义，“湾酒”就是产自张家湾的酒，而且是张家湾烧锅中的精品，清代潘荣陛在《帝京岁时纪胜》书中记有“张家湾之湾酒”。1990 年王金秋主编的《中国名酒典故大成》载：“公元 1126 年后，金、元、明、清，以至今天，作为京师都城，人才荟萃，贸易日繁，百业争雄。其中首推京畿则是通县、顺义、良乡、大兴等。在所酿造的酒品中，最为著名的有‘万酒、苡薏酒、金澜酒、梨花酒与烧酒等等’。其中‘万酒’即是以讹传讹的‘湾酒’。”据说由于采用纯粮酿造，制作工艺独特，因此酒液清亮透明，具有粮香、酒香、糟香“三香”，酒质醇厚甘洌，酒力强劲，而且入口饱满，从舌尖到舌根，都能回味到甘甜，这在那个时代非常不易。

湾酒诞生于明朝末期，是由关外一张姓家族来到张家湾齐善庄建的烧锅，因村内有皇家用的场子，所以就挪到了附近的烧酒巷。湾酒虽是私人作坊，不是贡酒但是堪比贡酒，传说中的刘罗锅到通州打酒的典故，就是张家湾的湾酒。

通州地区的烧锅主要属于传统的东路烧酒制作工艺，但是经过不断的改进发展，其制作工艺逐步形成为俗称的老五甑“天锅”工艺，即：经原料→粉碎→辅料→加水润料→糊化（蒸煮）→配料→摊晾（或扬冷、冰冷）→加曲→加酒母→加水拌匀→入窖发酵→出料→蒸馏→酒。其中的原料必须是优质高粱，不能以其他粮食品种代替，蒸馏时，第一次给天锅加水冷却，馏出的酒作为酒头单独存放，陈储后用于勾兑酒调香原料；第二次为天锅加水冷却馏出的酒即为成品酒；第三次为天锅加水冷却馏出的酒作为酒尾用于勾兑酒原料。

据 1986 年出版的《北京酒》在介绍二锅头时说是在“南路烧酒”“张家湾之湾酒”之后问世的，同时写道：“到了清代中期，京师烧酒作坊，为纯净烧酒质量，进行了工艺改革。”即三次加冷却水，取第二次加冷却水馏出的酒称为二锅头。所以说，湾酒是二锅头的鼻祖，二锅头是在湾酒的基础上改进而来。清晚期，湾酒烧锅因意外变故没落，据说其后人进入到牛堡屯烧锅，而牛堡屯烧锅与同泉涌的东家是一个人，1949 年以后被合并到通州制酒厂。

漕运，就是指从水道往京城运输粮食。通州是大运河最重要的节点，一条条运粮河，催生出通州酒历史。北运河途经张家湾、漷县、西集、河西务（原属通州）；萧太后运粮河，流经龙潭湖、大鲁店、台湖至张家湾入潞水；凉水河、温榆河、凤港河、永济渠等都曾成为过某时段的运粮河；像马驹桥、张湾的陆关、南仪阁、烧酒巷、永乐店等都在运粮河畔。运粮河所经之地的古镇多数码头林立、粮行众多、粮仓众多。有了大量粮食，就有了酿酒的基础。从元代、明代到清代，通州的有名粮仓不下几十个，所储之粮不计其数，散在通州各地的古镇，粮行、小粮仓更不计其数。

明《续文献通考·征榷考》记载到，明宪宗成化四年（1468 年），上“命张家湾宣课司并在京都税司，凡遇客商，淮曲投税每百分取二”。“每随所送十五万斤，如有存余留支用。”到了神宗万历四年（1576 年）命张家湾宣课司解光禄曲块折收银，当时抽分曲共一十五万二千二百斤。按现代方法解释，酒曲为辅料，一斤酒曲最起码能出几十斤酒，可见当时通过漕运经过张家湾的酒曲能制酒不下几百万斤。

历史上由元到明，都是靠南粮北调供应军需民食，因此，北方各地历来严格限制酿酒，非常时期甚至严禁用粮食酿酒。《畿辅通志》介绍：“将直顺各属烧锅除光绪三年以前由部领照者准其照常开业外，自光绪四年以后概不准新开烧锅。此后但许歇业，不许新开，使烧锅不禁自少，以示限制。”无粮少粮地区烧锅自停，只有像通州这样粮多的地区，还存在部分烧锅，因此烧酒作坊在不生不灭中一直延续下来。

◎ “香蚁”成村 驻跸甘泉酿好酒

在通州漷县镇探访古运河时，笔者意外地发现一个村子，竟然也与酿酒有关。

这个村叫作大香仪，在漷县镇政府正南，漷县古城东南大约 4 公里处，东边紧邻漷县马头村，距离北运河 2 公里，西边距离港沟河（凤港减河）不足八百米，处于两河之间，而京津公路（103 国道）就位于该村东边几百米的地方。

据运河文化专家周良所著《通州地名漫谈》介绍说，古时此村曾有造酒作坊“烧锅”，所造酒特别香，远近闻名，文人墨客就以古诗句中“香蚁”来夸赞这里的酒。“香”是指酒味芳香，“蚁”是指酒中浮着的糟屑如蚂蚁。

大香仪村内的古河道

“香蚁”就是指泛出香味的酒。于是以酒香村名为“香蚁”。《说文解字》解“仪”与“蚁”同为仄声，遂用“仪”代“蚁”，成为“香仪”。

以“香蚁”代称美酒，最早见于五代十国时期，前蜀诗人、吏部侍郎韦庄的《浣花集》中有一首诗《冬日长安感志寄献虢州崔郎中二十韵》，诗中有“闻招好客斟香蚁，闷对琼华泳散盐”句，这里的“斟香蚁”其实就是“斟酒”的美称。

笔者针对大香仪及周边的村镇、水系的详细探访，也证明了该村完全具备酿酒的相关地理和物资条件，因此，该村有烧锅应无异议。

今天该村周边的北运河河道在明清时期曾经是漕运的主道，而其西边的港沟河曾是北运河故道，虽然籍籍无名，但是也是漕运的“西水道”，两河相距不足 3 公里，在此地段，共用一条大堤，北运河的西堤是港沟河的东堤，该堤既是堤坝也是行走北京天津的道路，民国时期被整修为京津公路，是北京到天津最主要的交通联络线，交通四通八达，极其方便。

村东相邻的马头村，因运河码头而得名，至今遗址尚在。据志书介绍，金代开辟潞河进行漕运以后，因此处有一片大浅滩，在浅滩下游处就自然形成码头，南来各种货物于此上岸销售，今通州区和大兴区南部区域及廊坊北部区域的大量商户当年就从这里购销商品，故此处极为繁荣，日日为集。

据马头村村史馆记载：近代该村有个张家烧锅，创始人叫作张世武，当时有三个烧锅，杨村、蔡村、马头各一个。昔日张家的房子在马头是最好的。张世武带领穷人成立互助会，后来领导穷人闹革命，1930 年后，他带领部分村民加入红军。

笔者在大香仪村探访时还发现，村中有几处不太连续的坑塘，据村民介绍，这是一条早已废弃的河沟，从西口开始，先向东流过，在村中部向南拐出。村西口和村中拐弯处河畔北岸曾经各有一座庙宇。据分析，这很可能是北运河或者港沟河的支流，从庙宇年代上看，至少在明清时期已经存在。有河就有船，古时交通运输物流主要靠船。有了漕运，就有了粮食，有了码头、有了船道和公路，就有了南来北往的商贩走卒和物资流通，烧锅由此而兴盛。

翻开漷县镇的历史，就不能不提延芳淀。

漷县，史称漷州，俗话说："通三武宝蓟香宁，外加漷县一座城。"作为历史上唯一一个以县命名的千年古镇，历史上的漷县曾几经兴衰：汉代为镇，辽代升为县，元朝再升为州，明朝降为县，清朝降为镇，民国再降为村。辽代时，漷县区域内有若干湖沼，村西水面辽阔，被称为延芳淀，比现在的白洋淀还要大。辽、金、元三代都是游牧狩猎民族，延芳淀成为京外最好的游猎地。帝后每年春季都要来延芳淀游猎。此后，该地居民、商贾越来越多，辽主在这里专门设置了一座县城，建起行宫神潜宫，贵胄大臣也纷纷在此修建了鳞次栉比的园林，形成皇家园林建筑群。到了元代，皇家又在这里修建了柳林行宫。

漷县村村史馆藏漷县八景"驻跸甘泉"国画

漷县在并入通州之前，曾有"漷县八景"的说法，其中一景为"驻跸甘泉"。康熙《通州志》记载："驻跸甘泉，在儒学西北，相传辽萧太后所凿，其味甘洁。"漷县永乐里（今永乐店镇）以东，有村名陈辛庄，民国《通县志要》记载："在陈辛庄东口外东沙坑以西，有地名东仓，地多瓦砾，相传为萧太后存粮之仓。"

榆林庄村史馆藏老酒坛和酒器

历史上，永乐店为漷县辖地，位于北京市东南，古运河西岸，有著名的“驻跸泉”，相传为辽代萧太后所凿，其泉水甘润洁爽，有诗赞曰：“万解甘泉吐玉虹，金瓶才汲雪花丛。琼瑶分处家家月，龙凤煎时阵阵风。千载余波承辇毂，九秋寒雾滴梧桐。清冷定有神蛟宅，应作甘霖禹域中。”当地酿酒历史较为悠久，是明清时期著名的“直隶东路酒”产地之一。1949年前，永乐店镇的“同记烧锅”所酿制的烧酒闻名于世。

通州古今遍布的水网，都是漕运河，酿酒业与通州的运粮河、密布的粮仓及大量的码头有着直接关系，没有这些基础条件，又谈何酿酒历史？因此，通州几乎镇镇有烧锅。可以说，漕运到哪儿，烧锅就开到哪儿。正可谓：一河一码头，一仓一甑流。

◎ 清末，东城差点儿划给通州？

“盱眙”是江苏淮安一个特别有历史的县，笔者以前经常念错，直到认识从那儿到北京打拼的黄先生，才能正确读出这个地名。他经过一番努力，终于通过“积分落户”政策，在通州定居，变成了新通州人。而今天说的差点儿把东城划给通州的事儿，与他的老乡、清末直隶总督杨士骧有关。

【一】

清朝时，北京隶属于直隶省顺天府。直隶省大概就是今天的河北 + 北京 + 天津，而顺天府管的范围，比现在的北京还要大一些，包括了现在的北京市（延庆除外），和靠近永定河、北运河的河北、天津一些市县。

顺天府的辖区在清初多有变化，乾隆八年（1743 年）开始固定了下来，共领 5 州 19 县，即通、蓟、涿、霸、昌平五州和大兴、宛平、良乡、房山、东安、固安、永清、保定、大城、文安、武清、香河、宝坻、宁河、三河、平谷、顺义、密云、怀柔 19 县，又混称为顺天府 24 州县。

这里打头的大兴、宛平两县也叫京县（附郭县），跟现在的是两码事。他们是以前门大街中轴线为界，东面为大兴县，相当于现在的东城区、朝阳区、大兴区和海淀区的一小块，县衙在交道口附近的大兴胡同内。西面为宛平县，相当于现在的西城区、石景山区、丰台区和门头沟区，县衙在地安门西面东官房。

东城区大兴胡同西口

那时的老百姓戏称，皇帝坐在金銮殿上时，屁股一半儿在大兴县，一半儿在宛平。其实是指皇帝的龙椅正好放在北京的中轴线上，而中轴线又是大兴、宛平两个县的分界线，所以皇帝坐在龙椅上时，正好一脚在大兴，一脚在宛平。

【二】

虽然顺天府隶属于直隶省，但顺天府的行政地位比一般府要高，顺天府尹有单独向朝廷奏事的权力。同时，大兴、宛平两知县的级别也比普通知县高一级，是正六品，相当于外地知州。这些特殊的行政配置，当然是为了满足国都的特殊需要，二京县衙门设在北京城内，在顺天府的督察下，会同步军统领、五城御史查禁“京城内外民间干禁之事”。

为了理顺直隶省和顺天府的关系，顺天府已经做过一次机构调整。清康熙二十七年（1688 年），当时的直隶巡抚于成龙奏准在顺天府设立了“东南西北”四路厅。

但是随着京师行政规模的不断扩大，尤其是清朝末期，京师与顺天府的大兴、宛平在管辖地面上出现犬牙交错、界限不清的状况，怎样解决顺天府与京师的区划问题显得越来越紧迫。

不仅内城出现矛盾，两地的外城也就是郊区也出现了问题，给当地的老百姓生活造成很多困扰。因为两县都是南北窄长，相隔数十百里，而且中间还隔着紫禁城，所以，两边的老百姓平时接触很少，一个县的人，生活习俗乃至口音都相差极大，很难融合。还有“两县署设于内城，而客馆旅店皆在外城，乡民赴县即寻常输粮涉讼等事往返之间，动辄经旬累月”。

为此大兴、宛平两县绅民请移县治，一方面请顺直谘议局议决执行，另一方面公禀顺天府商要办法。顺直谘议局对此事采取了积极的态度，并将此案作为议决案予以通过，建议将大兴、宛平两县县治移往北京城外。

东城区大兴胡同18号城隍庙供奉的是明清两代大兴县的城隍

因为行政体制不顺而造成的困难，直隶总督杨士骧心里也十分清楚，在谘议局提出迁移两县县治的议决案通过后，他马上建议："将大兴县移设京南黄村，宛平县移设海淀。大兴地面事宜改归通州办理，宛平所属地面归大、宛两县分辖。"话说得很明白，内城的大兴县——也就是现在的东城区部分，划给通州进行管理。

但是，由于顺天府的拖延，再加上杨士骧在任上突然去世，直到清朝灭亡，京畿区划纠葛始终没有能够解决，他的这个动议最终没有实现。

【三】

杨士骧不是心血来潮，他说这句话是有底气的。他对于通州非常了解，因为他曾经当过常驻通州的直隶省通永道道员。

杨士骧的履历很光鲜。杨士骧（1860—1909 年），安徽泗州（今江苏盱眙）人。光绪十二年（1886 年）中进士，历任翰林院庶吉士、翰林编修。因受李鸿章赏识，被保举为直隶通永道道员。后先后担任过直隶按察使、江西布政使、山东巡抚，光绪三十三年（1907 年），杨士骧署理直隶总督兼北洋大臣，其间修治海河，上书减免税负，一心为民，颇有作为。

不仅如此，他的爷爷杨殿邦（1773—1859 年），也是清代重臣，曾经当过顺天府的府尹（顺天府的一把手），后来还当过仓场总督和漕运总督。要知道，当时的仓场总督驻地就在通州，是府衙林立的通州城里级别最高的官了。

爷孙两代人，把这个京官都干了一个遍，因此对于各种曲直缘由，也心知肚明。

其实，由通州代管内城的大兴县（今东城区），通州还真有这个实力。

通州地位也很特殊，通州知州是正五品，职级也比较高，跟外地的知府同级，比大兴、宛平两位京县知县级别高。明代通州还管辖三河、武清和宝坻三县，清顺治十六年（1659 年），将漷县并入通州。雍正六年（1728 年），为了便于州官专心致志搞好通州城和漕运的事情，将三河、武清、宝坻改为直属顺天府，通州遂成没有下辖县的“散州”。康熙二十七年（1688 年），通州属顺天府东路厅，东路同知驻通州。

通州城相当于“小京城”，城内衙署林立，繁华异常，对于州官的城市管理水平要求很高，可以借鉴到京师内城管理。另外，1900 年，北运河停漕，通州城依托漕运的优势没了，人口立刻从流入地区变成流出地区，很多商贾大户迁往京津，通州有更多的闲工夫去管别人的事了。

大兴胡同四合院门墩

谋事在人，成事在天。这件事情虽然没有办成，但是也给后人们提供了一种思路。如今，北京市政府搬迁通州已经四年，北京城市副中心建设如日中天，把以前很多我们想不到的事情都变成了现实。历史和现实之间，有时候真的很神奇。

◎ 通州陪伴北京建都超千年

路县古城遗址公园就建在副中心行政办公区旁边

《百余年前，北京第一个电报从通州发出》稿在新媒体平台发布后，就有粉丝问："新中国成立以前通县属于河北省吗？"言外之意通州电报局不算北京的，因此这个"第一"当得有点儿问题。

其实这个问题不仅是现在，笔者当年上大学的时候，因为家在当时的"远郊区"通县，所以经常有城里的同学开玩笑："通县在河北吧？"即便是后来改成了通州区，也有很多朋友说，通县以前是河北的，后来才划进北京。

这些话让许多人迷惑，是因为缺乏对通州建置和北京历史的了解而造成的。确实挺难！因为北京和通州的历史都很悠久，变迁太多，一句两句确实说不清楚。就连通州区政府网站的"历史名镇"栏目中，也是简简单单这样写的："1958 年 3 月县市由河北省划归北京市后，合并为北京市通州区。"而之前的上千年隶属关系都没有提及。这难免就给网友造成了一些先入为主的印象，好像之前通州一直属于河北，而不属于北京。所以有必要说一说，也帮助大家按照历史脉络梳理一下，通州以前到底属于河北，还是北京？

【路县是通州最早的名字】

先普及一下通州的历史和建置变迁。

通州的历史可以上溯到春秋战国时期，当时为古燕国的辖区，而燕国的首都，不是现在的北京城，而是房山琉璃河，后来燕国打下了蓟国，就把首都搬到了蓟国国都，位置大致在今天的北京，不过到今天具体地址还没有找到。燕国被秦国灭了后，秦统一中国，为渔阳郡属地，不过那个时候通州就是个无名的小村。

通州自西汉开始，才开始有了名字，叫作路县，东汉时又以潞水（今北运河段）取名，改路为潞，叫作潞县，都属渔阳郡。西晋废渔阳郡，潞县改属幽州燕国。北齐至北周，还是归渔阳郡管辖。隋朝潞县属涿郡。唐

运河畔验粮楼——大光楼

朝时，潞县和北京一样，大多数时间，是幽州的一部分。幽州，在河北北部、辽宁南部。

宋辽时期，这里比较靠近边境，南部有大片的水域叫作“延芳淀”，属于辽控制区。辽朝将当时的幽州称为南京。南京是辽朝的陪都，位置就在今天的广安门一带，管辖的地界是幽州地界，以及燕云十六州。当时在这里发生了很多的战事，作为兵家必争之地，宋朝和辽朝一直在反复争夺这个地方。《杨家将》的故事，就发生在这个时期。契丹会同元年（938 年），潞县属辽控制，属南京道幽都府，北宋徽宗宣和四年至七年（1122—1125 年），潞县由北宋控制，属燕山府路燕山府。

【“漕运通济”首置通州】

“通州”的名字第一次出现是在金代。天德三年（1151 年），于潞县置州，取“漕运通济”之义，命名为通州，领潞、三河二县。两年之后，也就是贞元元年（1153 年），金海陵王完颜亮自上京会宁府迁都燕京，升为大兴府，更名中都，号中京。通州及所领潞、三河二县属大兴府中都路。据《金史·海陵纪》记载，燕京就是北京在当时的名称。

忽必烈统一蒙古汗国，把都城迁到了北京，是为元大都，这个称谓一直持续到元末。通州自元初改隶燕京路，至元九年（1272 年）后又改隶大都路。明初废潞县入通州，通州属北平府。此后，通州领三河、武清、宝坻、漷县四县。永乐元年（1403 年），改属顺天府。清初沿明旧制。顺治十六年（1659 年），省漷县入通州。雍正六年（1728 年），三河、武清、宝坻改为直属顺天府，通州遂成散州直至清政府垮台。

在古代的建置中，“路”“府”都是介于省以下、州县以上的地区级设置。中国这五个朝代建都之地都在北京，分别指的是：辽（916—1125年）、金（1115—1234年）、元（1279—1368年）、明（1368—1644年）、清（1644—1911年）。在此期间，通州均隶属于“大北京地区”，一直是北京地区重要的京畿左辅。

不过，需要澄清的是，清代通州隶属于直隶省顺天府，很多人把府衙在河北保定市的直隶省看成了如今的“河北”，这是错误的。其实，直隶省大概是如今的北京市、天津市和河北省的总和，当时的顺天府和紫禁城都属于直隶省。这不是一个概念。

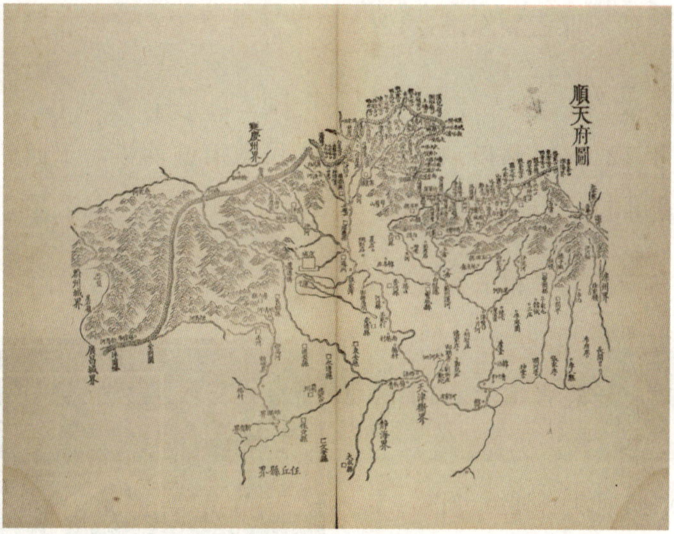

1859年直隶舆地图册内页

【近代通州建置短暂脱离北京】

民国刚建都的时候是在南京，孙中山在南京就任临时大总统。后来，南北和谈，袁世凯窃取了革命果实，在北京建立了北洋政府。北洋政府的首都就变成了北京，时间是1912年到1928年。京兆地方成立于1913年（民国二年），属中华民国市级行政区划之一，其范围大致沿袭清顺天府或民国之后的北平市。民国三年（1914年），通州废州称县，始称通县，改属京兆特别行政区。值得说下的是，通州近代政治家王芝祥曾于 1924 年担任过一段京兆尹。

1928 年，国民革命军北伐成功后，首都回迁南京，京兆地方改名为北平特别市，成为中华民国河北省直辖市，河北省省会，民国十九年（1930 年）6 月，北平降格为河北省辖市，同年 12 月，复升为院辖市，相当于今日的直辖市。这一时期，北京不再是首都。通州与北京一同调整改隶河北省。从 1928 年开始，北京作为特别市，其辖区大大缩小，只包括如今的内城和朝阳、丰台很小一部分。通州从建制上脱离的北京管辖。

抗战期间，华北沦陷，1935 年，通州曾属伪冀东防共自治政府管辖。1938 年，属伪河北省冀东道，1940 年又属燕京道。日本投降后，通县地属河北省。

1948 年 12 月 14 日解放，时通县人民政府驻西集，于通县城关及关厢农村设通州市，市、县同属冀东区第十四行政督察专员公署。

1949 年 1 月北平和平解放后，通州市划归北平军事管制委员会领导，为北平市第二十一区。同年 3 月，通县人民政府迁驻张家湾。8 月，北平市第二十一区改为通州市，与通县一并划归河北省通县专区，专区机关驻通州市，9 月，通州市改为通县镇。1950 年 5 月，县、镇合并，称通镇，县人民政府迁驻通镇，1951 年 11 月，县、镇再度分开，称通县、通县镇。县、镇政府同驻通县镇。1954 年 4 月，通县镇改为河北省辖，由专区代管的通州市（县级）。

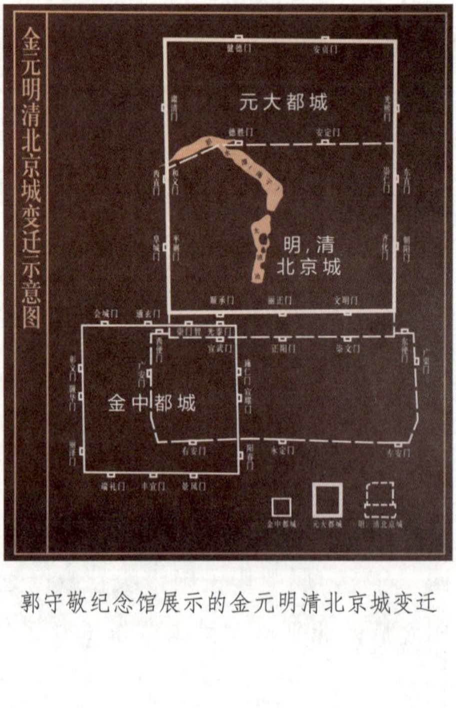

郭守敬纪念馆展示的金元明清北京城变迁

1958 年 4 月，通县与通州市合并为通州区，划归北京市辖，通县专区撤销。1960 年 2 月，通州区改称通县。1997 年，通县撤销，设通州区。

【通州陪伴北京建都超千年】

大致来说，通州从 1928 年到 1958 年的这 30 年，只有极个别时间暂时隶属于北京，大部分属于河北省，脱离开北京地区管辖。根据北京市社科联等组编的《史说北京》所述：北京有 3000 年建城史、1000 余年的建都史。北京史研究会名誉会长曹子西先生认为，战国七雄互相开战，都是相对独立的政权，并不听周王室的，因此，北京从战国时的“燕都蓟城”开始，到后来历朝历代为都的时间加在一起，总计有 1020 余年。即便用简单的算术题也能够得出结论，通州历史上绝大部分时间隶属于北京。

都说北京是“漂”来的，建都北京，有地理位置优势，但是难处在于粮食供应。为解决京师粮食供应，几朝创行漕运，从东南运粮。通州作为

燃灯塔与葫芦湖

北京的物资供应中转地，发挥着不可小觑的作用。“通州上拱京阙，下控天津，潞、浑二水夹会于东南，幽燕诸山雄峙于西北，舟车辐辏，冠盖交驰，实畿辅之襟喉，水陆之要会也。”——《日下旧闻考》卷108《京畿》，北京离不开通州，通州陪伴北京建都超千年。

通州真正离开北京怀抱的时间是只有不到三十年的时间，就这三十年，改变了很多人对通州的印象。

顺便说一句，通州有个小兄弟——燕郊镇，自古以来就是通州（通县）的一个古镇，近代才因为潮白河改道，被划到了三河市，整得好多燕郊的朋友戏言，祖上本来是北京人，后来变成了河北人！

◎ 元代和明清时代的通惠河漕运不一样

中国国家博物馆是国家最高历史文化艺术殿堂和文化客厅，在众多藏品中，珍藏着一幅高 42.2 厘米、宽 346.7 厘米的《通惠河漕运图》长卷，这幅作品为纸本设色，作者为沈喻，内容描绘了清代康熙年间通惠河漕运的景象。长卷清雅生动，人物众多，将漕运的各个环节及沿岸景色高度还原，再现了当年通惠河“舳舻蔽水，帆樯林立”的情景，也为研究通惠河漕运的历史提供了非常形象的物证。

《通惠河漕运图》中八里桥至通州北关北运河段

由于进行了数码化，此图近些年流传甚广。然而，笔者发现不少文章没有弄清楚元代通惠河和明清时代通惠河的区别，将长卷中通惠河漕运的东端误认为是通州张家湾，频出“画面的最末部分绘画有通州县城临近大运河的燃灯佛塔与热闹的张家湾码头”这样类似的话语，张冠李戴，误导了读者。

其实，在《通惠河漕运图》中，其东端最明显的是燃灯塔、葫芦头和石坝码头的场景，每个通州人都认得出来是通州城北关周边，根本没有张家湾的影子。

【元、明通惠河漕运五不同】

元代通惠河确实是在通州张家湾与白河（北运河）交汇，也是漕运的起点。

通惠河始建于元至元二十八年（1291 年），是由郭守敬规划开通的由大都（北京）至通州的运河，名震全世界，因此造成不少人对于通惠河的印象，只停留在郭守敬修建的元代通惠河。而对于修浚通惠河的另一个著名人物——明代吴仲修浚后的通惠河知之甚少，造成了不少混淆。虽然明代通惠河是依托元通惠河修建的，它们的目的都是为京师运输粮食和其他物资，但是区别也很明显，笔者归纳为五个不一样，分别是长度不一样，东西漕运始终点不一样，水源不一样，闸坝数量和漕运形式不一样。

郭守敬像

元代通惠河上自昌平县白浮泉，下至通州张家湾李二寺（里二泗）河口，全长 164 里。郭守敬在元至元二十八年（1291 年）动工开凿北京运河，元至元三十年（1293 年）工程结束，在前代河道的基础上，引白浮泉水入通惠河。建成后的通惠河全线共有 11 组 24 道闸，积水潭以下共 8 组 18 道闸。漕船可以从通州张家湾溯流而上，进入大都南水门后，通过澄清下、中、上三闸，可以直达积水潭码头。因此，当年的积水潭“舳舻蔽水”，一派繁荣景象，元世祖忽必烈一高兴，就将此段漕河命名为通惠河。

元通惠河的漕运形式特别像当代的运河过闸形式，是延续至今的一个创举，采取“提闸过船”法：“出南水门，合入旧运粮河，每十里置一闸，凡为闸七。距闸里许，上重置斗门，互为提阏，以过舟止水。”所谓“上重置斗门”，就是在置闸处上游附近另置一水闸。漕船过闸时，先提起下闸让船进入，然后关闭下闸闸板，待闸内水位和上游持平后，再打开上闸，漕船继续向上游行驶。如此操作，漕船便可由低到高，节节攀升，直至到达积水潭。而漕船下行时，反向操作即可。

到了元末明初，由于白河（北运河）河道的变化与通惠河部分河道的淤塞，这条漕运路线已经很难再发挥作用。明嘉靖七年（1528 年），直隶监察御史吴仲奉旨疏浚通惠河。新的通惠河漕运路线上自东便门外的大通桥，下至通州北关外的葫芦头，全长只有 20 公里。从东便门起到通州共设置了五闸，自西向东依次是首闸大通闸、二闸庆丰闸、三闸平津上闸（高碑店闸）、四闸平津下闸（花园闸）、五闸普济闸。同时，在通州葫芦头东侧、白河西岸建石坝码头、土坝码头，俗称“五闸二坝”。

明通惠河在漕运形式上也和元代不同，采用的是“逐坝倒搬”的模式，漕船不能上行。当北运河上的漕船在通州北关石坝码头靠岸后，漕粮需经人工搬运，翻过石坝到葫芦头停泊的驳船上，继续向西（上游）的第二坝驶去，逐坝递运，到达大通闸，然后在大通桥码头卸货装车，转运至京城内的粮仓中。通惠河因此又被叫作大通河。

【水源和落差是关键】

造成两代通惠河漕运不一样的核心原因，一个是缺水，一个是水位落差大。

北京作为元明清三朝的古都，虽然守着永定河和潮白河这两条水量比较充裕的大河，但是一个是性子烈，一个是离得远，京师到通州之间最大的问题是缺水，缺载舟的水。解决第一个问题的关键是“找水”。

郭守敬先后找过两次水。

中统三年（1262 年），郭守敬在开平向忽必烈面陈水利六事，提出“开玉泉水以通漕运”的设想。“中都旧漕河东至通州，权以玉泉水引入行舟，岁可省僦车费六万缗”（缗是古代货币计量单位，铜钱每串一千文为一缗）。他预估在水路畅通之后，每年可以节省陆路运输的高额费用。引玉泉水通漕运工程的实施，是郭守敬为兴修北京水利所建的第一功。

至元二十八年（1291 年），郭守敬经过近 30 年对北京地区水资源的调查，提出引白浮泉水接济漕运，修建京杭大运河最后一段通州至大都运河的建议。这是他立的第二功。

郭守敬纪念馆展陈的元通惠河闸铭牌

通惠河自昌平引白浮泉水，西折南转，汇玉泉、一亩泉诸水于瓮山泊（昆明湖），后经高粱河注入积水潭，成为通惠河的重要水源。其引水过程的复杂和巧妙程度，至今都让水利专家赞叹不已。

由于通惠河在通州入白河（北运河）河口处存在4—5米落差，无法直接通船。郭守敬选择在张家湾的李二寺（里二泗）作为两条运河连接点，延长了近十里的通惠河河道，而不直接在通州城入白河。这样做，可以减缓运河的比降，起到“三湾抵一闸”作用，这样漕船可以从北运河直接航行到大都城内积水潭码头。

而明代的吴仲没得选，因为水源就那么点儿。

明朝永乐改建北京城时，将部分元代通惠河圈入皇城，城内河段不再通航，因此，修浚后的通惠河起点改在了东便门外的大通桥。仅用玉泉水作为唯一水源，河道水量严重不足。

而这时再通过两个闸门调节水位，让漕船直接过闸的方案已不可行，必须改变漕粮的运输方式。因此，吴仲采用“逐坝倒搬”的模式，也是迫不得已。

平津闸上闸仅存的绞关石

采取这种形式的漕运，可以不考虑水流落差的问题。因此距离越近越好，闸坝越少越好，节约成本、节约资源。吴仲将通惠河连接北运河的地点选到通州城北，在通惠河东端拦蓄河水形成“泊船潭”，即为后来的葫芦头。这方案没多走一点冤枉的“水路”，是京城到北运河最近的距离。

通惠河大通桥比通州的海拔高 18 米，即便到了北关北面的葫芦头的水位比旁边的北运河也要高 4—5 米。因此，和如今人们的印象不同，通惠河和北运河并不是在此处直接连通，而是修建了一个几米高的滚水坝。一旦有洪水时，水面漫过滚水坝时才泄入运河。同时，在旁边修建了石坝码头和验粮用的大光楼，漕粮靠人工搬运进葫芦头的驳船完成漕运。

【不容忽视的“张家湾”细节】

《通惠河漕运图》长卷反映的仅仅是通惠河漕运的景象，并没有反映出明清时代通惠河的全貌。如果说，明清时代的通惠河漕运的终点和起点分别是大通桥和通州北关葫芦头，那么通惠河流到了通州城以后，并没有到达终点，而是通过减水闸从通州古城中穿过，继续南行至张家湾。而这段从通州古城到张家湾的旧河道，在清中后期又被称作玉带河。

吴仲在成功修浚通惠河后主纂《通惠河志》，其下卷中《通惠河图》完整展现了自大通桥逶迤至通州张家湾沿河的桥梁、公馆、闸坝、庙宇等建筑设施的全貌。

吴仲在《通惠河图》后的按语中描述：“通惠河自大通桥至张家湾浑河嘴，计 50 余里，凡九闸，因议搬运之法，运船泊通州北关，由新坝而入，通流以南诸闸，水虽流而船不行矣，权宜之术也。原议通州西水关外并新坝创闸二座，诸闸真不可用矣。盖地至通州而愈下，水至通州而愈急。必欲二闸者，犹尾闾然，不然终有冲决之患，后当验之。”

“尾闾”的词义是古代传说中是泄海水之处和倾泻之所，通惠河落差大，水流太急，如果贸然建闸，有被冲毁的风险。吴仲不是没有研究过通

张家湾古城和萧太后桥

流闸以南漕运到张家湾的事情，可惜最后还是放弃了。

【《通惠河漕运图》长卷人物 480 人】

清代通惠河漕运基本上沿袭明代的旧制，漕粮由石坝倒入通惠河。由于通惠河河身较窄，中间又筑诸闸，水浅易淤，所以需要经常疏浚，才能保持一定的航运能力。清代分别于顺治中期、康熙三十五年（1696 年）、乾隆五十五年（1790 年）、嘉庆六年（1801 年）、道光三年（1823 年）等进行修治。

《通惠河漕运图》长卷描绘了清代康熙年间通惠河漕运的景象，长卷中，通惠河蜿蜒曲折，两岸柳树成行，河水碧波荡漾。“五闸”从左至右依次排列，最左侧的京师城墙、西便门，最右侧的通州燃灯塔、北关城墙、北运河历历在目，画面里面还有不少人夫搬运货物的场景，一派繁忙，但秩序井然。笔者数了数画面中出现的人物，竟达480人左右，还有数十匹骡马、骆驼。其中，与漕运直接相关的闸坝管理人员、脚夫、船夫和经纪等人物430人。这个数字，已经和明清记载的在通惠河上服务于漕运的经纪、水脚（搬运工）、船夫差不多了。可以说，长卷不仅是一件艺术品，还是通惠河漕运场景的真实记录和纪实，直追《清明上河图》。

明清的通惠河，继承和发扬了元代通惠河的作用，光绪《通州志》载：“石坝在州城北，七省正兑漕米运京仓者从此盘入，通惠河岁计二百四十四万石有奇，扛夫喧轰，昼夜不息，日以起运三万石为率。”北运河到通州的漕粮七成在石坝码头卸下，通过通惠河运入“京仓”，成为那个时代北京的生命线。

◎ 徐霞客来过通州吗？至少两次！

你知道“519”中国旅游日吗？2011 年 3 月 30 日，国务院常务会议通过决议，中国正式设立国家旅游日，时间确定为每年的 5 月 19 日。而这个日子，是以《徐霞客游记》的开篇日，也是他游天台山的出游日——1613 年 5 月 19 日而确定的。

徐霞客（1587—1641 年），名弘祖，字振之，号霞客，明朝南直隶江阴（今江苏江阴市）人，是我国杰出的地理学家、旅行家和文学家。他一生游踪所至，“达人所之未达，探人所之未知”，踏遍 21 个省、自治区、直辖市，留下 60 余万字的《徐霞客游记》，是系统考察祖国地貌地质的地理名著，又是描绘华夏风景资源的旅游巨篇，还是文字优美的文学佳作，在国内外具有深远的影响。

徐霞客一生中曾经三次北上到过京师。通州位于京杭大运河的最北端，是京师南来北往的重要交通枢纽，水陆客运码头。那么，徐霞客来过通州吗？作为一个旅行家，来到通州后，他又干了什么？去过哪些地方？

徐霞客像（清咸丰年）
（来源：于希贤《明代地理学家徐霞客》）

【北上进京】

北京是六朝古都，明初朱棣将都城从南京迁到北京，是明朝的政治、经济、文化中心，也是当时全国最繁华的地方。

徐霞客第二次北上之行曾经从京师去过京东盘山一带

徐霞客第一次北上，是在万历三十七年（1609年），这年他才22岁，既是他的第一次出远门，也是他正式旅游的开始。他沿京杭大运河一路北上，游了山东的峄山、孟子故里孟庙、孔子故里孔庙孔林与东岳泰山，最后到达北京。作为一个旅行家，他把“第一次”放在这里，即便在当代人看来也顺理成章。

徐霞客第二次是在首游京师的20年之后，即崇祯二年（1629年），时年42岁。这次入京，时值秋日，这是自其母亲去世后的首次北上之行。来京的目的，除了饱览祖国大好河山，还有一个重要的任务，是再请一些文坛知名友人为《晴山堂石刻》补写一些纪念性诗文。这一年他仍旧是顺着京杭大运河而来的。

徐霞客第三次进京则是在崇祯六年（1633年），是在去五台山、恒山之游时顺道而至的。他沿太行山东麓山脚大道北上到北京，然后去了五台山和恒山，又回到北京，再沿太行山东麓大道南下。

徐霞客的三次北京之行，并没有留下任何笔记，更没有在《徐霞客游记》中记载，都是研究者从徐霞客同时代的亲友至交书信来往和著述中推断出来的。比如，他在第二次来京后立刻转道去了京东的盘山，是受了他的好友陈仁锡的“鼓动”，后来陈仁锡记载下来。相关研究者认为没有留下记载的几个原因，一是丢失，二是因为战乱或者路途紧张无暇记载。

徐霞客的前两次进京之行，都是通过京杭大运河走水路而来。因此，我们有理由相信，徐霞客来过通州，而且至少是两次。

【通州寻踪】

徐霞客是江阴人，此处距离京杭大运河近在咫尺。

早在北宋皇祐年间（1049—1054 年），江阴知军葛闳聚粟 2 万斛，在江南古运河以及周围重要漕运河流的基础上，建成锡澄运河，南接京杭大运河，北经黄田港入长江。江阴也成为南通苏浙、北达淮扬的水运枢纽，时称“江下市”。

不仅如此，江阴也是元明清几代“南粮北运”重要的物资集散基地，江南的药材、棉布、纸品、竹木器，北方的盐、煤炭、家畜、皮货和农副产品，以及闽浙沿海的海鲜等，甚至海外的珠宝香料，都载在一艘艘货船上，通过大运河汇聚于江阴。

因此，徐霞客到京师很方便，他很可能是搭乘当地载货的商船进京。从江阴到京师，全长约 1700 公里，而明朝时期，运河上帆船的速度依风速而定，白天行船，夜间停泊，最快只要半个多月，就能到达。

徐霞客踏上京师的第一步，就是通州的张家湾。

张家湾一直是大运河北端的客船码头，水陆要冲，凡南来北往、初入京城者，都要在这里上下船。“五云堆魏阙，回首路迢迢”，这是明代南京吏部尚书王崇庆夏季离京回宁时，在张家湾船上表达依恋心情的诗句。

这里和他的家乡非常相像，堪称“北方水乡”。从这里一直到通州城东门的潞河驿，码头一个接着一个，运河上漕运船只蜿蜒数十里，“水势环曲，官船客舫，漕运舟航，骈集于此”，帆樯林立，轴舻蔽水，加之“村居岸柳”，甚是壮观美景，故有“凫鹭洲渚清烟含，云水帆樯宿雨收”之句。

徐霞客从这里的客运码头下船后，从陆路过土桥到通州古城，然后顺着京通路，走八里桥，来到京师。

不过，徐霞客不会错过通州的美景，因为在他出生前38年，“通州八景”已经闻名于全国。

“通州八景”首次出现于明嘉靖己酉年（1549年）刊刻的《通州志略》中。《通州志略》系通州人、明代南京吏部尚书杨行中去官归家后领衔编纂的。“通州八景”包括“古塔凌云”“长桥映月”“柳荫龙舟”“波分凤沼”“高台从树”“平野孤峰”“二水会流”和“万舟骈集”。

这些肯定能吸引徐霞客的目光，甚至说，他两次来去京师之间，都有充足的时间，让他尽赏这些美景。

迁移到西海子公园后的李贽墓

【拜谒偶像】

笔者断想，徐霞客到了通州，还有一件非常重要的事情要做。

他是李贽的“粉丝”。李贽去世的那一年，徐霞客正好18岁，即使他没有亲自见过李贽，可是以李贽讲学之广，对当时思想界的震撼之大，他也会有一定的了解。因此，徐霞客一定去拜谒过李贽墓。

李贽（1527—1602年），号卓吾，福建泉州人，明代著名思想家、泰州学派的一代宗师，万历年间曾任姚安知府，后弃官讲学，晚年定居通州，最后被诬下狱，自刎死于狱中。李贽对宋明理学揭露深刻，很多人以李贽的思想反抗身上的封建礼教枷锁，更多人将其视为精神领袖和偶像。

徐霞客不入仕途，不考科举，“遇冠盖必避”。但是，他并不是一个不关心政治活动的人。他常年遨游于名山大川，但思想和活动并不与世隔绝。相反，他特别留心拜访有学识的人，喜交“一时贤豪长者”，他与当时崇尚心学的泰州学派很多人都有交往。他的好友何乔远、唐泰、陶挺都是李贽的门徒弟子。

徐霞客的个人“朋友圈”多是与李贽同省的福建人，徐霞客从31岁到48岁的十多年间，曾经五次去过福建。中国著名历史地理学家侯仁之认为，“他的目的恐怕不是专为地理考察而别有所求。当然，最重要的还是从他的思想本质来看，他对于李贽所提倡的‘道不虚谈，学务实效’这一点有思想上的共鸣”。

李贽去世后，其好友马经纶遵其遗嘱，将其安葬于通州城北的马厂村。万历三十八年（1610年），李贽的学生汪可受等捐资为李贽树碑，万历四十年（1612年），刻有其好友焦竑题写“李卓吾先生墓”的墓碑被树立起来。

我们虽然没有看到徐霞客写下的笔记，但是，崇祯八年（1635年），与徐霞客同时代而且年龄差不多的刘侗（1593—1636年）、于奕正（1597—

1636 年）合著出版了著名的历史地理著作《帝京景物略》，书中对通州的李贽墓有这样的描述：“冢高一丈，周列白杨百余株。碑二：一曰李卓吾先生墓碑，秣陵焦竑题。一曰卓吾老子碑，黄梅汪可受撰，碑不志姓名乡里，但称卓吾老子也。”

书中还收录了多首时人朝拜李贽墓后写下的诗文，其中有于奕正的“书焚焚不尽，老苦苦无多。潞水年年啸，长留君浩歌”。李贽的学说在当时传播甚广，被迫害致死后，他的著作反而卖得更好，无数文人学者到京城来，无不到李贽墓悼念，他的墓在明清两朝渐渐成为文化思想界后生的朝圣地。

此书出版时，徐霞客刚从京师返回家乡不久。如果那个时候通信发达，徐霞客看了也一定有同感。

第二章 迹访

◎ 百余年前，北京第一个电报从通州发出

2021年，北京百年世界老电话博物馆迁址到了通州重新开馆，这是目前世界上唯一一家全面展示世界各国100多年电话和电信发展的专业博物馆，收藏的世界各地电话超过5000部，与电话电信相关的藏品近5万件。馆长车志红先生出生于四九城的胡同，从参加工作到邮政局开始，一辈子和电话机结缘。特别机缘巧合的是，他的祖籍是通州，爷爷家就曾经居住在燃灯塔北侧，对于他来说，迁址不仅是一种乡情游子的回归，还有另外一个层次的意义：这里是近代北京电信事业的发源地。“百余年前，北京第一个电报从通州发出！”他说。

【北京最早的电报局在通州成立】

百余年前的清朝光绪九年，难道就有电报了吗？许多青年网友怎么也想不到穿着马褂梳着大辫子的古人会和滴滴答答通过电波传播的电报联系起来，这种“恍若隔世”的“断代感”其实毫不违和。

大辫子的发报员在电报机前工作

1844年，美国人莫尔斯发明了有线电报，并创立了莫尔斯电码，人类进入了电报通信时代。而当时

的清朝愚昧落后，闭关锁国，对当时中国以外的世界一无所知。丹麦、英国甚至通过海底电缆在中国上海登陆开办电报业务赚钱了，清政府的官方通信依然是传统的驿站传递，劳人费马，关键是贻误战机。1874年，日本入侵中国台湾，千余名士兵登岛，而清政府却全然不知，待此事上报到朝廷，已过一月有余。

再大的雷声依然震不醒梦中人，当时京城朝廷权贵中封建保守势力认为立杆架线、修筑铁路等洋务活动会破坏帝京风水，因此反对在北京架线通报。没辙，洋务派代表李鸿章只能搞“曲线救国”。1881年底，由他主持建设中国的第一条电报干线——津沪陆线竣工，天津至上海间可通电报。但是，还差一截，北京与天津、上海及外洋之间的电报联系，还得由北京至天津间的驿站传递。

由于京津两地相距近100公里，时间仍有耽搁，尤其是夏季雨水汛涨，北京至天津间的河道数处开决，驿差跋涉更加艰难。这种情况延至1883年6月，中法战争爆发前夕，出使英、俄、法大臣曾纪泽（曾国藩之子）深感与京师进行电报通信联系的迫切，遂建议将电报线延伸至京师近畿，从而灵便消息，以利战事。

在战争风云瞬息变化、出使大臣紧急吁请的情况下，总理各国事务衙门才与李鸿章等人反复磋商，并由李鸿章奏准光绪皇帝同意，将津沪电报线延伸到通州，这是一种再次折中的方案。同时委派天津紫竹林局王继善调至通州担任电报委员（局长），光绪九年八月十八日（1883年9月18日），津通电报线建成，通州电报局开局通报，从此结束了北京没有电报的历史。

线路开通后，所有外洋及各省同京师的官电往来均由通州电报局收转，再由通州驿站与北京总理各国事务衙门之间往返驰送，虽费时不多，但每当夜晚，北京城门关闭，驿马常被阻于城下而贻误军情，迫使朝廷不得不将电报线再进一步延伸到北京。为取得保守势力认可，电报线进入北京后，改用特制红漆木杆，架设铜线。一年以后，也就是光绪十年七月初一（1884

年8月21日），通州至北京电报线工程竣工，京城设电报局两处，分管官电和商电，通州电报局撤销。

【电报局和驿站在何处？】

在燃灯塔的西南侧，有一座充满儿时记忆的电影院——西海子电影院，其北侧就是清代潞河驿的旧址，也是百余年来北京最早的电报局驿站遗址，可惜在前几年的旧城改造中被拆毁，只留下了一张照片。

1883年通州电报驿站旧址 （刘建波／摄）

照片是由北京通信电信博物馆馆员刘海波先生拍摄的，他也是老通州，最初在通县电信局工作，曾经参与到《通县志》电信部分的编撰工作，并先后担任两轮《北京志·电信志》的编辑，收集掌握了大量的历史档案资料。提起考察电报局起源这段往事，仍然历历在目。“电线是从北关引入通州城，而州署就在北关附近，又因电报全系官电，从便利和安全角度，最稳妥方法是将电报局设立在州署附近。”刘海波告诉笔者。根据已故通州文史专家周良先生考证，潞河驿旧址位于西塔胡同西侧。电报局则设于原花丝镶嵌厂、三教庙一带。

作为近代风云人物，李鸿章对通州电报局建设过程非常关注，他委托代理其直隶总督职务的张树声：马上派人勘察天津至通州的线路，命其与驻通州的通永道薛福辰酌商，在通州城内选定公所设置电报设备；选派天津紫竹林电报局王继善担任通州电报局委员（局长）；盛宣怀则与外商洽谈，订购电线设备，六月二十日前将电线设备运到天津。

光绪九年（1883年）六月十四日，李鸿章奏准《展接津通电线》折："电线由天津一路裁弯取直量至通州北关为止，所有坟茔、树林、民房均经让出，沿途舆情毫无惊扰。约计线路一百八十余里，应须木杆一千七百余根，俟物料器具由沪运到，即日开工……将来外洋及各省与总理衙门电报到通局后，即封交通州，专马驰递，勿得片刻稽迟。"津通电报线的起点在天津紫竹林电报局，终点在通州北关，沿线充分利用了北运河右堤的京津驿路，也就是现在的京津公路，裁弯取直，共架线路90余公里，立杆1700余根。

仅仅两个多月，王继善就函称："奉委办理通州分局，卑职到通后，租定局室，置备器具，安设机器电台，部署一切，已渐有头绪……遵于光绪九年八月十八日开局，传递报务，理合将开局办理日期禀报。再，所有一等官报，抄录封固呈送，加封交通州驿传递。可否谕知通州李牧饬驿径自送往总署各地投递，不必再由大兴、宛平两号转投，以免稽迟等情到道。"王继善喝过"洋墨水"，这段话半文言半白话，意思已经很明白了：房租好了，设备安装完毕，就等开业了。后边的话信息量挺足：电报抄好了以后，密封好交给通州驿传递，送信者直接交给总理衙门，不用再通过大兴和宛平两个驿站转投（以前的电报是从天津送到这两个驿站后再交给总理衙门），以免耽误事情。

驿站是古代供传递官府文书和军事情报的人或来往官员途中食宿、换马的场所。通州驿就是潞河驿，因为康熙十八年（1679年）通州地震，"官

通州城池图（清光绪九年）中的驿站位置

民房舍，州治，试院，钟鼓楼及舍利塔尽圮”，潞河驿也没逃此劫。随后几年又遇洪水，使通州城区遭受重创，元气大伤。康熙三十四年（1695 年），通州又灾，皇帝只得“诏照扣豳地丁钱粮。是年，裁潞河驿职务归并和合驿（据《民国通县志稿》）”。然而，光绪九年（与电报局设立同年）绘制的通州城池图又出现了“潞河驿”的身影，这无疑是为电报局服务，天天往京城送电报的驿站了。

通州电报局搬到北京后，光绪十八年（1892 年）七月，清政府设通州

大成街路口（摄于 2009 年）

电报子店于通州南大街马家胡同，隶属于北京电报局，只通北京和天津，而发往其他大城市的电报均由京津转报。光绪二十六年（1900 年），义和团运动在京津一带蓬勃发展，将电报视为洋物，一度将通州电报子店焚毁。

老电话博物馆藏 19 世纪 80 年代的电报机

【当年的老电报机长啥样？】

在北京百年世界老电话博物馆里，电报局同款的电报机。车馆长介绍：这架莫尔斯电报机，出厂编号为 4476，底座为木质，主体采用金属框架，长 30 厘米，宽 15 厘米，高 40 厘米。生产于 1870 年左右，产自意大利。机器带有电键，电文靠报务员用手敲击电键发送。装有纸带圆盘的是收报机，这种已经是改进后可实现纸条自动记录点画的收报机。而最初的收报机则完全靠收报员训练有素的耳朵收听记录，称为人工音响机。

莫尔斯发明的电报码称为“莫尔斯电码”，它是通过手控制电键使电流生通与断和不同时长的组合来表达复杂的文字信息，通过极有限的符号组合传达了无限的文字信息。中国的汉字与西方的字母不同，字母一般只有二三十个，再加上数字和标点符号，几十种符号足以代表。如何用电报传递数以千计的汉字成为电报进入中国后遇到的最大难题。

在百年世界老电话博物馆，珍藏着数本当年出版的电码本。《电报新书》出版于1873年，由一个驻华的法国人威基杰编辑，它是目前已知最早把中文用四位阿拉伯数字进行编码的电码，他参考《康熙字典》的部首排列方法，选了6800个汉字，编成《电报新书》。《中国电报新编》是由清末维新派代表人物郑观应改编，使之更适用于中文，增加了更多汉字。从此这种电报码便成为中国电报长期以来采用的编码系统，虽然其间多次修订补充，但基本方法至今未变。大家用现在出版的《标准电码本》依然可以翻译光绪年间的报文。

在百年世界老电话博物馆，笔者看到了许多100多年前珍贵的收藏品，有莫尔斯电报的原型机，有末代皇帝溥仪用过的电话机，有1910年战争时期美国生产的挂墙式电话，1920年德国磁石电话交换机；还有1930年美国磁石电话、日本侵略中国使用的军用野外磁石电话、解放战争三大战役使用过的无线电报……让人目不暇接。据介绍，博物馆里面很多的藏品都是孤品，就连很多大博物馆都没有。

在笔者的请求下，车志红和刘海波一起将“北京第一个电报从通州发出”翻译成汉字电报码：

0554　0079　4574　0001　0020　7193　1032　1783　6639　1558　4099　0427

他说：这组汉字电报码也称为明码电码，是国际通行的，如果发出去，能够传遍全世界。

1910 年战争时期美国生产的挂墙式电话

1930 年美国磁石电话

1920 年德国磁石电话交换机

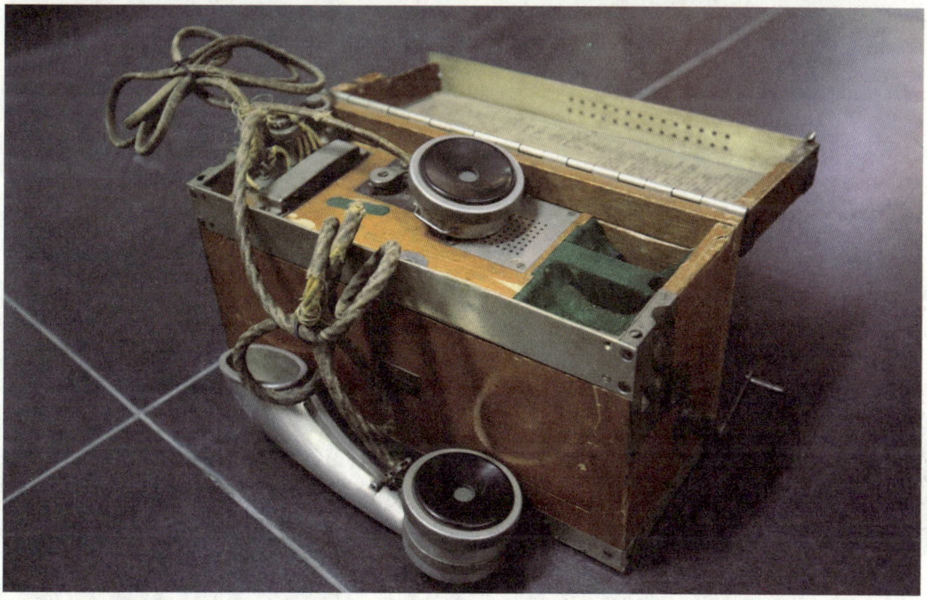

日本侵略中国使用的军用野外磁石电话

◎ 海户屯与南海子有关

笔者的母亲，于1963年大学预科还没上完时，就接到支援通县的任务，作为班干部，她“理所当然”地被分到了北京郊区通县马驹桥一个偏僻的农村小学教书。

这个学校叫作海户屯小学，坐落在马驹桥镇凉水河北岸的海户屯村。因为政治素质过硬，再加上乡村急缺人才，从分到学校开始，就被任命为负责人，管理着十几位教师，从此，母亲就把“校长”作为终身职业，一直干到退休，成了通州工龄最长的“小学校长”。

在这里，母亲遇到了和她境遇差不多的父亲，他们结婚后，有了姐姐，有了我。为了照顾年幼的姐弟俩，父母从镇上的单身宿舍搬出来，租住在小学西门往北不到100米北海大队的一个姓邓的村民家里，也留下了我童年的一些印记。

南海子公园

海户屯是个非常特殊且有历史感的村子，这个村子的形成，与皇家园林南海子有紧密的关系。

南海子在历史上是北京最大湿地，曾经是古延芳淀的一部分，是辽、金、元三朝的皇家猎场，明永乐年间，将古延芳淀形成的下马飞放泊向四周扩展成皇家苑囿，称“南海子”，清代沿用旧制，改名“南苑”，“南囿秋风”早在明朝时就被列为“燕京十景”之一。据明代学者孙承泽所著的《天府广记》载：“南海子在京城南十里，旧为下马飞放泊，永乐十二年，增广其地。周回凡一万八千六百六十丈，中有水泉大小七十有二，积为海子凡三，汪洋四时不竭，从东墙水门流出。经宏仁桥东行注新河，同入运河。”

花丝镶嵌《皇家狩猎图》

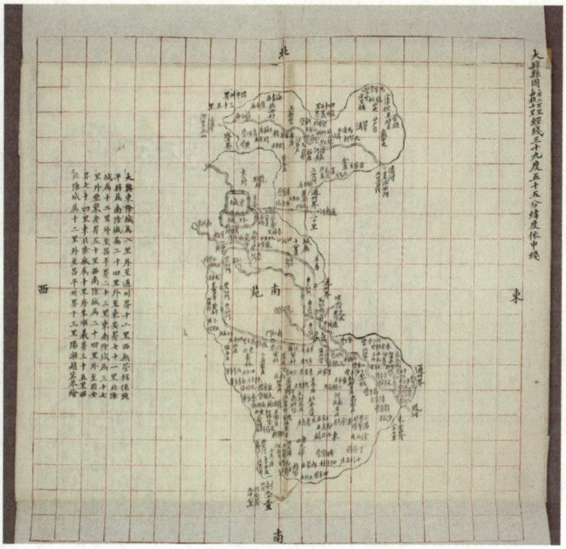

1886 年《顺天府志》图册中的南海子范围

南海子之大，超出很多人的想象，它是北京城的 3 倍。如果按照今天的位置来说，它覆盖了北起南四环、南至南六环、西至京开高速、东到京津塘高速的面积 216 平方公里的地区，南海子围墙长达 80 公里，园囿内包括团河行宫在内的四座行宫、六座皇家寺庙、九座海子门、十三座海子角门，成为一时之盛。

这么大的园林，自然需要大批人员来看护、管理。据《北京历史纪年》载，明正德十一年（1516年）“录自宫中男子三千四百余人充海户，每人每月给米三斗，时又录者，尚又数千人”。这些人户，被分发到南海子周边各地，看海护墙，被称为“海户”。此外，在猎场墙外，也要强迫四乡百姓服役，充当海户，并派军队千户（官员）管理他们，用以保护海子墙不受破坏，并及时加以维护修缮。清代定都北京，对南海子重新修葺，增建行宫、庙宇多处。据《日下旧闻考》载：“我朝（清朝）因之，设海户一千六百人，各给地三十四亩，春蒐冬狩，以时讲武。”清代南苑海户1600人，后有减少，乾隆末年计有海户1200人。

皇家苑囿管理极为严格。海户出入南苑凭腰牌，并有专人带领，走指定路线。海户每天进海子里劳动，傍晚出南苑到附近居住点休息，这些海户的聚居地后来就形成村落，而名海户屯。

南海子苑囿方圆80公里，筑有围墙，每面15余公里，各建大门一座。因此，南海子每面墙之外都有这种海户聚居之处，故名海户屯。北京一共有四个叫作海户屯的村子，分别在东南西北四个方向的门外，其中，朝阳、丰台、大兴、通州各有一个。这四个海户屯都处于海子墙边缘地带。笔者儿时所在的马驹桥镇海户屯村，就在南海子东红门外迤北，距离大门只有几百米。

海户屯的老户很多都是海户的后代。据《京畿古镇马驹桥》一书介绍，海户其所司职责，世代沿袭，固定不变。据老人讲，村民中李慎之的先祖，张宝成的先祖，阮洪佐的先祖，赵子珍、赵伯年的先祖等，都是海户，其中赵记的先祖是海户中的门君。现村中尚有“门君赵记”的说法，另外还有“灵宗阮记”“定记门爷”“千户李记”等说法。这些海户分为三等，上名为“小灶”，中名为“门君”，下名为“海户”。小灶每户给地4亩，坟地1亩6分，宅院一所。海户每户给地34亩，坟地8分，宅院面积为7丈乘2.5丈。

笔者儿时曾有印象，寄居的邓姓爷爷家东屋北墙上，曾经悬挂着一幅带着镜框的古画，横幅，宽约1米、高约30厘米，因为年代较长，画面暗黄发黑，但是笔者清清楚楚地记得，内容和皇家狩猎有关，据说这是他们的先祖留下来的，但后来被走街串巷的文物贩子给收走了。如今断想他们家肯定是海户的后裔，而且祖上还有一定的官职。

南海子苑囿曾经是有围墙的。据《帝京景物略》载："南海子方一百六十里。"不过明时是土坯墙。离海户屯最近的东红门位于南海子皇家苑囿东墙中间偏南，苑门仅有一个门洞，因此又被称为"东小红门"。明永乐十二年（1414年），南海子皇家苑囿建的东红门原本在凉水河南岸，后被洪水冲毁。乾隆五十四年（1789年）谕旨投资白银38万两，将土围墙改砌砖墙，乾隆皇帝命人将东红门从凉水河南岸移到后来的位置。

别看东红门是个仅有一个门洞的便门，但由于门外就是畿南重镇马驹桥，明、清两代帝王在驻跸南海子期间，都喜欢到马驹桥镇游幸一番，东红门就是必经之门。当时还留下很多轶事，不过这是后话。

清亡以后，南海子苑囿开始没落衰败，民国以后，南海子里面的许多庙宇和围墙逐渐被周边居民拆毁，东红门和周边的围墙都荡然无存。在我的童年时期，由于区划的原因，东红门隶属于大兴区，而海户屯隶属于通州区。两地紧紧相邻，甚至相互交错，此处除了村庄就是大片的耕地，全无盛时遗存。

马驹桥人习惯于把镇政府北侧凉水河北的壮丁屯、河北段、北海、南海、胜利五个村，叫作"北五村"，因为五个村紧密相连成团，中间几乎没有耕地相隔，新中国成立以后，利用海户屯村古吉祥庵开设海户屯小学，主要面向"北五村"的孩子。1961年，因为村子较大，海户屯以原海户屯小学大门前的东西向街为界，分为两个大队，即此街以南者称"南海"，而以北者称"北海"。而小学的后门（西门）小河沟外就是大兴区的地界，甚至北海村的养猪场都建在大兴区地界里面。所以，一不留神就跑大兴区了。

笔者许多儿时的记忆都是围绕这儿发生的。父母让笔者叫这户邓氏夫妇为“爷爷奶奶”，他们也真心把笔者视同己出，当成了亲孙子。他们只有一个抱养的闺女，后来出嫁了，老夫妇两个人跟他们关系一般，但是待我比待亲孙子还亲。我小时候感受最大的就是老奶奶的“溺宠”，谁家孩子也不敢惹笔者，谁要是欺负了我，回家告诉老奶奶后，她会立刻拉着我找到人家家里“坐地泡”，非要对方家长把孩子交出来让我打两下才行。

20 世纪 70 年代初马驹桥海户屯小学教职工合影

笔者是村子孩子当中“最有钱”的。因为那时农村比较穷，孩子们根本没有零花钱，而印象最深的是 5 岁左右时，手里就攒了 1 角 5 分钱，当时流行的玩具是自制“气门枪”，就是用一个自行车气门装在一个手枪形的木柄上，后面加上铁丝做的撞针，将粗电线中的铝线切成一段镶入气门中，放进火柴头扣下来的火药压瓷实，然后扣动扳机击发，将铝段打出去。这种气门枪其实很危险，能打进树干里面，一般是由比较大一点儿的孩子才能做得出来。受老革命姥爷的影响，我也想做，便于某一天约了同村的四五个熟识的孩子，一起步行到镇上，花了 1 角 1 分钱购买了一个气门，又花了 3 分钱买了一个冰棍请大家尝尝。

回来后让老爷爷给做，结果因为老爷爷做不出来，我急得哇哇大哭。最后，父亲发现了这件事，担心做出来有危险，就用铁丝帮我做了一个专门打火柴的“链子枪”。

笔者的父母在马驹桥工作期间，结交了不少朋友。这些朋友中有些于多年后仍与笔者的父母有来往。其中，记忆最深刻的是周良。周良本名叫作周庆良，后来成了通州区有名的运河文化专家，为通州区文化文物事业做出了卓越的贡献。

前些年，笔者一直想去马驹桥找找童年时期的一些记忆，但是一到那里就转向。及至遇见一位熟知当地情况的朋友才告诉我，早拆了。2003年前后，马驹桥镇凉水河以北的“北五村”（壮丁屯、河北段、北海、南海、胜利），就被划为亦庄开发区，全部拆迁，村民上楼，居于马驹桥古镇西侧楼区。现在已经变成了横平纵直的街道和厂房。

敢情一不留神，笔者的童年就变成了遥远的“回忆杀”。

南海子公园麋鹿苑饲养的麋鹿

◎ 顺槽驴和小公共　古今京通路的故事

京通快速路东段

为推动城市副中心高质量发展，从 2022 年 6 月 10 日零时起，京通快速路调整收费，具体为京通快速路出京方向全时段免费通行，进京方向早高峰时段 7:00—9:00 正常收费，其余时段免费通行。

这真是一个“迟来”的好消息，因为油价已经先涨起来了。不过，京通快速路调整收费起码给笔者和朋友们折抵了一点点油费。笔者从上大学开始到参加工作，很长一段时间都在京通之间往返，可以说是见证了改革开放以后京通路的变迁。记得当年有一大批通州人在北京上班，每天往返京通之间，大家管这个叫作“跑车”。不久前，笔者在电视屏幕上看到了一个国家级新闻发布会现场有个局级官员正襟危坐，笔者突然想起来，他也是年轻时天天和笔者一起“跑车”的跑友。

至今笔者还记得京通公路变身为京通快速路的那个时期，笔者“被逼无奈”骑过一段自行车的经历。

1995 年 6 月至 12 月，通县北苑至北京段改建为京通快速路。西起北京市内八王坟，东至通县京榆路，另修会村至北苑环岛联络线，总长 18.6 公里，为全封闭、全立交、收费快速路。那半年时间，笔者被折腾得够呛。当时笔者在东四十条上班，每天需乘坐公交来往于京通之间，因为修路，马路上坑坑洼洼，汽车不好坐也不好走，路上耗费时间太多了。终于有一天发了狠，决定骑车上下班。第一天，骑了一个半小时才到单位，浑身上下的汗就像从水里泡过一样湿透了，赶紧换衣服。但是咬着牙坚持住了，每天一个来回，一个月以后，我感觉骑车轻松了，速度也快了，到单位已经控制在一小时一刻钟之内。后来我感觉不怎么出汗了，顶多说脖颈和额头有些发黏。后来天冷了，慢慢地骑车的时候少了。

“跑车”上下班，甘苦自不必说，碰到堵车或者公交延误，等不及或者想舒服一些，就坐“小公共”。京通路上的“小公共”始于 1983 年，1986 年纳入行业管理。到 1995 年，十年的时间，从最初的 20 多辆车逐步增加到了 270 余辆。记得当时的“小公共”有两种价格，一种是走京通辅路 2 块钱，一种是上高速 3 块钱，那时手头紧，经常为坐哪个犯考量。笔者也坐过黑车，那时京通快速路沿线时常有冒牌小公共出现，这些黑车经常超员宰客，话不投机就将乘客扔在主路上。

“京通路”留下了笔者无限的感慨。然而，“京通路”更是一条有故事的千年古道。

据史书记载，早在秦朝，秦始皇东巡碣石，走的就是这条古道。到了汉代，三国时期曹操北征乌桓；隋炀帝、唐太宗进军高丽；再到元明以后“京

通州博物馆内蓟襄驰道修筑场景

通路”形成了一条以军事、商贾转运为重要用途的通往东北地区的驿站干道；到了清代，“京通路”更是成为粮道和最重要的联结京城与通州的道路。

为满足通州向京城运粮，缓解通惠河的运输拥挤现象，保证京城至通州各仓及漕运码头之间的通畅，清政府将原土路路面修建为石板路。清雍正十一年（1733 年），雍正皇帝为记载此事，撰文并筑立“御制通州石道碑”。碑由艾叶青石制，碑身高 5 米，宽 1.6 米，厚 0.8 米。碑周身雕群龙戏水，内纵刻碑文，左为汉字，右为满文。

由于运输繁忙，石道路面不堪重负被损坏，于乾隆三十八年（1773 年）重修，并于朝阳区三间房村西侧复立石碑一通，东距原碑十里，其形制和规模均相同。

“京通路”的近代历史是和京津公路密不可分的。

京塘公路（103 国道）起于北京建国门，经通州镇折向东南，过杨村、天津达塘沽。这条路最早是在 1917 年，由北洋政府组织踏勘筹建，修筑京通段。1918 年 3 月，自北京朝阳门外大黄庄至通州新城南门，将清朝御道石条拆除，铺成长约 10 公里、宽 6 米泥结碎石路，两侧各修宽 3 米马车道，总宽 12 米。1920 年又沿明、清时期官马驿道续筑通州至天津忠孝门 99 公里路段，1933 年翻修并更名为平（北平）津公路。大家印象比较深的“安平事件”就发生在平津公路安平镇。

明清时期的“京通路”，一边是通州古城西门，一边是朝阳门。据《通州志》运输篇记载，在县城今中山大街与帅府街交会处，昔有一桥，称“赶驴桥”，附近曾设有驴站，行人可雇用经过训练识路的驴自行骑走，自通州至北京齐化门（今朝阳门），到站有人接驴收钱。畜力客车有稳定路线，称“趟子车”，也戏称顺槽驴。何为顺槽驴？客人骑上后，驴夫只需朝驴屁股上轻轻一拍，驴便自己沿道疾疾而行，不偏不倚，顺顺当当地将客人送到终点。这些驴为驴夫们所养，早已被驯养得服服帖帖。如果有不耻之徒，想半路劫驴下道，那是枉费心机。驴会死死撑着四个小蹄儿，就跟钉在地上一样死不离道。

时代发展太快了，近代汽车出现，轿子、畜力客运、“东洋车”等逐渐被淘汰。当代私家小轿车的普及，“小公共”退出市场。说起来，好像只有自行车延续至今已过百年，不过，那和交通没有关系了，因为人们更关注自己的健康。

◎ 八里桥在左 石道碑在右

在京通快速路八里桥南侧桥头立着一块碑，上书“全国重点文物保护单位——大运河永通桥及石道碑”，是2013年由国务院公布、市文物局设立的。永通桥是八里桥的大名，石道碑就在它西边不足200米的地方，全称“御制通州石道碑”，在国家和北京市有关部门的眼里，一桥一碑，历史上就是“哥俩儿”，放一起顺理成章。

而这里恰恰也是朝阳区和通州区的分界线，朝阳在西，通州在东，因为区划，西边的八里桥是朝阳户口，而东边的石道碑却是通州户口。

通州古称潞县，有上千年的历史，相比较而言，朝阳区直到1958年才成立，历史短得多。朝阳区东部以前很大一部分隶属于通州，至今在朝阳区的大黄庄东、朝阳路北侧还立着一个通县界碑，是1928年立的，通县当时属河北省，界碑是北京与河北的分界。

修缮中的八里桥

1958年是热火朝天的一年，这一年，朝阳区成立，通县也从河北省划到了北京。新区划大刀阔斧、干净利索地沿着通州县城城边“切”下去。这样一来，八里桥和石道碑，历史紧密相连不可分，且相距不足200米的“哥俩儿”，一个向左，一个向右，一个归了朝阳区，一个留在了通州区。

位于八里桥京通快速路北侧的石道碑亭

八里桥是个伟大的桥，这里的故事数不胜数。朝阳区的志书记载中，几乎所有地名都是以四九城为精神中心的，比如公主坟、十里河，唯有八里桥的名称由来是：距离通州城八里。八里桥与卢沟桥齐名，是北京三大古桥之一，也是昔日通州八景之一“长桥映月”的所在地。因此说，八里桥是通州的历史。

全国重点文物保护单位石碑

石道碑全称“御制通州石道碑”，位于八里桥东200米处京通快速路北侧。清雍正十一年（1733年），雍正皇帝为记载敕修朝阳门至通州城内国仓及运河漕运码头石道之事，立石道碑在这里，字是清世宗的御笔，它记载了兴建朝阳门至通州石道的情况，描绘了商贾云集，陆路、水路运输的繁忙景象，以及通州的“战略地位”。

石道碑

政治和区划决定地位。通州城本来是个地级市，是京畿首辅，本来很重要，古时候是北京的总码头、交通总枢纽。即便清末民初漕运中断，通州也是四九城重要的后勤支援基地，通州电报局、通州发电厂，还有京通铁路，都是直接服务北京城的。20 世纪 50 年代，通州和北京有条 42 路公交，自从有了朝阳区以后，通州就被边缘化了，变成了北京“远郊区”了，公交车也随之改名为“342 路”，路线距离没变，但是地位变了。

如今，随着北京城市副中心的定位，通州日新月异，特别是市委市政府搬到通州，通州又焕发了新的活力。就连一些电子地图商，也悄悄地把“北京”定位到了通州城东。百里长安街继续东延，那么，这个八里桥和石道碑的故事又该改一改了。

历史的交给历史，未来的交给未来，北京向东看，朝阳也要向东看了。

◎ 通州胡同标本

难得余暇。

周日的安排临时取消，笔者一下子有些不适应。看窗外阳光灿烂，于是信手拿起相机，决定到拆迁后的通州老城转转。

“这就是原来的东大街吗？”走进围墙里的工地，放眼望去，空空如也，东边一眼可以看到运河对岸的高楼。残存的几株老树下，只有孤零零的两个院落：一个是通州起义指挥部旧址，一个是静安寺小院。

让笔者唏嘘的是，通州起义指挥部旧址还挂着通州区文物保护协会的大牌子。别小看这张牌子，真的感谢其中的一些无大职无实权的文化守望者，是他们的奋力疾呼才保住了这些建筑物。一位本地的文物专家曾告诉笔者，位于车站路的冯玉祥兵营那块地隶属于铁道部某单位，本来要拆掉进行房地产开发，几经博弈，该地被认定为文物保护单位，开发商投鼠忌器，这才保住了这些建筑。

静安寺主殿

东大街的通州起义指挥部旧址

静安寺内的石碑

在静安寺小院门口，笔者与门口的保安聊天，看领导没在，他们偷偷放笔者进去拍了几张。还真不错，这几年虽然拍了不少通州的胡同，但是这个院子从来没有进来过。据保安介绍，他们是被派过来保护这个小院的，今后，这个建筑最后的结果，大概是拆建，也就是重新找个地方安家。

北大街已经被隔断了，只能左拐，路过三教庙旁边的土坡时，笔者突发奇想，登上高坡，以通州古塔为坐标，环顾左右，拍了个270度，准备回去拼一下试试，对于名字，笔者已经想好了，就叫“通州胡同标本全景图”。

（记于2011年12月26日）

◎ 大运河漂来一块“砖”

有个成语叫作“点石成金”。围绕着大运河，还真有一个化泥土为黄金的传奇，这就是明清王朝奉旨成造的“天下第一砖”御窑金砖的故事。

大运河通州段有个漷县镇，这里的觅永路 1 号是一个有着“60 岁年龄”的老院落，它是北京唯一一座保存完整的人民公社旧址，是北京城市副中心登记在册的不可移动文物。北京皇城御窑金砖博物馆就坐落在这个院子里。笔者找到了这里，也找到了这里的创办人王忠华。

博物馆位于北京唯一一座保存完整的人民公社旧址

都说老北京是漂来的城市。大运河作为古代南北交通的动脉，从南到北，运来了数不清的粮食、物资，还有大量的建材。御窑金砖就是这其中的极品。1990 年，充满好奇的王忠华从爷爷那里收藏到第一块砖，那一年他 17 岁。从此以后，他开始痴迷于这种颇具工匠精神的宝贝。一晃儿到了 2020 年，他创办的北京皇城御窑金砖博物馆被北京市文物局批复成为正式的博物馆。如今，在京杭大运河的最北端——通州运河畔的北京皇城御窑金砖博物馆与京杭大运河南端的苏州御窑金砖博物馆遥相呼应。

御窑金砖是中国传统窑砖烧制业中的“皇冠”。其始于明永乐年间，明成祖朱棣迁都北京，大兴土木建造紫禁城。经苏州香山帮工匠的推荐，陆慕砖窑生产的砖被工部看中，决定“始砖于苏州，责其役于长洲窑户六十三家”，由于质量优良，博得了永乐皇帝的称赞，赐名窑场为“御窑”。古籍《金砖墁地》有这样的解释：专为皇宫烧制的细料方砖，颗粒细腻，质地密实，敲之作金石之声，称“金砖”。

御窑金砖自明清以来受到历代帝王的青睐，成为皇宫建筑的皇家专用产品，在《天工开物》中被誉为“天下第一砖”。既然是第一，这价格也

各种款式的金砖

就上了天，因此还有“一两黄金一块砖”的说法。紫禁城也只有皇帝经常出入的三大殿：太和殿、中和殿、保和殿才铺得起。这些规格二尺二见方、二尺见方和一尺七见方的金砖，历经数百年，黑如墨玉，声如金石，见者无不称奇。

御窑金砖从烧制、运输和铺墁安装的历程，相隔千里，就是“两点一线”南北交融的过程。制砖主要在江苏苏州，通过京杭大运河运输到北通州并存放，然后在北京城的皇宫里进行铺墁使用，王忠华说：这叫作“南砖北墁”。

先说金砖所使用的泥料，必须采用的是江苏陆墓御窑村一带的黏土。“皆以沾而不散，粉而不沙者为上。”“掘而运，运而晒，晒而椎，椎而舂，舂而磨，磨而筛，凡七转而后得土。”这工艺怎么看怎么都像当代的面粉加工厂生产精白粉。

取土后便是“凡六转而后成泥”的练泥环节，然后是“制坯”环节和5至8个月的“阴干”过程。焙烧会根据不同材料的燃烧习性，“一月而糠草，二月而片柴，三月而棵柴，又四月十日而枝柴，凡五月而砖始出”。焙烧闭窑后开始窨水，以便形成砖瓦独特的青灰之色和足以久持千秋的坚硬质地。“出窑”后的成砖“或三五而选一，或数十而选一”，平均也就是20%—30%的合格率。

金砖从挖泥到最后烧制成砖的制作过程：经历选泥、练泥、制坯、装窑、烘干、焙烧、窨水、出窑等一系列流程，共29道工序、700多天的时间，故而产量极其有限。

合格的金砖需从颜色、声音、规整程度等多方面进行考查。乾隆四年《江苏巡抚张渠为成造金砖维艰请开销副砖价值事奏折》记载，金砖“必须颜色纯青，声音洪亮，端正完全，毫无斑驳”。此外，为防止窑户偷工减料，不同规格的金砖还需达到相应的重量标准。

在文人笔下，金砖被赋予了更加诗意的历程。“货船泊岸夕阳斜，女伴搬砖笑语哗。一脸窑煤粘汗黑，阿侬貌本艳于花。”这首《竹枝词》描述的就是出窑时的场景。无限拉长的时间，工艺的精细，与自然时令的配合，使金砖的制作工艺成为时间、人力、自然、物性之间完美的融合。这简直就是建筑工匠版的“舌尖上的中国”。

金砖生产事关钦工，非同小可，因此从需求审批到任务派发，从生产监理到惩罚措施，每个环节的管理都十分严格。金砖质量好坏，有时皇帝也要亲自过问，稍有不慎，便会招来严厉批评。例如，淳化轩是位于长春园正中的主体建筑，建成之时适逢《重刻淳化阁帖》竣工，遂将刻板嵌于左右廊的廊壁之上，淳化轩由此得名。据乾隆三十七年《江苏巡抚萨载为估办宁寿宫金砖分两年搭解事奏折》载，淳化轩金砖粗糙，曾遭到乾隆皇帝批评，故要求宁寿宫金砖务须坚实细致，不容稍有草率。

运送金砖进京可是件大事，金砖的包装、装船、运输，极有讲究。

从苏州解运金砖至京，通常有两种形式：一是不太着急用的时候，为了节约成本，官府征调运送粮食的官船和民船，每船装 3—5 块不等，捎带进京；二是如遇到有特殊的“皇事”活动等工程紧急情形，则专船运输。特殊情况甚至可以搭解商船，从海路沿北运河至通州，沿途由具体官员负责全程解运。运送金砖的各个船只，上面均插着黄龙旗，浩浩荡荡地驶抵通州张家湾码头。当时的通州码头也是商家云集，每当有黄龙旗出现的时候，都会引起大量的人群在码头或者岸边观望，呈现出一片热闹的景象。

押运工作责任重大。康熙九年奏准，官员起解金砖，不拣择精美，以不堪用者解送，或折损或迟延，俱罚俸一年。巡抚、布政使各罚俸六个月。解运途中，解员的责任尤为重大，不得有任何疏忽、闪失。据《钦定大清会典事例》载，嘉庆七年奏准，各工需用金砖，如缺角缺边仅宽一二厘米以至八九厘米、惊璺（wèn）至通长者，即照破碎砖块之例，将一切工料运费等项银两一律著络解员赔缴。尽管制作、运输及保管工作任务艰巨且责任重大，但因为金砖是皇家钦定之物，同时也给制作金砖的窑户和负责金砖督造解送的官员带来了无上的荣耀。

解运的金砖沿大运河抵通后，先由工部派人进行验收，验收的标准因正、副砖而略有不同。正砖须体质坚厚、棱角完好，而副砖也要选取纯粹完整的。如金砖出现缺边、缺角或有裂纹的，须如数记载缺失尺寸，如果缺宽小于 3.34 厘米、裂纹不到通长，不妨碍后期砍磨，则验收通过，但蒲包草索雇夫垫扛等费用将由解员赔偿；否则验收不通过，金砖制作、包装及运输等全部费用将由解员赔偿。

周良在《浅说通州运河文化》一文中提到，皇家码头是首都北京皇家建筑所用建材的专用码头，通州有两个：一个叫皇木码头，居北，临近北关这边的皇木厂；一个叫金砖码头，在南，临近金砖厂。都在今永顺镇新建村的东侧。前面介绍京通间运河时说过，明嘉靖七年（1528 年）吴仲重修通惠河时，把河口从张家湾北移到通州城北，同时治理了张家湾到通州城间的大运河，从南方驶来的各种船只可以直达通州城下。这样一来，

运输状态下的毛坯砖

永乐间开始设在张家湾的皇木厂和砖厂也都在这个时候北迁到通州城北。皇木和金砖（包括城砖）是北京皇家建筑的主要建材，重要性与御用品相差无几，所以把两座码头设在宫廷码头之南，在运河上也是要使其他船只让行的。还有一个原因不可忽视，就是城砖或金砖，一般不单用船只运输，而是由漕粮运船搭运的，这里离漕粮码头相近，漕船搭运的砖便于交卸，也就把金砖码头设在这里。

在御窑金砖博物馆的一个展柜里面陈列着数十块拳头大小的残砖碎块。王忠华介绍，这些都是他在大运河边上挖漕的时候捡到的金砖碎片。金砖有着严格的漕运与采办管理制度，皇家用的东西是不允许流入民间的，即便金砖在运输的过程中出现一些残损，也会被打成碗口大的碎片就地掩埋在运河岸边，而且都要一一记录在案备查。

验收合格的金砖全部存贮在通州当地，领用管理非常严格，申请领用金砖事由必须详细记载备查后才能领用。不仅如此，凡领用新的金砖铺墁地面之后，原旧金砖必须如数交回，清点造册，并加以妥善保存。

有时皇帝也要亲自过问金砖的使用管理之事。乾隆年间就曾发生了一场“金砖风波”。有奏折请求批准金砖制作费，乾隆皇帝身为一国之君，日理万机，竟然亲自过问起金砖的使用管理的细枝末节，这一下被乾隆看出破绽，而且不追查到底决不罢休。经彻查发现，当时并没有建筑需要使用金砖，而且过去十年间换下的旧金砖缺失 1000 多块。这次风波暴露了工部在金砖使用管理方面的疏漏。为了防止出现金砖管理账目不清的情形，乾隆皇帝不仅要求负责金砖存贮管理的官员加倍赔偿，而且对工部相关负责人进行了严厉的处罚，并规定今后各处工程，如需用金砖，竣工时应详细核查金砖使用情况，登记造册，以备后查。自此直至清末，金砖的存贮管理一直按此规定严格执行。

金砖的铺墁也有诸多讲究。金砖运到紫禁城，开始铺墁，这个过程叫“金砖墁地”。有史以来我国铺地面的做法中，有细墁地面和粗墁地面，其中最为精细的就是“金砖墁地”工艺，也是中国古建筑营造技艺中最高级的典型代表，整个过程要历经砍磨、铺墁、泼墨、钻生等40余道工序才能完成，最后整个金砖地面坚硬无比，油润如玉。

金砖墁地技艺主要包括“砍磨”和“铺墁”两部分工艺，砍磨又包含“铲面”“过肋”“收活”三步，而铺墁则足有20道工序，如“冲趟”“样趟”“钻生”等工序，每一道工序包含有若干小的工序，比如“水磨”“钻生泼墨”“烫蜡”，环环相扣，且都要随着天气的变化严格按照步骤进行，可谓费时费力，一道工序做不合格便前功尽弃。

“砍砖之后，砖与砖之间要达到头发丝都放不进去的无缝标准。”王忠华这些年一直致力于传播故宫600年来关于御窑金砖铺墁的古法——金砖墁地技艺，受到了古建专家的一致好评，每天王忠华都会和工人们一起修复打磨金砖。在博物馆里有一块金砖墁地的体验区，访客们还可以动手体验金砖墁地的传统工艺，感受工匠精神这四个字的分量。一块二尺二的金砖有200多斤，既是重体力劳动，又是皇家技艺极强的绝活儿。

“御窑金砖制作在苏州，但成器是在北京皇城。”这是王忠华的感悟。在故宫建筑中，御窑金砖的功能非常重要，不但能衬托出故宫建筑的雄伟奢华，也能尽显皇家的威严，并寓意江山永固，基业长存。您想，皇帝能不重视么？乾隆时期，砖一天铺几块都有严格标准。太和殿里面一共用多少白面、多少白灰，多少桐油，都有定量。这就是古人的智慧，这些标准在国家历史档案馆都有记载。

御窑金砖博物馆珍藏了大量从明代永乐年间到清代宣统年间的御窑金砖，每一块金砖都有“生产标签”，标注有年代款识、督造官名字和窑户名字等信息。这大概就是古时候的责任到人，所以质量有保障。从清代顺治至咸丰时期，金砖款式相对比较固定，其基本结构包括三部分：一是记录生产时间和规格大小，如“乾隆二年成造细料二尺二寸金砖”；二是记录管造人员职官和姓名，如“江南苏州府知府黄鹤鸣知事丁士英管造”；

三是记录窑户姓名，如“三甲小甲曹吾于窑户李守章”。但到了嘉庆时期，金砖款识中，“金砖”二字前面出现了“见方”字样及“见方金砖”，成为固定搭配，且沿用至宣统时期。同治时期，在金砖款识中记录管造人员职官和姓名的部分出现了“督造官某某”“监造官某某”，且这种格式一直延续到宣统年间。一般而言，督造官由知府担任，监造官由知事或照磨担任，恐怕这也是一种向上级表功的荣耀。

每一块金砖都有着“生产标签”，标注有年代款识、督造官名字和窑户的名字

北京皇城御窑金砖博物馆的镇馆之宝不少，其中有长111厘米、宽46厘米、厚11.5厘米特大尺寸的上细泥料砖“御窑金砖王”，还有收藏市场价值40万元一块的大明永乐金砖。在博物馆里，你可以零距离接触到600年历史的故宫御窑金砖，而且每块金砖都没有被“隔离保护”，可以抚摸到任何一块金砖，与时空对话。

一块砖的“成器”之旅，凝聚着南北工匠的执着和智慧，承载着运河文化的厚重与交融。在这一段旅程中，金砖由物而成器，金振玉声，容纳风物。一块砖的背后，是一群人的身影；一块砖的故事，是一个时代的故事。历经600年寒暑风霜，传承与发展，御窑金砖和它的技艺沉淀在运河畔，成为、北京城市副中心文化的金色名片。

◎ 这张图再现了通州古运河千年文脉

《通州古运河文脉图》原作

位于大运河西岸的通州运河瓷画艺术馆创作完成了一幅长 9.16 米、高 2.5 米的《通州古运河文脉图》。该图采取中国古法绘画的散点透视技法，有城池、有河流、有人物、有运河两岸传统民间花会展示，特别是融入了千年时间线，叠加了历史变迁，熔古烁今，展现出了一幕波澜壮阔的通州古运河文脉传承画卷。

这幅《通州古运河文脉图》最大化还原了古代运河通州段的历史风貌。

此图展现了古运河两岸的风土人情、历史故事、古代船文化、水文化、桥文化，并对河流、码头、村庄、古建筑等进行了详细的地理位置定位。图中涵盖了“通州八景”、开漕节祭祀仪式，描绘了沿岸村庄 126 个、船只 56 艘、人物 800 多、码头 16 个、庙宇 5 座、民间花会艺术 7 项、驿站 2 处及运河沿岸多处风光。最靓眼球的是，它展现的内容并不是静止于某一个时间段，而是把宋辽、元、明、清至当代千年大运河的变迁都记录在了这幅图上。

民间流传着这样一句话：漂来的北京城。没有大运河的漕运，就没有北京城。通州位于京杭大运河的最北端，大运河在通州境内，长 42 公里，流域面积达 189.9 平方公里，被视为“水陆之要会，畿辅之襟喉”。从元代至清代的近八百年间，每年经这里运抵北京的漕粮 300 万石至 500 万石。上至皇亲国戚、文武大臣，下至黎民百姓、边关守军，全都依赖漕粮和物资保障供给，堪称“京师屏障”，素有“一京、二卫、三通州”之美誉……如今的通州因北京城市副中心的定位，发展变化日新月异。如何更好地挖掘大运河文化底蕴，传承大运河历史文化，把北京城市副中心打造成古今同辉的人文城市，这幅图引人遐思。

【用心血演绎的画卷】

《通州古运河文脉图》由运河瓷画艺术馆创人王金华策划，大运河艺术馆名誉馆长萧宝岐老师带领运河瓷画艺术团队崔文超、崔晓初、任瑞春、位科晓等几位老师完成此幅作品。王金华，大运河瓷画艺术馆的创始人。他居住在西集镇吕家湾村，位于原北泗河与运河的交汇处。名誉馆长萧宝岐老师居住在潞城镇小东各庄村。元代运河故道从小东各庄村西流淌而过。他们二人皆生于通州，成长于运河畔，对家乡、对大运河充满了感情。创作这幅作品历时两年多，他们对大运河文化倾注了半生的心血。

悠久的大运河文化，潜移默化地融入每个土生土长的通州人生活中，厚重的历史文脉是永远说不尽的话题。2021 年初，王金华和萧宝岐经过多次筹划，决定创作一幅类似《清明上河图》《潞河督运图》的作品，把通州古运河千百年的历史呈现出来。他们最终敲定以手绘地图的形式，创作一幅《通州古运河文脉图》。

说干就干，他们组织人员查阅了数百万字的历史资料，召开了数十次专家研讨会，实地勘察了通州境内的古今河道，走访了运河沿线数十位老人。每次回来，都要用地图比例尺进行计算，确定方位和比例，在笔记本上详细地记录和勾画。此幅图采用中国画的宣纸制作，为了准确地标明各个点位，必须一气呵成，在那些日子里，他们带领着运河瓷画艺术团队，加班加点，节假日也很少休息，时至2022年6月，恰逢大运河成功申遗八周年之际，最终完成了手绘版的《通州古运河文脉图》的创作。

【运河水系一图牵】

《通州古运河文脉图》涵盖的信息量非常大，而且定位清晰有序。据介绍，在绘制过程中，他们首先绘制出当今运河通州段的流经路线，以此为基点依次定位绘制潮白河、运潮减河、通惠河、凉水河、温榆河等共九条河流，同时定位运河两岸村庄。曾经消失了的茶棚村客运码头、皇家粮仓、木厂以及土坝、石坝又复原于此图中。

整幅画卷是从右向左徐徐展开的。史上的通州大运河段曾有“万舟骈集，帆樯林立，舳舻蔽水”的盛况，繁盛时期，每天进入通州运河段的船只数百艘。在画卷右下方，漕船从香河的陈辛庄缓缓地驶入通州的牛牧屯河道，此处水域距离潮白河只有几百米，通过一段减河连接。细心的参观者会看到，河道两岸陡砌着一段海墁护坡，这是新中国成立之初，在第一任水利部部长傅作义主持下修建的水利工程，是解放初期华北地区最大的水利工程遗址，目前仅剩下长约70米、高约7米的一段青砖墙。

漕船上溯到吕家湾村，画面突然出现了一条暗红色的旧河道印迹——北泗河。据史学家周良老先生讲述，在元代，通州流域内的运河曾经分为

《通州古运河文脉图》（局部）

两条，这两条河在如今的潞城镇郝家府村附近分流，又在今吕家湾村附近合流。这两条河又分称“北泗河”和“南泗河”，如今在吕家湾村北还有北泗河的遗迹。萧宝岐馆长居住的潞城镇小东各庄村，200多年以前，运河故道从小东各庄村西流过，直奔张家湾码头。由于老河道地势低洼，现在还是称为老河底，并且流传下来很多关于运河的民间传说。

通州运河的历史离不开张家湾，文脉图在这里着墨很多。元代通惠河从这里汇入运河，素有“大运河第一码头”之称。为元、明、清京东水陆交通要会，繁盛一时。里二泗是张家湾镇的一个重要码头，“船到张家湾，舵在里二泗”的俗语流传至今。

这段运河故道大有来头。清嘉庆六年（1801年）夏，雨大水涨，山洪暴发（北山），运河洪水自小圣庙村东冲决左岸，沿康家沟湍流，张家湾以北以东河段淤浅。至嘉庆十三年（1808年），新河道因势利导顺其自然而形成，即现在的运河走向。而小圣庙、上码头、张家湾、定福庄、里二泗、沙古堆以西原来的河道淤塞，成为故道遗址。古镇张家湾漕运码头从此失去了繁华盛景。

在画卷上，满载的漕船一路上行，当船工们远远地望见燃灯佛塔后，就说明他们即将到达终点——通州城的石坝、土坝码头了。船工们将在这里卸粮、验粮，同时送入城内的中仓、西仓等粮库。清代诗人王维珍诗云：“云光水色潞河秋，满径槐花感旧游，无恙蒲帆新雨后，一枝塔影认通州。”它巍峨耸立一千年，见证了舳舻千里的盛况。

画卷的西北处是京杭大运河的北起点，在这里，温榆河、小中河、通惠河、运潮减河、北运河在此“牵手”。“五河交汇处”形成于2010年，是当代水利工程的杰作，而在此前的数百年间，此处是通州八景的“二水会流”，当年的北浮桥也跃然纸上，毫无违和感。

【文脉图中有文脉】

《通州古运河文脉图》中既有现代的景物，也有消失的古代街村，如何把他们有机地结合起来，呈现在一张纸上呢？创作者运用了很多的技法和笔墨。比如图中标注的近年新建的能俯瞰北京城市副中心办公区的观景台，如今已经成了北京城市副中心的地标，旁边画着运河故道的重要节点小圣庙村。曾经，北运河在小圣庙村拐了一个弯儿，直奔漕运古镇张家湾。小圣庙也称小神庙，当年是祭祀河神与漕帮帮主王培玉之所，以求保佑行船安全无虞，香火鼎盛。针对这条河的标注采取了土黄色透明色块展现。

《通州古运河文脉图》不仅有古今地理标示定位，还融入了大量的通州传统民俗故事场景。在图的左下方，绘制了10组通州非遗项目场景，图中人物800余人，造型栩栩如生。画卷不仅描绘了数量庞大的各色人物，还有许许多多的牛、羊等牲畜，以及车、船、房屋、桥梁等古代交通工具和建筑物，具有极高的历史研究价值和艺术文化传播价值。比如其中的运河开漕节仪式场景始于明代，源于祭坝祭祀吴仲等人，是古代通州独有的大型文化活动。据《明史·河渠志》载：“大通桥至通州石坝，……自此漕艘直达京师。……人思仲德，建祠以祀之。”《日下旧闻考·京畿·通州二》：“通惠祠嘉靖四十五年建，以祀监察御史吴仲。”《通粮厅志》载：“每年祭坝毕，在北督储馆（又称石坝御门）公宴。”陈乃文家祖传《漕运底帐》记有："祭坝费银"。祭祀活动在通惠河东端葫芦头东岸石坝举行。气氛热烈，场面宏大。祭坝后开始验收转运漕粮，故又得开漕节之名。

《通州古运河文脉图》图名由著名书法家孙敦秀题写，汉简字体厚重大气，后记由著名运河文学作家王梓夫先生撰写，他对该图的评价极高。王梓夫先生说："通州，通天下之舟也。《通州古运河文脉图》的绘制，揭示了京杭大运河通州段神奇的过往和变迁，让我们把目光伸向更加悠远的岁月。母亲河的一草一木，一人一物再熟悉不过了，大运河流经通州虽然仅有 42 公里，却展现出祖先的伟大智慧，是一部书写在通州大地上的宏伟诗篇。大运河是一首歌，只有静心聆听，才能感受其优美的旋律；大

瓷画艺术馆展厅一角

运河是一杯酒，只有细细品味才能悟出其中的滋味……”

运河瓷画艺术馆于2005年成立。这座占地面积6000多平方米的艺术馆，围绕着大运河文化做足了文章。除了这幅大宝贝，同时馆内还收藏着瓷板画、瓷器、运河两岸的生活所需的老物件等丰富的藏品，以及大量的与运河文化相关的历史资料。这里是北京目前最大的瓷画展示艺术馆，馆内建有瓷窑四座，在一层西南角展厅。一幅百米长的《大运河文脉示意图》（大运河通史）是《通州古运河文脉图》的姊妹篇，2022年8月28日，大运河文脉展厅正式启动，并于当日向各界社会团体、各界人士开放。

前几天，王金华独具匠心地将《通州古运河文脉图》制作成了长8.4米、高2.4米的巨幅瓷板画，把通州段古运河文化历史更加清晰地呈现了在瓷板画上，以古运河文化永不褪色，永远流传。他还赋诗一首：运筹帷幄缚苍茫，河汇奔海聚大江。瓷中欲表千年事，画外运河更辉煌。

◎ 通州八景“平野孤峰”在河北

从前通州有座山，

是座真真正正的石头山！

……

对，你没有听错。都说通州是北方水乡，一片大平原，哪儿来的山？它现在去哪儿啦？别着急，且听笔者为你细细道来。

这座山叫作孤山，就是清代“通州八景”之一的“平野孤峰”，它位于现在的河北省三河市燕郊北，距离通州的燃灯塔大约有20公里，在近代以前，一直隶属于通州辖区范围内，只是到了20世纪50年代，才划到了河北省。

平野孤峰

“通州八景”首次出现于明代嘉靖刊刻之《通州志略》创刊中。此前通州无志。南京吏部尚书杨行中，因“素远严嵩”，终被“嵩党劾罢”归家通州。乙巳年应知州汪有执之请广泛调查，编纂《通州志略》，丙午年（1546 年）初稿成，1549 年汪有执审后作后序成。“通州八景”被编列于卷之一的“舆地志景致”栏目中，分别为古塔凌云、长桥映月、柳荫龙舟、波分夙沼、高台从树、平野孤峰、二水会流和万舟骈集。孤山不仅是通州的八景之一，还是三河的八景之一，名为孤峰挺秀。

笔者驱车到平野孤峰探访。孤山西距潮白河 4 公里，南距 102 国道 8 公里；山下有两村：东山西村和西山西村。隶属于河北省三河市高楼镇。从方位上看，大抵在通州东北方向，徐辛庄的正东。手机导航显示，这里距离通州的三教庙只有 20 公里，和到大北窑的距离差不多。

从公路上看去，山并不高。据山脚下西山西村里 80 岁的卢大爷介绍，山高二十余丈（66 米）。这和记载中的差不多。

从通州到孤山路线

据《方舆纪要》记载，孤山在州东四十里，四面平旷，一峰独秀。与三河县交界，高二十余丈，山顶有塔。清代黄扶风诗云：“郊关极目坦无歧，忽起层峦镇地维。”说的就是登上运河边的大光楼极目东望，山影隐现于栏杆前，其中最高的山峰就是孤山。山虽不高，但在平原旷野上一峰拔地而起，显得突兀、挺秀。在境内少山的通州，更显得清秀新奇。如果是雨后天晴，山颠塔影也隐约可见。蓟县诸山时隐时现，如烟如雾，像一座淡青色屏风立于孤山之后。

孤山南北走向，山西侧下边就是县道，这一侧的山体比较完整。而山

孤山一角

体的东侧，从山的顶峰开始，几乎齐刷刷地被削没了，变成了暴露山体的悬崖。据说由于孤山产石，一直有人来此采石烧石灰，就这样，前山被采平了。幸好，后来采石行为得到制止，孤峰才得以保存下来。到现在，山西南山脚下还有一个被藤蔓几乎遮住的烧石灰的废弃窑口。

孤山是座石头山，据此地最近的山脉都在几十公里以外，因此对于古代交通运输不便的平原地区来说，这里采石的成本最低。由此还有一个悬

孤山是座石头山

案：这里的石头跟张家湾曹雪芹出土的墓石的石质很像。至于具体的关联，还需要文物专家们的具体考证。

笔者顺着山北比较舒缓的山坡爬上山顶。因为当天天气有雾霾，从这里往西南方向望，只看到了潮白河。也许天气好的时候，真能和运河畔的大光楼对望。据说山顶原有个孤山塔，建于辽代，与东边的灵山塔、盘山塔在一条线上，塔旁有古寺。明代成化年进士马中锡在《登孤山书宝峰寺壁诗》中有这样的诗句："禅宫金碧照林邱，人道重经内监修。鹤扰下听僧说法，犬嗥知有客来游。山腰石润初过雨，碑额苔深不记秋。若少簿书催我去，放歌于此十旬游。"到了清末，塔和寺都已破败不堪。《光绪通州志》记载："今考塔在孤山上，始建年代无考。塔顶今圮，仅存中下几层。塔旁有古寺，佚其名。"

这里一直有一个传统习俗，就是每年三月初一，人们都来孤山看塔、赶庙会。西山西村的卢大爷介绍，他小的时候，每到农历三月初一，是孤山庙会，届时商贾云集，游人接踵，善男信女，进香拜佛，走会唱戏，热闹非凡。如今，风光不再，就连附近的年轻人都不知道这座小山的神秘典故。卢大爷笑称："我家世代居住在这里，以前是北京通州人，现在变成了河北人。"

◎ 回忆老时光　倾听老故事

提起北京城里的博物馆，人们脑海中浮现的多是故宫博物院、首都博物馆这些声名在外的“大家闺秀”，实际上，散布京城“角落”里的还有一些别有味道的“小家碧玉”——20多家私人博物馆。这些各具特色的博物馆，虽知名度不高，但却不乏瑰丽神奇、妙趣横生之处。逛逛这些私人博物馆，仿佛沏起一壶历史的酽茶，与历史对对号，再聊聊四九城，是多

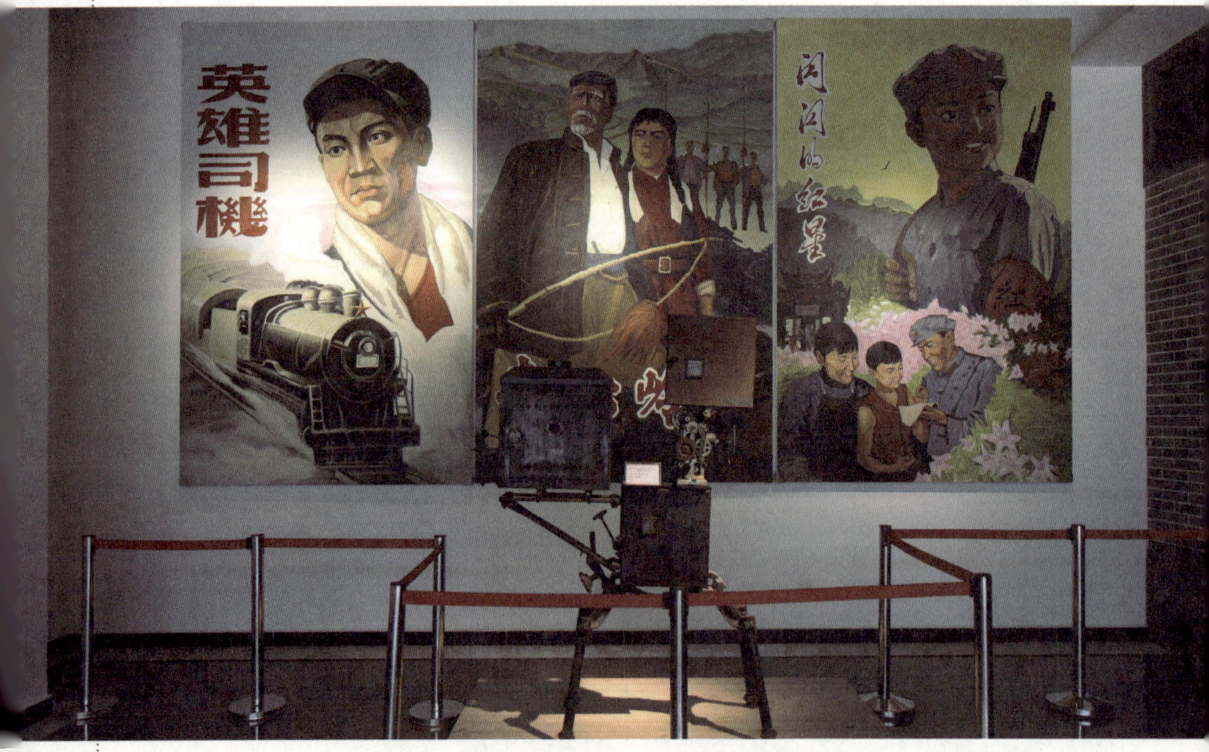

大戚收音机电影机博物馆中的电影机

么的惬意抒怀。

宋庄历来就是个藏龙卧虎的地方。北京大戚收音机电影机博物馆就坐落在这里，听说这里的老物件很多，笔者乘兴来到这里一探究竟。

乍一见馆长戚建钢，才发现他是一位80后的小伙子。他2005年开始收藏电影机、收音机至今，所藏十余个国家的各式电影机近500套，拷贝上千部。拥有8mm、8.75mm、9.5mm、16mm、28mm、35mm等规格电影机；所藏各式收音机20余个国家产的3000余台。据他介绍，展出的藏品连他收藏的十分之一都不到。博物馆打破了很多的第一。其实，就冲这0000多平方米偌大的建筑，就已经颠覆笔者的三观了。

博物馆共分五层：一层为博物馆配套设施，二层为电影机展厅，三层为收音机展厅。中间也间或有一些杂项——比如BP机、手机系列，从最

瓦斯光源手摇电影机

人民公社广播站展厅

初的“砖头”大哥大，到军用无线电收发机，海报系列、话筒系列等，馆里甚至还有一个近200座的电影院专放老电影。四层、五层是研究和修复这些收藏品的地方。

在二楼展厅，迎面而来的是三幅巨型电影海报映衬下的一台古老的电影放映机。听讲解员介绍，这台电影放映机是这家博物馆的宝贝，它是20世纪20年代由美国生产的35mm落地式电影机，因为其外形比较像马，又叫马形电影放映机。需要特别指出的是，由于这台机器生产那个年代还没有有声电影出现，所以这台机器是一台无声电影放映机，也就是说这台机器只能放映动态影像，而不会播放声音。

收音机展厅的一台1937年7月7日生产的收音机吸引了笔者的目光，

这是侵华战争期间由日本满洲株式会社在东北三省生产的“标准四型”电子管收音机。熟悉中国历史的人都知道，这一天发生了一件重要的历史事件——“七七卢沟桥事变”。在它的黄色的度盘上，可以清晰地看到我国东北三省的地图和日本本土的地图连在一起，由此可见，当时日本的野心有多大。现在这款收音机是博物馆的镇馆之宝。

电影和收音机的历史也折射着相关职业的变迁。20世纪六七十年代，电影放映员是比较时髦的职业，当时的青年男女都崇拜电影放映员。笔者在小时候就梦想过能够成为一名电影放映员。尤其是20世纪70年代，露天电影盛行，当时电影放映员会定期到各村去放露天电影。

博物馆从头至尾都透着一种“怀旧感”，甚至笔者还在收音机展区发现了曾陪伴笔者读完初、高中的“燕舞”牌双卡录音机，简直太兴奋了，一度怀疑这个录音机就是从自己家被直接收来的，睹物思人，感怀无限。

一个多小时的参观，笔者感悟到，宋庄本是个艺术家积聚的地方，博物馆又给其增添了一道新的风景线。据说，已经有不少影视机构落户宋庄。回忆老时光，倾听老故事。笔者深深地被这位年轻藏家的魄力和深远谋略而叹服。

◎ 上帝视角下的“老四营”

搬家后，“潞河居”变成了“潞河高阁”，笔者经常以上帝视角观看街道的车水马龙。从后窗望开去，通州老城一览无余，而窗下正对着的这个大院，钟楼居中，几栋排房，各种树木掩映，一年四季几乎无人走动，静谧异常，然春夏秋冬，斗转星移，光影变幻莫测，恍然百年长河一蹴而过。

通州古城的烟火气

这里是全北京唯一保留完整全貌的旧兵营建筑——通州兵营。它始建于1922年10月，是冯玉祥将军调任北洋政府陆军检阅使，将部下第七旅开至通州南门外驻营时建的。

冯玉祥（1882—1948年）是中国近代著名的爱国将领。1922年，冯玉祥将军调任陆军检阅使，率部下第七旅开赴通州建设营房与演兵场，他常在此进行军事、政治驯良，并于此创建培德学校，教育官员及其家属，同时在城乡做修桥、铺路、植树等善举。

当年他来到通州时，除了留下了这一座兵营外，还成为通州女婿，在1924年灯节之日，与通州女子李德全在营中礼堂举行了结婚典礼。李德全是通州复兴庄人，中国第一任卫生部部长，也是中国妇女运动领导人。冯玉祥和李德全结婚后，还曾经在通州老城南街十八个半截胡同的白将军胡同居住，度过了一段短暂安逸的幸福时光。

通州兵营也叫“老四营”，是因为这里是冯玉祥第七旅第四营官兵的营地。1935年后，宋哲元第二十九军一部驻通州，营地设在此，遂被称为“老四营”。整座营房共有宿舍86间、礼堂8间和钟警楼、演兵场等建筑。轴线上的主体建筑为钟警楼，钟警楼一楼三用——钟楼、警楼、阅兵，这种建筑在中国古建史上独树一帜。从1948年到1954年，中国人民解放军总参机要局曾设在此处，决定中国命运的一些重要战役与抗美援朝战争中所有重要号令、部署自此地发往战场，并且在此地存档。

北京文物保护单位石碑

冯玉祥在通州待的时间不长，毕竟还有那么多的事情要做，但是他在通州的友人，可个个都是牛人。

亲手任命的“北京市市长”王芝祥。这位王芝祥生于1858年，通州新城南街人，清末民国时期著名政治家。1924年，冯玉祥将军推荐66岁高龄的王芝祥为“京兆尹”，“京兆尹”是北京地区最高行政长官，相当于今天的北京市市长。民国初年仍沿清制，将北京辖区缩小为宛平县等20余县。1914年10月，改称京兆，其行政长官称京兆尹，颁布了《京兆尹官制》，设立京兆尹公署，京兆的地位与省同，1928年废《京兆尹官制》。

协助冯玉祥的张克侠成为西北军的重要将领。许多人通过电影《佩剑将军》了解了张克侠。他生于1900年，10岁随全家移居通州新城南街。1918年，张克侠与通县姑娘李德璞结婚。李德璞的姐姐李德全后来与冯

通州兵营：春

通州兵营：夏

通州兵营：秋

通州兵营：冬

玉祥将军结婚，张克侠与冯玉祥成了连襟。1929 年，张克侠秘密加入中国共产党。解放战争时期，任国民党第三绥靖区中将副司令。1948 年 11 月，根据党的指示，在淮海战役前线率 2 万余人起义。

力挺妻子的同窗好友、中国近代妇幼卫生事业的创始人杨崇瑞。杨崇瑞是林巧稚的老师，杨崇瑞（1891—1983 年），通县人，中国第一位女医学博士，和李德全一样，毕业于通县的富育小学。20 世纪 20 年代，杨崇瑞创立了中国第一所现代化的助产学校——北京国立第一助产学校和附属产院，后在全国相继建起 60 余所助产学校，培养了大批妇幼卫生人才。1930 年，在国立助产学校十周年时，冯玉祥专门给杨崇瑞写了一首诗："她的功劳真不小，不是图吃和图穿；图的是树人强种大事业，图的是百年大计，造育英才！"1949 年，杨崇瑞在李德全的感召下毅然回国，任卫生部妇幼保健司司长。

关于这位近代"女学霸"杨崇瑞的故事很少，杨崇瑞和林巧稚都是中国妇幼事业的杰出女性，只是后者家喻户晓，而前者鲜为人知。

◎ 潞城有条网红小路

潞城镇现在非常有名气，因为这里是北京市政府所在地，到现在，北京市的各个机关，还在源源不断地往这儿搬。

从市政府办公区门口的运河东大街一直往东，顶到头没路了，左右两侧就是堡东路。

从路口向南十几里，一直到友谊大桥，这段路就是传说中的网红小路。这条路是依托大堤兴建的，马路不宽，只有十来米，只有两条车道，但是两边的树木非常高大，车道明显高于两侧六七米，视野内尽是一层一层叠嶂般的绿色。

笔者从五六年前开始，经常因事从这里经过，早晚阴晴，都遇到过，每次总是依依不舍。天晴时，阳光透过参天大树洒在路面，影影绰绰；下雨时，雾气涌来，连同树木一起包围着小路，曲径通幽。过得次数多了，就拿相机把它记录下来发到网上。

没想到它会成为“网红”，尤其是被媒体报道出来以后，来这儿打卡的人多了，本身这里就有不少“北三县”到潞城站坐地铁的人经过，交通开始拥堵了，真怕它承受不住。

路是人走出来的。曾几何时，这边还是一片荒野，这条路也是大堤土路，走在路上都有点儿胆战心惊。

这儿的人以前怕水，这条大堤是为了防水患。

大堤在潮白河的右岸，潮白河是通州和河北“北三县”的界河，可是以前这条河叫溜溜河。百余年前水流虽急，河道却很窄且浅，有的河段把大柳条筐扔在河心，即可迈脚踏过河。更窄处人可用力蹦过去。上游赵庄与沮沟村间，据村内老人说，仅在河道上铺搭一挂旧的木质马车架便当桥用，应当说挺温柔的。

记得有个成语：鸠占鹊巢。清代晚期，因上游潮白河（古称“鲍丘水”）主水路淤积，河道排水不畅造成河流改道，汛期洪水，夺溜溜河而下，几年大水，溜溜河就变成潮白河了。

潮白河是条有性格的河，曾经是大运河上游，自古以来就因为流向经常变化被称作“摇摆不定潮白河”。其上源有两支，东支为潮河，西支为白河。东支潮河，古代称鲍秋水，因河流坡降大，水流湍急强悍，其声“时作响如潮”。西支白河，自古汹涌澎湃名称多变，秦朝以前称湖灌河、沽水，沽音读“苦”，极易泛水患，造苦人民。它们一路从密云汇合奔腾而来，您说能不厉害吗？

治水的上策是疏，下策是堵，用得最多的是围堰，潮白河右堤最早有记载系修筑于民国时期。《通县志要》记载：“溜溜河因近数年来水患颇巨，由河北省公署派员履勘筑东西两岸堤防，基宽五丈，面宽三丈，高丈二三尺不等，北自顺义县属之港北村起，下至东堡止，长二十八里。”1949年，潮白河全线多处溃堤漫流，水淹京东各县。

1950年春，新中国对潮白河进行大规模治理，组织民工对潮白河通县段右堤进行复堤工程，并在右堤为固土种了树，还为防汛修筑了土路。1963年，为了削减北运河的洪峰流量，减轻北运河对下游各河道河水的顶托，以及沿河灌溉排涝，又修建了运潮减河，西起北关五河交汇处，东至东堡村，北入潮白河，堡东路从运潮减河右堤延伸到潮白河右堤。几十年的风风雨雨，路变成了柏油路，小树长成了参天大树。

“天青色等烟雨，而我在等你，炊烟袅袅升起，隔江千万里。”耳畔仿佛想起了周杰伦的《青花瓷》。

原来，它的美景之后，还承载着通州和潞城的变迁。

◎ 百年京通铁路今犹在

又到了笔者的“后窗近代史”时间，今天的视角是从北窗抓拍的一列“开往春天的火车”。

2017年12月31日，北京市郊铁路城市副中心线正式开通，线路全长29.6公里，共停靠北京西、北京、北京东、通州4座车站，2019年3月11日提速后，北京西站始发列车最短运行时间只需要34分钟。托副中心建设的福，该线是国家确定的首批市郊铁路试点项目，增加了一条中心城与城市副中心的轨道交通通勤线路，实际体验肯定比开车上下班快多了。

开往副中心的火车

这条线路是依托京秦铁路开行的。京秦铁路从西向东穿行，把通州城一分为二。北边是老城区，南边是新城区。笔者家在铁道南，铁道北就是通州兵营。

笔者跟铁路有缘！笔者是在潞河中学潞南园长大的。这个地方哪儿都好，有假山、有湖水、有古树、有西洋建筑，还有——铁路，南墙外紧挨着京秦铁路。最近的铁道距离笔者家不到 30 米。那时还都是蒸汽机车，每次火车经过，除了吭吭哧哧的声音，还有火车“打鸣”的声音。原来学校东边三四百米的地方，就是通县南站，进站前当然要拉汽笛，整得笔者的耳朵到今天都有些背。

打小烦这条铁路是正常的，没想到的是，现如今的“高阁”从铁道的北边换到了南边，仍然没有远离。

这就是缘分呀。不过如今对它有了更深的了解，反而对它产生了莫大的兴趣。因为京秦铁路通州城区段，是条有故事的铁路。

在全国第三次文物普查中，文物部门在通州火车站西侧发现了一处建于 1901 年清光绪年间的京通铁路旧址，距今已有 120 多年的历史。

北京是中国最早接触铁路建设的城市。1901 年，北京仅有两条铁路，一条是从北京到天津的京津铁路，另一条就是从前门到通州大运河的京通铁路。到了 1909 年，“中国铁路之父”詹天佑修建的京张铁路才全线通车。

通州站始建于清光绪二十七年（1901 年），当时正值八国联军占领北京期间，英国军队为加强对北京的控制、满足战时运输的需求，将京奉铁路（现京沪铁路北京至天津段）由马家堡（现北京南站附近）经永定门、东便门延至正阳门，同时修建东便门至通州北运河西岸的铁路支线，1901 年，通州站建成，1902 年 8 月 24 日移交至清政府，开通了通州至正阳门的火车，这一段铁路支线一度被称为“京通铁路”。

通州站 1901 年落成时称通州南站，最初只有 100 米长的土站台及 2

百年火车站运转室旧址

清晚期传教士栽种的老刺槐

百年前的老轨道

条轨道，1940年改为通州站，同时原通州站，也就是运河西岸的车站改为通州东站，今已无存。不过据网友说，这里应该在20世纪五六十年代办过客运，因为那里面现在仍有老站台，早几年还有水泥车站牌，后来拆了。1941年，每日仅2对客运列车和4对货运列车。后来这条铁路演变成了今天大秦线中的一段。

在一本留存至今的民国五年印制的《通州至正阳门支路行车时刻表》上显示，百年前通州至正阳门共有保通寺、双桥等五站，多数列车全程运行 50 分钟，最快的一趟 42 分钟。

笔者前两年曾经探访过“新城南关乙 106 号”，这里是传说中的通州火车站运转室旧址。大约有两层楼那么高。老房子门前有三步台阶，老式的木门、斑驳的青砖、掉漆的百叶窗以及三角形的欧式雨搭。运转室北侧还有一排那个时期的旧房，现在已经变成了大杂院。旧址北侧至今还有一棵清晚期传教士栽种的老刺槐。

除了这间运转室，这座老车站还存有一段长两三千米的铁轨，从如今的通州站一直蜿蜒到日化二厂附近，如今已经废弃了。

京通铁路通州段有通州站、通州东站两站，通州站兼有客运和货运的功能。通州东站是货运站，紧靠运河边，就在如今的运河明珠小区东南侧的滨河路附近。

◎ 通州文庙铁狮子背后的三个故事

在通州文庙院里戟门的西侧，孤零零放置着一个铁狮子，十多年来，笔者每次来都会看它一眼。其实，看见还是没看见，它都在这里。这点儿时间，对于它来说只是一瞬间。它见证了太多的故事，关于它自己，关于它的主人。

这里只不过是它的庇护所而已。元皇庆二年（1313 年），在一片喧嚣的鼓乐声中，它和它的夫君——一只脚踩绣球的雄狮，披红挂绿伫立在

通永道署铁狮子

东边300米开外的户部京畿都漕运使分司署大门前，这既是他们的出生日，也是它们主人的成立日。从此，这么一蹲，无论时光变幻，悲欢离合，就是700年。

【见证700年悲喜人间】

这是一只铸铁雌狮，蹲坐于方形台座上，左前足轻抚幼狮。铁狮子高94厘米，前后长80厘米，宽53厘米，底座高47厘米。铁狮子侧身歪头，圆眼直视，云头鼻子，半张大嘴，脸庞两边卷毛与短须髯连接，脖子系素纹绶带，挂一铃两缨穗，左前爪下有一只向后趴卧姿势的可爱小狮。

铁狮子面部特写

小狮子特写

铁狮子底座铸有文字，因年久风化，字迹笔画模糊，方座前立面正中铸有铭文“皇庆二年八月”，左侧铸铭“去邪□恶，镇宅大吉”。古人认为狮子是吉祥神兽，把它看成是智慧和力量的化身，代表英勇、王权和保护力，象征地位、吉祥。然而，它甚至都保护不了它自己。

第一次的生离死别，是雄狮子的流失。那一夜，雌狮子一定流了太多的眼泪。也许，只有足下的小狮，才能够让它聊以慰藉。

三百年弹指一挥间。清康熙七年（1668年），这里改成了通永道署。清康熙十五年（1676年），根据所存雌狮子规制，补铸了一只雄狮子。

这只雄狮子挺颈左扭，张嘴吐舌，左脚下踏绣球，方座正面阳文铭为“大清康熙拾伍年二月吉日重修”。雌雄对目，精、气、神。

月圆月缺，悲喜无常。光绪二十六年（1900年），因通永道支持通州义和团反抗外国传教士欺压百姓和抗击八国联军入侵北京，道署被侵占通州的洋兵焚毁，但二狮犹存。1916年，民国的女子师范讲习所设于此，二狮被放在大门内甬路两侧。1964年秋，第三中学设于此。“文革”开始后，红卫兵“破四旧”，将补铸的雄狮子砸碎，在砸雌狮额部时，一学生手腕被震伤而罢手，雌狮子因而得以幸存。1984年冬，雌狮子被文管所保护起来。

雌狮子的伤有多重？这件事直到2020年，某文物保护中心受通州区文物保管部门委托，对通永道署铁狮子的旧伤进行“会诊”才发现，铁狮子头部及底座足部在“文革”时期遭到不可逆毁坏，造成头部凹陷残缺。部位向不同方向延伸，颈部、腿部等位置也有多处裂隙。铁狮子右前足三条裂纹已全部贯穿壁厚，并沿脚趾延伸至小狮后腿处，小狮头部也有裂纹延伸。他们针对这些伤痕，一一进行了脱盐、除锈、缓蚀和补配。

北京地区以前有很多铁狮子，经过几百年的岁月变迁，留存下来的铁狮子越来越少。主要原因是铁狮子的“经济价值”——可以砸碎成原料回炉冶炼。据资料报道，抗日战争时期，日本鬼子占领北平后，就大规模收铜铁回炉造枪炮。抗战胜利后，国民党也回收钢铁造枪炮。20世纪50年代“大跃进”时收废铁大炼钢铁，60年代一些铁狮子被当作“四旧”砸了。

如今，北京仅剩九只铸铁古狮。其中，有三只单个的，三对成双的。而通永道署铁狮子是能够确定制造时间、来源的北京地区现存古铸铁狮中最大的和制作最精美的。

【两个漕运司都干些啥？】

通州文庙铁狮子的第一个主人是元代的户部京畿都漕运使分司署。通州自元代通惠河开凿后始“编篱为城”，逐渐成为依靠漕运而兴起的运河名城，这里不仅经济发达，还是仓储要地、政治枢纽、军事重镇，其对稳定封建国家的统治秩序有着巨大作用，因此建立了不少衙署，尤其是与漕运有关的管理机构。

元“同知都漕运司事赵公去思碑”残碑

据《金史·河渠志》载，从金泰和六年（1206 年），尚书省就建立了漕运管理机构和相关制度。凡漕河所经之地，州府官衔内带“提控漕河事”，以“俾催检纲运，营护堤岸”。漕粮运输采用“纲运”制度。

1215 年，蒙古大军占领燕京，进而占领中原地区，不久即从中原向燕京运输漕粮，因为没有经验而沿金制。当时通州城北有乐岁、广储五座粮仓。“其通州北起仓”是指漕粮缴纳验收合格后，起运入大都仓的过程。

大都漕运管理机构最早为元世祖中统二年（1261 年）所立的军储所，不久改漕运所。至元五年（1268 年），改漕运司。至元十二年（1275 年）改都漕运司。至元十九年（1282 年）在户部下设京畿都漕运使司。

为了加强管理，至元二十五年（1288 年），京畿都漕运使司分置内外二司，内司仍旧名：京畿都漕运司，只“领在京诸仓出纳粮斛，及新运粮提举司站车运粮公事”，后来在通州又设立了分司。外司称都漕运使司，于河西务置总司，临清置分司，领接运海道粮事。说白了，这是俩单位，各管一段，一个“京畿都漕运司”负责大都至通州的漕运事务，一个“都漕运使司”负责天津至通州的漕运事务，包括海运和通州的部分仓储。

户部京畿都漕运使分司署是京畿都漕运司的分部，重点是协调通惠河、坝河的漕运事务。衙署在运河西岸通州古城的东北角。而铁狮子的铸造时间——元皇庆二年（1313 年），大抵就是衙署的成立时间。

很凑巧，20 世纪 80 年代修通州商业街时，从通州旧城西垣台基处挖出来一块石碑“同知都漕运司事赵公去思碑”。碑身下部被人为砸碎，残高 280 厘米，是元至正八年（1348 年）所立。碑主为“都漕运使司同知”赵温（字温甫）。碑文记叙了赵温任职期间，恪尽职守出色地完成漕运任务的政绩，同时赞其品质高尚，作风正派，关心下属。不过不能弄混，这个“都漕运使司同知”不是铁狮子的主人，而是前面所述另外一个单位的领导。

此类碑名为“去思碑”，元代不少官员都会在离任后，为纪念其业绩和人格，便在衙署内为他树了“去思碑”，为继任者树立典范。碑文说：“迨我同知赵公之来也，分司通州，当监钲坝，菸厥衅隟，塞其罅漏，俾纲官运卒粗获休息……”同知是主官的副手，负责分部工作。由此，能断定在元代通州古城，还有一个府衙，也就是“赵温”主持工作的地方，这就是“都漕运使分司署”。

两个“分司署”在通州各司其职，同时以漕粮为主线进行工作衔接。我们甚至可以猜想，当年是否还有一对铁狮子和它遥遥相对。

【“顺天府”和“通永道”谁管谁？】

2013 年和 2018 年出版的几本通州文物图册中，都有通永道署铁狮子的身影，但是在文字介绍中都标明：“清康熙七年（1668 年），顺天府通永道署设于此。”这句话的错误真是不应该。通永道可不属于顺天府管辖，不但管不着，还是它的“半拉”上级。

清朝实行道、厅之制。《清朝通典》中记载：“分守、分巡及粮储、盐法各道，或兼兵备，或兼河务，或兼水利，或兼茶马、屯田；或以粮、盐兼分巡之事，皆掌佐藩臬、核官吏、课农桑、兴贤能、厉风俗、简军实、固封守，以倡所属而廉察其政治。”

直隶是河北省的前身，清朝嘉庆时期，直隶共分霸昌道、通永道、清河道、天津道、大顺广道、口北道和热河道等七道，这些道少则管一个府，多则管三四个府。各道的负责人称为道员，一般都是由省布政使司、按察使司派下来的属官，他们的直接上级是直隶省，是四品大员。

通永道全名叫通永河务兵备道，道署驻通州，下属顺天府二州四县及一府一直隶州：通州、三河、武清、宝坻、蓟州、宁河、永平府、遵化州。

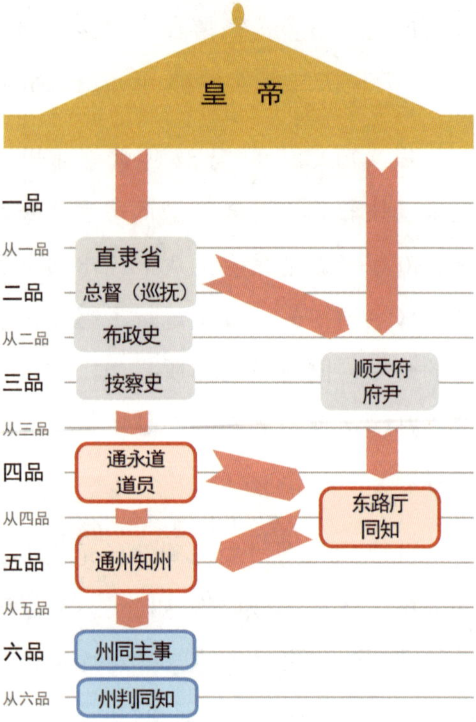

清直隶省与顺天府官员品级示意图

而顺天府名义是个“府”，理论上归直隶省管辖，业务上由各“道”指导，可是您要这么想就大错特错了。在清代，顺天府不仅管着京郊，还管着“城八区”，甚至皇宫，地位特殊。因此，除了由“无定员，由汉大学士、尚书、侍郎内特简”的兼管府尹事大臣这个名义上的首长外，实际首官府尹秩正三品，远高于普通知府的从四品。

康熙二十七年（1688 年），顺天府设东、西、南、北四路同知（衙署称“厅”），分辖顺天府二十四州县，通州隶属东路厅，全名叫“顺天府东路刑钱捕盗同知”，辖通、三、武、宝、蓟、香、宁七州县。同时顺天府的各州县还分隶于直隶通永、霸昌二道。东路厅的负责人叫作同知，是从四品的级别。其实单从职级上看就知道了，东路厅的同知是顺天府尹的副手，和外地的知府是一个级别，说白了，他就是顺天府尹的“白手套”。

通永道和东路厅的治所均驻通州。在设东路厅之前，所辖州、县的钱粮均归通永道核转。东路厅成立后，刑名由东路厅核转，乾隆十九年（1754年）钱粮亦归东路厅核转。由此可见，道、厅是分管军事、钱粮和治安的专门机构，通永道还兼管一些漕运事务，与一般府、州、县地方行政建置大有不同。

权力和层级的这些梗，全是皇帝设的局，目的就是互相制衡，让皇帝睡得踏实。顺天府的特殊性就是官小级别高，他的心思主要放在了四九城和皇亲国戚身上，如果将通永道的一把手调任顺天府当一把手，他绝对会“放烟花”庆祝升迁呢！

◎ 这段运河故道的历史令人唏嘘！

绿心公园内的运河故道

北京城市绿心森林公园北侧有个景点叫作“上上码头”，是公园最早开放的滨水景点。这里的水面是运河故道，水很浅，一眼就能够望见河底的卵石。河上有座用 12 艘木船连接起来的浮桥，还有一个石船舫，两岸草木茂盛，风景宜人，是公园最热门的景点之一，四季游人如织。

通州是世界历史上运河最密集的区域，遗迹众多，有不少段运河故道，但是您知道吗？这条河道的历史最令人唏嘘，因为它与漕运古镇张家湾的兴衰有着直接的关系。

【张家湾三码头都在哪儿】

上上码头得名于修建公园之前，这里被拆迁的村庄叫作上码头村，隶属于张家湾镇。据说上码头村成村于明代。名“上”是因其位于张家湾之北，国人以北为上。元明时期，运河经过这里，曾在河道东西两侧修建两个码头作为漕运的货物集散地，分别叫作东上码头和西上码头。清代同音化，称为东上马头和西上马头，后运河改道二村成为一体，称为上马头，也叫上码头。

绿心公园内的运河故道

嘉靖《通州志略》记载：“张家湾，即潞河下流。相传元时有万户张姓者居此，因名。”潞河即为北运河，张家湾从无名到有名再到繁华，就是从元朝郭守敬开凿通惠河到这里和北运河相接开始。

明朝永乐迁都北京后，开始从南方运漕粮至北京。永乐十三年（1415年），南北大运河再次贯通，漕粮源源不断运至北京。当时，漕船沿北运河只能上溯到张家湾，此处成为大运河北端漕运终点，“每岁漕运自张家湾舍舟陆运”。即便是明朝嘉靖年间吴仲重修通惠河，将通惠河东段在通州古城北关和运河相接，也没有影响到张家湾的地位。据记载，嘉靖时期，张家湾已经发展成为南北水陆要会之处，人烟辐辏，万货骈集，为“京东第一大码头”，日日为市。

明代和清早期，北运河的流向是通州东关、大棚村（茶棚村）、小圣庙（小神庙）、上码头、张家湾、里二泗、崔家楼一线，此线至明中期已形成上码头、中码头、下码头三大码头群。上码头就是如今绿心公园的上码头村旧址，中码头张家湾最大，位于如今的张家湾村一线，《明故戴处士墓志铭》记载：“徙居通津张家湾，创业于中码头。”作为大运河北端的漕运和客货码头，还形成了瓜厂、土桥、砖厂、皇木厂、盐厂和长店（张家湾镇村）等村落。下码头位于如今潞城镇的崔家楼村，明代已成村，村落因崔姓居民至此建立码头，又因聚落里有一座高房似楼而得名。据《通县地名志》载，1694 年康熙第二次视察通州时，在此登船并驻跸此地。

北运河通州城以南地面，北高南低，土松沙活，不能建设闸坝，全凭河道曲曲弯弯，刷沙蓄水而行船。这也是“张家湾距通州陆路止十二里，水路则四十里”的缘故。《长安客话》记载：“张家湾为潞河下流，南北水陆要会也。自潞河南至长店四十里，水势环曲，官船客舫，漕运舟航，骈集于此。弦歌相闻，最称繁盛。”然而，这种繁盛景象很快被一场大水改变了。

【北运河漕运历经 8 年终改道】

嘉庆六年（1801 年），京畿地区由于连续强降雨，造成特大洪水。

据水利水电科学研究院收录的清代洪涝档案史料记载，六月初一日，雨势滂沱，通州河水盛涨，“所有北运河一带军拨空重各船，猝遇涨溜冲逼，人力难施，船只星散”。初三日，北运河马头缕堤（马头堤）“水势异涨，漫溢十九丈”。初四日夜，北运河上游“水势涨发，陡长丈余”，“所有津关南北各数十里俱漫溢纤道，且闻低洼地方间有淹没之患”。

北运河在张家湾上游的大棚村（茶棚村）附近溃决，河水改走康家沟，张家湾运河故道淤浅。光绪《顺天府志》载："初，漕运由张家湾正河，康家沟则温家庄一旱渠。嘉庆六年大水，冲刷甚宽，通舟，张家湾水道日淤。"康家沟是一条旱沟，运河溃决冲入康家沟北口，抄近道从南口又汇入武窑处附近的运河，水面之宽，竟然可以行船。

这仅仅是当年的情景，清政府本来以为扛过了这一劫，一切照旧。没想到"嘉庆十一年，漕运暂由康家沟；十二年，浚张家湾；十三年，水溜仍趋康家沟，河底低于张家湾丈余，水道已成，漕船遂不复出张家湾矣。又六里，经里二泗东北，与张家湾旧河合"。连续八年，清政府在同大水的"斗争"中，经过多次对康家沟段的围堵，多次对张家湾段的疏浚，终于拗不过天意，败下阵来。

嘉庆十三年（1808 年）六月、七月，通州连遭大雨，北运河水暴涨，康家沟再次决口，张家湾处的河底比康家沟的河底高出一丈多，长数十里，疏浚已变成了不可能完成的任务，漕船从此改走康家沟新河道。

自此之后，北运河河道自大棚村以下不再西折经上马头至张家湾一线，而是向东南沿大棚、小圣庙、黎辛庄、刘各庄、甘棠、武家窑一线形成新的运河河道，也就是位于故道东侧的如今大运河森林公园段的北运河河道。

北运河改道使张家湾段运河水系干涸废弃，由于漕船不再经张家湾，原来分布于张家湾的商业码头和客运码头也就失去了作用，各类物资厂库被废弃，原来盛极一时的漕运古镇从此走向衰落。

当然北运河改道还有一个结果，就是北运河长度缩短，由乾隆年间的 180 余公里，缩短到了嘉庆年间的 165 余公里。

"上上码头"处的运河故道在近代就已经消失了，上面逐步被村庄所占，只留下一些坑塘，20 世纪 90 年代，北京东方化工厂在此地建设，后整体拆迁。市文物研究所曾于 2018 年 11 月至 2019 年 1 月对小圣庙村（小神庙村）及上马头村部分区域进行考古发掘，探明小圣庙及北码头村附近北运河故道总长约3000米，宽160—320米，由西北向东南穿过东方化工厂旧址西侧。正好位于正在规划中的绿心公园北侧，在修建公园时得以复原了部分水面。不过，河道和码头早已没了当年的恢宏气势，只具象征纪念意义，折射当年千帆竞渡的盛况……

当年的大棚村已经变身为居民区

◎ “漂”到通州的镇水兽

最近，通州文庙经过一年多的改造开始面向游客开放试运行。新修整后的文庙，给人以耳目一新的感觉。在东跨院，还多了一些户外大型文物陈设。其中，一只石质镇水兽引起了笔者的注意。真是众里寻他千百度，远在天边，近在眼前，这不就是笔者苦苦寻找的那个“它”？

文庙东跨院的展示区

落户文庙的庆丰闸镇水兽

摆在这里的是“一对”，给笔者以惊喜的是右边那只。据两只镇水兽旁边标牌的文字描述，《镇水兽（一对）》：通惠河的二十四道闸上，每个闸口都曾设有镇水兽。镇水兽是闸上的建筑装饰构件，起着美化装点闸口的作用，同时承担着预警水患，充当“水则”（古人测量水位的标尺）的作用。年代：不详。尺寸：长164厘米，宽76厘米，高85厘米。

标牌的提法有误，因为它们不是一对，古代一些规格比较高的桥梁和水利设施上常有镇水兽，有时是上游过水处两侧有一对两只，有时是上下游过水处都有，共两对四只。两只镇水兽从雕刻工艺上看都差不多，应该属于同一时期，身体趴卧的方向、表情姿态也差不多，就是腰及四肢的动作幅度略有不同。它们最多可以说是“一家四口”中的两只。如果是一对，应该面部相向才对。

标牌内容很简单，没有提到它的安放地点。只是笼统地说，通惠河二十四闸闸口都有。而这，恰恰是笔者关注的焦点。起因要从一张120年前的照片开始。

这是一张镇水兽的黑白照片，画面构图简洁，图中镇水兽安放在条石堆砌的岸边，岸上是无人的民居，镇水兽水平而卧，低头望向河中。石兽身上的鳞甲和条石上的斧凿沟痕都非常清晰，即便在100多年后的当代也不过时。照片拍摄于1906—1909年之间，由德国人恩斯特·柏石曼拍摄，估计是笔者坐着船在河中拍摄，非常惊诧于那时摄影技术和印刷技术的发达，要知道，20世纪初，在室外拍摄还需要体积庞大的相机，木制三脚架，还要有帐篷和用来盛载药水的箱子，简直是把整个暗房都搬到室外。

图片下边有英文和德文说明，翻译过来是：“顺天府北京，通惠河（这

通惠河闸口畔的镇水兽　（来源：柏石曼1923年德文版《中国建筑景观》）

里的‘通州’和‘运河’第一个字母是大写，猜测作者指的是通惠河）闸口畔的镇水兽。”这张图片刊登在1923年柏林出版的德文画册《中国建筑和景观》。虽是百年前的老书，可是在国家图书馆和很多大学的图书馆中都有收藏。全书通过288幅精美图片，展现了晚清时期中国的建筑风貌及自然与人文景观。即便在今天，也是国内外许多历史学家和文化学者研究近代中国的重要参考。因此，这张照片中的镇水兽，几乎可以代表了西方人对于中国传统文化中“镇水兽”的全部印象，所以，它就是中国镇水兽图腾的代言“兽”。

那么，文庙的镇水兽和照片中这只镇水兽，是不是一只？答案毋庸置疑。仔细比较两只“神兽”就会发现，虽然经过了近120年时间的风吹日晒，石兽有些风化，身上的线条不那么清晰了，甚至因为人为损坏，身上还留下几处伤痕，但是两只石兽照片中，很多的线条凹痕和起伏如出一辙，甚至下方条石上的雕刻划痕都一样。这明显是一只石兽的“中年”和“老年”。

古代没有现代的科学技术水平，石兽均为人工雕刻，而且讲究根据石料的纹路随形就势，即便是一个工匠所雕，除了技法相同，每一个造型都有不同的变化，肉眼可辨。文庙的“一对”镇水兽，从形制和制作工艺来说，都是一个时期，但是即便这样，两个石兽的“长相”差别还是非常明显的。这和现代绝对不一样，只有当代的机器雕刻，才能生产出一模一样的石雕。

恩斯特・柏石曼的这张镇水兽照片太有名了，还发生过一个插曲：很多年前，一些文物爱好者就曾经追踪过照片中镇水兽的踪迹，他们查勘了通惠河所有的闸口都没有找到，后来听说流落到了通州的大运河水梦园，而笔者也确实在水梦园看到了很多的古旧石雕，后来水梦园因为某些原因关闭。笔者发现文庙新增加的不少石雕展品都来自水梦园，当然也包括这两只石兽。

不过，无论是百年照片的作者，还是石兽的保管单位文庙，他们提供的镇水兽信息还是太少。起码有两个疑问：一是这只石兽到底安放在通惠河的那个闸口？二是石兽的制造年代？笔者经过多方考证，基本能确定的是，这两只“神兽”的“家庭地址”在通惠河庆丰闸口，建造年代不会早于明嘉靖吴仲重修通惠河的时间。

在北京市规划和自然资源委员会的网站上，笔者找到了一张拍摄自近代的资料图片，这张图片拍摄者采用中远景拍摄，内容表现的是“近代庆丰闸附近儿童站在镇水兽上跃入水中游泳”，前方的河、中间的人物和后面的建筑物都一览无余，虽然不是太清晰，但是竟然和恩斯特・柏石曼的镇水兽照片惊人地契合，据此完全可以确认镇水兽以前安放在庆丰闸口。

庆丰闸始建于元至元二十九年（1292 年），是出元大都城向东的第二处闸口，原名“籍东闸”，后改为“庆丰闸”，百姓俗称的“二闸”。明代嘉靖年间吴仲重修通惠河，只修建了上闸，下闸存而不用。元代通惠

近代庆丰闸老照片　（来源：北京市规划和自然资源委员会）

河有二十四道闸，到了明嘉靖重修通惠河后，只剩下了五闸。因此，庆丰闸的重修，不是简单地按照旧制补缺，而是打破了规矩新建。其标准规制都要按照明朝的新制，因此石兽也应为明制。同时，目前北京已知的只有北京中轴线万宁桥边的一只镇水兽是元朝的，但是已经风化到了只剩下一个轮廓。可见时间是把杀猪刀。

经过明清不断维修，庆丰闸一直使用到20世纪60年代。80年代初庆丰闸基石、闸后条石、河砖等建筑保存完好。二闸在明清两代作为京杭运河首段，是重要的一处通航船闸，不仅如此，更是逐渐成为游憩胜地。是许多老北京人的回忆。后因河道拓宽，庆丰闸淹没水下。也许，正是因为庆丰闸的淹没才造成镇水兽的搬家。

真是缘分，这只“神兽”百年前立此存照，名气大到全世界。兜兜转转，结果还没走远，竟然“漂”到了通州。

◎ 通州的镇水兽都在哪儿

镇水兽大名叫作“蚣蝮”（读音：gōngfù），是传说中的“龙生九子”之一。考古发现的蚣蝮镇水兽遗存多集中在大运河沿岸重要地区的桥头闸坝等处。古人希望蚣蝮发挥其“好饮”特性，消弭水患。因此，这些镇水兽一定伴水而栖。然而，通州有只镇水兽，却“趴”在居民区里两座楼之间的空地上，成了“旱鸭子”。

土桥镇水兽

该位置在通州的103国道和东南六环西南角的土桥村欣桥家园7、8号楼之间的一块空地上。这只镇水兽由艾叶青石制成，身子偏东西方向而卧，长2米左右、高约0.5米、宽约0.8米，鳞片被背，长尾回蜷，头部面北，梗项扭头，大角犀利，两个大眼睛默默地望着地下，好像在寻找什么。特别的是，其西北侧地面上，多出了两道莫名其妙的“马路牙子”，更让人充满疑问。

土桥裸露出来的护板栏顶

说起它的来历，还得从土桥村的历史说起。

土桥村是元代成的村，地处张家湾至通州的大道上。当年郭守敬开挖通惠河时，沿河共设置了 24 处水闸，广利闸就建在这里。距广利北闸不远与大道相交处，建木桥一座，以便行旅，木桥桥面用泥土夯实，车马经过时，尘土飞扬，故俗称“土桥”，后形成聚落依桥而得名土桥村。明代时为了永固和方便运输，将木桥改建为石桥，清乾隆四十二年（1777 年）重修。明代公署宣课司及明清两代张家湾土桥巡检司曾驻此地。

广利桥为单孔平面石桥，南北向，两侧设素面刻海棠池纹青砂岩护栏板各三块，栏端戗以如意形抱鼓石。桥面石、撞券石、金刚墙与燕翅都用花岗岩石块砌筑。桥洞上下游两侧雁翅上共安放 4 只镇水兽，而笔者所说的镇水兽就趴卧在东南向的燕翅中间顶处。

时过境迁，原有的河道和闸已经被废弃和填埋。2004 年旧村改造时，石桥被掩埋，镇水兽被拆离原雁翅垂直提升到后来填上的地面之上。其西北侧的“马路牙子”原来是石桥两侧护栏板露出的顶部。

这只镇水兽制作精美，集圆雕、浮雕、线刻技法于一身，颇具明代雕刻风格。是北京地区古代石桥处最大、最精美的镇水兽。因为砌嵌时不小心，使该石雕腰断，留下了不小的遗憾，也留下了一个非常有意思的传说

据说，石桥建成后，本来有 4 只镇水兽在此，昼夜监视水情，虽然工作枯燥，倒也其乐融融，形如一家。

一天夜里，现存的这只镇水兽饥饿难耐，于是就偷偷跑到附近的庄稼地里偷吃老百姓的粟米，吃饱了回来喝点儿水睡觉。第二天，农夫发现粮食被偷吃了，于是就告到了旁边三官庙的关公老爷评理，关老爷派周仓暗自调查。

尝到了甜头，第二天晚上，这只镇水兽又偷偷跑出来偷吃。咔哧咔哧正吃得香的时候，周仓提着鞭子赶到，冲着黑影，二话不说提起鞭子就抽，吓得他掉头就跑。因为天黑，周仓也没有追，就回庙里向关老爷复命。

土桥镇水兽

没想到这镇水兽好了伤疤忘了疼，没过几天，故态萌发，又偷吃了几家的庄稼。农夫们再次找到关老爷，周仓挨了尅，这可把周仓气炸了。他向关老爷立下军令状，还特地把关老爷的青龙偃月刀借过来。每天天一擦黑，就埋伏在庄稼地里等着。

这天夜里，这镇水兽又出来了。它小心翼翼地查看一番后，发现没人，找到一大片饱满的粟米，正要大吃一顿的时候，突然周仓提着青龙偃月刀赶了过来。说时迟那时快，一刀劈向镇水兽的腰间，咔嚓一下砍出一条大口子，这石兽号叫着逃回石桥原处卧下。

天亮了，卧在受伤镇水兽旁边的那几只镇水兽，看见同伴鲜血淋淋，问明情况后吓得不敢在这里看桥，就偷偷地跑到张家湾城南门处，卧在了通运桥下。只有这只被砍一刀的镇水兽还在那里卧着，至今腰上的刀痕清清楚楚。

这个传说连带出又一个话题。土桥距离张家湾古城非常近，张家湾古城南门外的通运桥也叫萧太后桥，建于明代万历三十三年（1605 年），它的桥下 4 个雁翅的位置，分别砌筑了 4 只镇水兽，也不知道其中哪 3 只是从土桥跑过去的？

据资料显示，通运桥的这 4 只镇水兽发掘于 2003 年，采用青石雕刻，单体长 2.6 米，重达 1 吨。龙头、蛇尾、蜥蜴尾巴，遍体鳞甲。不过不容乐观的是，笔者近期到此桥查勘，发现这几只镇水兽损毁严重，有的都看

张家湾通运桥

张家湾通运桥镇水兽

不出形状了，听说相关部门即将进行修缮。

自古通州水网密布，漕河交错，古桥和古闸坝多有“镇水兽”出没。位于北京朝阳区管庄地区与通州交界处通惠河上的永通桥，因东距通州城八里而俗称八里桥，后划到朝阳区。该桥始建于明正统十一年（1446 年），为三孔联拱实心栏板石桥，长 50 米，宽 16 米。桥东西两侧雁翅部各雕有伏踞状石质镇水兽 1 只，共 4 只，雕刻细致传神。在大运河森林公园漕运码头处也有 1 只镇水兽，不过属于现代仿制。

大运河是中国历史上政治、经济和文化的生命线，承担着沟通南北、漕运贡赋等功能，《读史方舆纪要》云：“岁漕数百万，皆取道于此……天下大命实系于此矣。”“龙子”型镇水兽能够出现在元明清运河两岸，

八里桥

八里桥镇水兽

一定程度上受古人对运河区域自然环境认知的影响。

古人认为："灾者，天之谴也；异者，天之威也。"在古人的观念中，这些自然灾害的产生是由于某种超自然力量的主导。这么重要的事情，由"龙子"们把守，是镇水压胜的重要物象，体现了国家的意志。

大运河森林公园漕运码头镇水兽

◎ 对对老皂盒 百年家庭史

瓷皂盒收藏艺术馆展厅

人人用肥皂，家家有肥皂盒。但您听说过肥皂盒收藏的吗？在很多人的眼里，肥皂盒是一种普通得不能再普通的家用洁具，简单、功能单一，几乎没有人关注过，更甭说和文化沾边了。然而，在通州的一个地方，却珍藏着10000多只老瓷肥皂盒，这些肥皂盒跨越200多年，以瓷器为主，造型各异，内容丰富多彩，用一个个平凡的小物件诠释了“家和万事兴”

的中华传统美德，升华成了百年家庭文化的重要象征物，也是迄今为止，世界上肥皂盒收藏的“世界之最”。

京杭大运河在通州穿城而过，赋予了通州深厚的文化底蕴，通州因河而兴，因河而盛。大运河森林公园毗邻大运河而建，揽尽大运河的风景，从公园的南门顺着武兴路往东1000多米的地方，坐落着一个低调的艺术群落——佳合智慧艺术中心艺术馆群。笔者所说的瓷皂盒收藏艺术馆就位列其中。

杨洪琪和他收藏的皂盒

一走进瓷皂盒收藏艺术馆，笔者立即被屋子里摆设的藏品震惊了。各种型号的肥皂盒摆在展架上，密密麻麻一层又一层，每一件肥皂盒看上去都流光溢彩，相映成趣。而肥皂盒上青绿、靛蓝、粉彩各种色彩交映，就像是一幅幅立体的山水人物画。艺术馆面积近300平方米，分为两个展厅，满满当当地珍藏着1万余只皂盒。

这些肥皂盒的主人是杨洪祺，也是这个艺术馆群落的创办人、佳合智慧艺术中心的董事长。杨洪祺先生是个企业家，一直以来致力于轻钢和环保装饰建筑材料以及节能住宅的开发、生产、销售。从2013年起，杨洪祺先生响应政府号召，陆续退出了高能耗非环保产品的生产，逐渐进入了文化产业。他将传统产业、科技产品与文化艺术相结合，倾力打造出佳合智慧艺术中心艺术馆群，在这里，他也给他的瓷皂盒收藏找到了一块展示空间。

杨洪祺收藏这些皂盒，用了十年多的时间，可称为全球老瓷皂盒收藏之冠。说起这个收藏之源，还有个有趣的故事。十多年前一次逛古玩市场，他无意中看见了一只古瓷小盒，看见他不明就里，摊主就跟他介绍说这是

杨洪祺收藏的第一个瓷皂盒

古人用来装肥皂的皂盒，按理说都是一对一对的，因为这是一个单只，所以可以便宜卖给他。没想到这突然触发了杨洪祺内心深处最柔软的地方，他的企业叫作佳合集团，而“盒”和“合”同音，“家和万事兴”又正是自己的企业文化，这一对对的肥皂盒，不正是中国传统家庭文化的象征吗？想起来这些，他兴奋地买走了这只“孤品”，从此也踏上了瓷皂盒收藏之路。

杨洪祺向笔者介绍，肥皂，土话叫胰子或洋胰子，史料记载是从清中期由西洋舶来的。肥皂盒作为盛装肥皂的容器，清中期以后开始生产并进入王宫贵族或寻常百姓家中。20 世纪初至 20 世纪五六十年代是瓷制皂盒流行的时期，直到 20 世纪 70 年代塑料皂盒出现，瓷皂盒才逐渐退出市场。别看皂盒体积不大，但是皂盒上所绘内容极其丰富，有人物、花鸟、动物、山水、吉祥语等，囊括了所有民间对和谐美好生活的各种热爱和祝福。无数的艺术家在这方寸之间尽展才华，为了能令人赏心悦目，它们中的很多都是精美的艺术品。目前，杨洪祺收藏的瓷皂盒达 700 多个品种。

常见的瓷皂盒形状有长方形、椭圆形、蝶形、水果形等。底足大致有圈足、平足和四足三种。皂盒上所绘内容也极其丰富，有人物、花鸟、动物、山水等。采用多种描绘方法，有青花、粉彩、浅绛彩、贴花、喷彩等。

盖钮也富于变化，有很多表现形式，如弓形、圆形、绳状、如意形等，还有一种是花蕊或动物造型，又实用又美观，独具匠心。

皂盒都是成双入对的，但是由于瓷皂盒是日常用品，易损坏，所以留存下来的不多，即便有，也是单只的居多。因此，给瓷皂盒“配对”，也是杨洪祺的一项重要工作。

一次出差到哈尔滨，杨洪祺专程去古玩城淘瓷皂盒，并在一家古玩店里看到一只“石榴型”精美瓷皂盒。因为没有这个品种，他向老板以600元价钱买了下来。过了几个月，他又在北京闲逛亮马古玩城时，同样一模一样的一只就摆在了柜子里，他抑制住喜悦，没想到踏破铁鞋无觅处，得来全不费功夫，摊主跟他要了270元，交易成功；他拿着到手的皂盒，得意地对摊主说，它的那一半就在自己手里，两只皂盒相聚1200多公里，终于团圆了。

配对成功的一对石榴型老瓷皂盒

从此以后，杨洪祺当起了“红娘”。只要碰到中意的老皂盒，单双通吃，曾经杨洪祺收集到手里的数百只单只的皂盒，许多是在他的艺术馆里面“配对”成功。

展室地上满是亟待配对的皂盒

为了给参观者先入为主的印象，一进入艺术馆，面对的展架上展示都是以双“喜”字为主题的皂盒，寓意着中国传统的“开门见喜”。而在里面还有一个主题，就是“福禄寿喜”系列主题，他在这个主题中间特地请书法家书写了“百年佳盒”的书法。通道处也有若干画家、书法家为此留墨。

杨洪祺向笔者展示了一对最有意思的皂盒，盒盖是以“梅兰竹菊”为主题的，笔者找了半天，只看到盒盖上画着的梅花、兰花和菊花，竹子哪去了？经过他的指点，才发现原来是皂盒盖子的边缘一圈是竹节型，可见创作者的精妙创意。

据杨洪祺介绍，皂盒分为手绘人物、山水、花鸟类瓷皂盒。手绘的皂盒一般做工和绘画较细腻，彩绘协调雅致，内涵丰富，常见的有人物桃花美女、三娘教子、山水、花鸟等。模印瓷皂盒一般呈椭圆形，多为民国时期制作。盒盖面多印有吉祥语“福”“双喜”“招财进宝”“日进斗金”“长生不老”“学好孔孟”“黄金万两”；动物造型如两只金鱼或两只鸡、双鹿等，寓意“吉庆有余”；植物果实如苹果、石榴、佛手等，寓意如意平安、多子、多福等。喷彩瓷皂盒采用了喷绘方式进行描绘，结合了中国画的一些技法，颜色以红色为主，图案有司马光砸缸、天女散花、婴戏图、鱼藻纹等，喷彩描绘的天女散花朦胧感强，意境更佳，让人浮想联翩。绘有人物的皂盒一般做工和绘画较细腻，彩绘协调雅致，内涵丰富，常见的有桃花美女、三娘教子等。

在艺术馆里，小编还看到了一些具有纪念意义或是在特殊时期制作的皂盒，具有鲜明的特点，如书写“提倡国货”“保家卫国”等字样的皂盒，一看就是解放初期抗美援朝时期的作品。也有一部分玻璃、木头、铸铁等

梅兰竹菊皂盒的“竹节”在盒盖边

特殊材质的制作的皂盒。

在艺术馆，上万个瓷皂盒被一一清晰地整理、展示出来，成就了规模化收藏。而在杨洪祺的眼里，这些上至清代中期，下至20世纪五六十年代的肥皂盒，就是历史的“缩影”。他要做的，就是不断地搜集藏品，充实展陈，挖掘文化内涵，通过肥皂盒复原这段200多年的中华历史。

这类有镂空的双层皂盒非常方便实用

以中国传统生肖动物为主题的瓷皂盒

◎ 这条绿皮火车线，触碰太多尘封记忆

前两天看了某报一篇文章《皇帝去避暑山庄都走哪里？住哪里？》，感觉挺有意思。因为我的姥姥家就在承德，小的时候经常乘坐绿皮火车往返通州和承德之间，还留下很多趣事。后来修了高速公路，也有了汽车，两百多公里自驾只需要两个多小时，方便多了，可是却很少去了。

承德避暑山庄和外八庙

承德，清代皇帝的第二行政办公区，后来因为避暑山庄和外八庙这些古迹，成为全国有名的旅游胜地。承德一直是京师东北部重要的京畿重镇，交通要道。因此，从清末到现在，都非常重视京承之间的交通建设，这其中，还隐藏着一段被尘封的历史。

【清代皇帝怎么去承德】

承德历史悠久，清朝康熙四十二年（1703 年）在此修建行宫“避暑山

庄”，雍正十一年（1733 年）胤禛取“承受先祖德泽”之义，设承德直隶州，始称“承德”。 当时清帝每年几乎有半年时间来此避暑和处理朝政，接见少数民族王公及外国使节。此时承德成为仅次于北京的另一重要政治中心，有“塞外京都”之称。

古代没有火车也没法自驾，皇帝们从京城到承德，只能顺着御道坐轿子抬着过去。古代把皇帝经常走的道路或专为其修的路线叫作御道，清代从京师到承德的御道叫作京热御道（那时承德也叫热河），是随着清帝北巡、木兰秋狝活动逐步开辟和兴建起来的。

京热御道按现在区域划分可分为两段：其一为京城至古北口段，分为东路和西路两条线，在如今的密云十里堡村南会合一处，今天的京承公路北京段大致就是原来的东线；其二为古北口至热河行宫段，途经河北省承德市的滦平、双滦、双桥。因为都是顺山势而建，此条御道全长约 300 公里，比现如今逢山开路遇水搭桥的京承高速多走 50 多公里。

皇帝出行都是慢旅行，走到哪儿歇到哪儿。据说京热御道沿线先后修筑了 19 处规模不等的行宫，其中密云有 6 处。直到近代的火车出现，才改变了这种情况。

【近代多次计划修铁路均搁浅】

19 世纪末，列强纷纷在我国修筑铁路，严重威胁中国主权。1885 年，洋务派首领李鸿章奏请修建铁路，这第一炮就叫津通铁路，从天津到通州。后清朝廷内部有争论，建议被搁置。光绪二十年（1894 年），清朝朝廷议定修建天津到北京的铁路，路线改为从天津到卢沟桥（也称芦沟桥），名为津芦铁路，后又延伸到丰台马家堡，于是北京有了真正意义上的第一条铁路，也成为中国最早的一条复线铁路。

清光绪三十二年（1906 年），热河都统上奏邮传部提出修建北京至热河的京热铁路计划，但后来因各种原因这一计划再次搁置。

清宣统元年十二月二十日（1909年1月30日），东三省总督徐世昌代奏第六镇统制吴禄贞，条陈东三省铁路大计划。计划拟建北京至瑷珲的北干线铁路，自北京东北经古北口至承德，再经赤峰、新邱北行渡西辽河进入东北，并与计划中的锦瑷铁路接轨。但由于日俄强烈反对，北京至瑷珲的铁路计划流产。

1913年，热河都统熊希龄倡议修筑京热铁路，是年5月，交通部长朱启钤应熊希龄之请，委派京奉铁路总工程师李吉士为主任，分两路勘察北京至热河的路线。初步拟定东西两个方案：东线方案由通州经三河、蓟县、遵化出喜峰口经平泉至承德，西线方案由通州经顺义、怀柔、密云出古北口经滦平至承德，经综合比较确定京热铁路采取出古北口的西线方案，线路延长224公里。次年建设时正逢第一次世界大战爆发、国内局势动荡及财政困难而搁置。

【承通铁路成侵华罪证】

俗话说，不怕贼偷，就怕贼惦记。日本觊觎中华大地由来已久，尤其是针对华北地区的蚕食政策一刻都没有停止。京热铁路西线方案正好符合日本侵略者的侵华计划。

根据1901年丧权辱国的《辛丑条约》，当时日本派了2600多名驻屯军，司令部在天津，兵营在天津海关寺和北京东交民巷两处。到了1937年，驻屯军已经扩充为一个旅团约6000人，分驻北平、天津、通县、山海关等地。日军策动华北五省自治失败后，在通县扶持殷汝耕成立一个冀东防共自治政府，基本上把冀东22县划入势力范围。日军已经从北、东北、西北三个方向对平津形成合围之势。

1932年3月9日，在日本军队的支持下，末代皇帝爱新觉罗·溥仪因为在长春成立了傀儡政权“伪满洲国”，1936年6月16日，由锦州通往承德的锦承铁路通车运营，这样日军就打通了从朝鲜半岛通往承德的重要通道，与通往北平的距离又近了一步。

1937 年，七七事变爆发后，日本侵略者为了加快向华北地区运输军队和军需物资，决定修建承平铁路。

承平铁路也叫作承通铁路，是日本侵略者按照我国原有的京热铁路西线计划修建的。修建分为两个部分进行，一段是从承德到古北口的承古线，主要沿清代古北口至承德的皇家御道修建，设立 6 站；还有一段是从古北口到通县的通古线，沿线分别设置的通县、张辛、顺义、怀柔、密云、古北口 6 站。

其实，早在锦承铁路通车之时，日本侵略者就已经开始针对这两条铁路线进行测绘和设计工作。七七事变后不到一个月，也就是 1937 年 8 月 20 日，承古线和通古线就正式开工，两条线分头建设。承古线路况复杂，由六组施工队赶工修建，1938 年 2 月 26 日，承古线全线铺通。通古线于 11 月 1 日从通州开始采用机械铺轨，到 1938 年 1 月 16 日铺轨完成。不到半年，承通线全线铺通，铁路全长 238 公里。

该线刚一建成即发挥作用，当年上半年平均每日开行 25 对列车，军车占 4%，全年运送旅客 18 万人次。大批侵略者和物资乘坐火车涌入，

古北口长城

这条铁路也成了日本侵华的帮凶，成了套在中国人民头上的枷锁。

【通州始发站的由来】

既然叫作承平铁路，为什么铁路不直接通到北京城，而是绕了个弯，通到通州呢？

说到这儿，就必须提一提1901年建设的“平通铁路”。当时正值八国联军占领北京期间，英国军队为加强对北京的控制、满足战时运输的需求，将京奉铁路北京至天津段由马家堡经永定门、东便门延至正阳门，同时修建东便门（今北京站）至通州北运河西岸的铁路支线，1901年，通州站建成，1902年8月24日移交至清政府，开通了通州至正阳门的火车，这一段铁路支线一度被称为“平通铁路”或者“京通铁路”。

当时，北京仅有两条铁路，一条是从北京到天津的京津铁路，另一条就是从前门到通州大运河的京通铁路。到了1909年，“中国铁路之父”詹天佑修建的京张铁路才全线通车。因此，把铁路修建到了通州，就等于和北京连接上了。

其实还有一个原因，1901年，京津铁路修成通车，漕粮自天津乘火车直运到北京，北运河停漕。1911年，津浦铁路全线通车，大批物资直达北京。由此，通州之于北京的经济地位一落千丈，但是，通州的战略地位丝毫没有降低。而且这边经济比较发达，人员交流密集，面向冀东，也就是今天的环渤海圈，具有特殊的政治军事意义。

1935年11月25日，大汉奸殷汝耕在日军唆使下，在通县宣布独立，成立冀东防共自治委员会，后改为冀东防共自治政府，以通州为政府所在地，统治面积有22个县和察哈尔的延庆、龙门、赤城3县，此外还管辖唐山市、塘沽、大沽、秦皇岛港等地，约8200平方公里，统辖约600万人口。殷汝耕成为日本侵略者控制华北地区的马前卒。

据记载，1938 年 6 月 15 日，通州支线（1901 年建设的东便门站至通州站）与通古线合并为京古线，正线长 142.5 公里。由伪满铁北支事务局管理，1939 年 4 月改为由伪华北交通株式会社管理。

1945 年 8 月，日本投降。在之后的解放战争中，承通铁路不断被解放军与民兵破坏，部分线路被拆除，有效地阻止了国民党军队的进攻。

【京承铁路改线】

如今的京承铁路线，建设于 20 世纪 50 年代，和当年的承通铁路并不完全重合。

20 世纪 50 年代初，铁道部开始着手恢复这条老铁路线，当时国家计委已批复铁道部关于京承铁路的设计方案，但是，此事遭到时任热河省领导的反对，因为按照热河省的工业布局，热河省会承德东南方向的寿王坟、鹰手营子地区的矿产资源将无法运出。

时任热河省委书记王国权，省政府主席罗德成，亲自进京到铁道部汇报承德的实际情况，请求京承铁路改为经上板城、下台子、鹰手营子、兴隆县到北京。铁道部并没有同意他们的建议。

无奈，热河省主要领导只好向国务院汇报，时任国务院副总理兼国家计委主任的李富春听取汇报后，支持了热河省的方案，并要求铁道部抓紧设计、施工，要求第一个“五年计划”内通车。自此，京承铁路由原设计北线改为南线。

京承铁路南线方案的北京段基本上还是沿着承通铁路的旧线，等到了密云，没有继续向北到素有“燕京门户”“京师锁钥”之称的古北口，也没有经过具有北京北大门之称的滦平县，而是向东北方向扎进了兴隆县，在承德市的东南部兜了一下后，提前在上板城和从东北锦州过来的锦承线汇合，然后再回到承德站。

京承铁路自1955年9月开工，1960年4月通车，全长256公里。起自北京枢纽原东便门站（今北京站），经通州、顺义、怀柔、密云、由密云墙子路出长城至六道河子，经过兴隆县、鹰手营子矿区至上板城与锦承铁路接轨，共有车站31个。

这个路线，比老的承通铁路要多走20多公里。虽然具有那个时代的烙印，但是，振兴了承德地区的经济，从今天的眼光来看，由于京承高速的通车以及全国高速铁路网的建成，这条路也确实“值”！

【“看火车”的记忆】

老的承通铁路，如今几乎看不见踪影。而京承铁路和承钢铁路专用线，至今仍给笔者留下难忘的记忆。

我的姥爷，一位参加过抗日战争、解放战争和抗美援朝的老革命，于1958年带着全家转业到承德市钢铁厂，从此我也和承德结了缘分。我出生在承德钢铁厂附属医院，承德是我的第二故乡。

1958年，第二个“五年计划”的实施掀起了经济建设的高潮。承德市委决定筹建承德市钢铁厂，在滦河镇原喀喇河屯行宫——清顺治时期建造的第一座塞外皇家宫苑的旧址上新建钢铁厂厂房。1959年1月1日，热河铁矿厂与承德市钢铁厂正式合并，成立承德钢铁公司。

为了配合钢铁厂的建设和原料成品的运输，1958年恢复运行了老承通铁路承古线上的承德站至滦河站段，起名承滦铁路，实际就是承钢铁路专用线，全长21.6公里。记得20世纪70年代初，这段主要是货运的铁路，偶尔还开通几次用闷罐子车拉人的客运。

也许是当年日本侵略者建得着急，火车通过承德市区到承钢之间的广仁岭时，也建了隧道，但是因为坡度还是大，推力不够，比京张铁路还多了一个蒸汽机车牵引：三台蒸汽机车推动一列火车。由此形成了一种独特景观，成了国际知名的“看火车”打卡地。

20世纪六七十年代，从通州到承德，只有两种方式，一是陆路，二是铁路。其中，陆路就是利用古代皇帝们走的御道，重新修整后铺设的公路，但是因为路况不好，长途汽车车次极少，一趟下来得十几个小时，疲劳不堪，所以几乎没有人坐。最便捷的还是铁路，记得当时从通州到承德的火车有两趟。一趟是早上7点左右的快车，12时许到承德，但是因为通州不是始发站，所以没座位。还有一趟是早上9点左右的慢车，通州始发，但是站站停，下午5时许到。

即便是乘坐火车到了承德站，也还有20公里的路程要走，舅舅和姨夫那时都年轻，有时就骑着自行车到火车站接我。公路和承钢铁路专用线基本平行，从火车站经过承德市区到承德钢铁厂，要经过一道山梁，就是康熙、乾隆等皇帝来承德的必经之地——广仁岭大梁。广仁岭海拔551.6米，康熙皇帝命人开岭修路，也只是在山顶上打开一道豁口。而承钢铁路专用线的火车就在半山腰附近腾挪辗转地往上爬，看到火车头喷着白烟的壮观景象，至今难忘。

【老西站和绿皮火车】

前几天经过通州西站，看到的还是十多年前的老样子。

这个火车站藏在通州一个偏僻的角落——京通快速路北苑桥路口往南的一条胡同里，甭说外地人，就是许多本地人，头一次来也不见得找得到。

他的名气，远没有位于通州老城腹地车站路的通州南站耀眼。尤其是市政府搬到通州后，通州南站因着接送一干上下班公务人员的职能，内外整修一新，老树又焕发了新芽。

南站和西站是通州人对他们的俗称，其实他们并不连接在一起，铁路在双桥管庄一带分了叉，一个向东去，经过南站，直奔秦皇岛；另一个拐

通州西站站牌

个大弯向北，经过西站后，直奔承德和更远的东北。

2007年，中国铁路大提速，京承铁路作为一条有着50多年历史的老线，设计时速只有70公里1小时，因其整条线弯道极多，无法进行电气化改造，于是多列北京到承德的列车班次选择了时速120公里1小时的京通（通辽）电气化铁路线，只留下了部分支线线路和设计时速较低的列车班次走京承线。

三十年河东，三十年河西。没想到这一慢，反而变成了都市人的“减压”体验。“乘绿皮火车，体验慢生活”，从通州西站始发的6419次列车，成了不少人的“诗和远方”。

这列火车从1960年4月京承铁路通车即开始运行，至今已超过60年，承载了笔者无数回忆。记忆中是朝发夕至，经过几次提速，现在全程只要6个多小时。

这是北京仅存的6列绿皮火车，每日一趟，始发站是通州西站，终点站是承德站，全程为硬座。它8时08分从通州西站发车，14时52分到达承德，中间途径顺义、怀柔、密云、兴隆、上下板城等21站，全程票价为15.5元。一路上风景如画，特别是伴着那哐当哐当的声音，仿佛时间凝固在了儿时的快乐时光。

通州西站

◎ 马驹桥再回首 曾是古运河渡口

最近有好多“没想到”。笔者的新书即将出版，前一阵，通过友人请著名作家王梓夫先生给写个序，没想到与王老通电话时，没说几句话，就让笔者“破防”了。

凉水河北岸的古渡回望牌坊

70 多岁的王老思维敏捷，底气中足，连问两个问题：你小时候住在哪里？你的母亲叫什么？待笔者回答完毕，他直截了当地说：你的父亲我不但认识，还是很好的朋友！然后电话两边都说：没想到。

他和笔者父亲的交集，源自 20 世纪六七十年代的马驹桥。那时王老刚 20 岁出头，我的父亲也不过 30 岁上下。几十年过去了，没想到王老还记得此事，唯盼着疫情早点结束，好跟王老好好叙叙。

马驹桥在那个年代属于一穷二白的苦地方，但是没想到后来的好几位大家，都有过在那儿历练的经历。除了王老，还有咱们通州著名的文史专家周良。还有一位老辈人都知道的著名女作家谌容，也曾在这儿生活近十年，写作第一部长篇小说《万年青》。说起她来，年轻人也许不知道，但是提起她是笑星梁天的妈，也许就会有印象，不过，其母在当年可比其子还有知名度。

无论怎么“盘”，马驹桥都是通州的一个非常重要的畿南边镇，与通州城、张家湾城，三足鼎立，共同组成北京东南水陆要冲、防御重地和通都要路。但是，马驹桥之于通州，不似张家湾与通州之间唇齿相依、犄角相连的政治和经济关系紧密，更多时候相当于一个独当一面的大将，分兵把守着京师的南大门。特别是明、清时期，因其位于皇家园囿南海子东门外，无形中成了皇家倚靠的军事和商贸重镇。

【马驹桥曾是运河古渡】

马驹桥地名的来历源于桥，有桥必有水，马驹桥的来历源于水，和古运河有关。

马驹桥最早是古运河的渡口。《资治通鉴·隋纪五》记载了隋炀帝大业四年（608 年）挖掘永济渠发生的事：“春，正月，乙巳，诏发河北诸军五百余万穿永济渠，引沁水南达于河，北通涿郡（治所蓟城，今北京城西南角）。”永济渠是隋代的大运河，其中，借用了蓟城东南的一段桑乾水（永定河支流，今凉水河），溯流而上，将大量物资运抵蓟城，马驹桥恰控永济渠咽喉。据《日下旧闻考》记载，大业七年 （611 年）二月，隋炀帝自扬州乘船沿大运河到涿郡，四月，行至涿郡治所蓟城的临朔宫，并在该宫的怀荒殿分兵命将举行东征军事仪礼。

辽、金时期，因这里水域辽阔，水草丰美，当时的朝廷便于此处放养大量军马，并且为了便于管理，对公马、种马、仔马（幼驹）分开进行牧养。而牧养仔马草场的军民慢慢聚居在渡口附近，形成村落，初名为“马驹里”。而村依凉水河，虽有行船之利，却对南北往来造成阻隔。于是便于河上建起木桥，桥名“马驹里桥”，以后又被简称为“马驹桥”，于是村名依了桥名，也变成了马驹桥。

斗转星移，到了明朝天顺年间，马驹桥已发展成商贾云集的畿南重镇，明李贤撰《敕建宏仁桥碑记》记载：“凡外郡畿内之人自南而来者，东西二途胥出此渡。车之大而驾者，小而挽者，物类之驮者，人之有肩负者骑者步者，纷纷络绎，四时不休。”而桥屡坏屡修，仍不免有冬寒涉水、夏涨覆溺之苦。

此事引起明英宗朱祁镇的注意，他恻然轸念曰：“此先务也，尚可缓耶？”下诏将木桥改建石桥，派吏部尚书李贤前来勘察。李贤夙行“宽恤之政”，故此建议：“工程浩大，莫若用军士一月，人给银一两，则力齐而功易完。”也就是不用征用民夫，不给社会添麻烦，而是从军队中调集些军人当成“基建工程兵”把桥修了，英宗从谏，改石桥“所需悉出内帑，一毫不干于民”。相当于皇帝掏的私房钱，把马驹桥改建成了石桥，桥长二十五丈，宽三丈，并起名“宏仁桥”。

清乾隆三十八年（1773 年）春，因宏仁桥年久失修坍塌，而不能通行并造成河道淤塞，洪水横流，泛滥成灾，乾隆帝发帑重修，并有御制诗文。是年冬桥成，将九孔桥改成七孔，南北长 70 米，宽 7 米。侧设石栏杆，有 18 对莲花望柱头，19 副雕纹栏板，条石铺面，方石纵砌。分水石犁耕碧水，斧刃石仰望蓝天。纵砌雁翅，浪迹斑斑，车水马龙。因宏仁桥的“宏”字与乾隆皇帝的名字“弘”字读音相同，为了避讳，又把桥名改为“马驹桥”。

乾隆御书的石碑局部

凉水河与新凤河交汇处

由于马驹桥历来都是京师交通要道，担负着繁重的运输任务，也曾为守卫北京发挥了巨大作用，因此与京东八里桥、京西卢沟桥、京北朝宗桥，被称作拱卫京师四大古桥。

【马驹桥与南海子】

马驹桥的繁荣离不开南海子这片皇家园林的兴起，因为马驹桥就在南海子园囿的东南围墙200多米处。

历史上的南海子皇家园林包括了今天的亦庄、旧宫、大红门、南苑、西红门、黄村等地区，其围墙就长60公里，面积是北京城的近4倍。

据《隋书·炀帝纪》记载，“大业七年征辽东，炀帝遣诸将于蓟城南桑乾河上筑社稷二坛设方，行宜社礼”，这是最早有关南海子地区的记录。辽代，于此处建行宫“建春宫”。明永乐十二年，建南海子皇家园林，修筑土墙，且开设四门：北门为北大红门、南门为南大红门、东门为东红门、西门为西红门，后又陆续增建了殿宇、行宫与行署，且派官员进行管理。清代沿袭旧制，建南苑皇家猎苑，其土墙也被改建成砖墙，苑门也增加至9处，且又增建行宫、庙宇数处。

临近马驹桥的东红门，乃是明代南海子所辟四座苑门之一。由于此门规制仅为一个门洞，所以又被称为东小红门。东红门被修建在凉水河的南岸，后因遭洪水冲毁，乾隆五十四年（1789 年）由朝廷下令：在海子墙“土墙易砖墙”之时，将其移至凉水河北岸半边桥北侧。

马驹桥镇海子墙公园

马驹桥古镇不属于南海子，但是，据《大清会典》记载，负责南苑行宫事务的南苑奉宸苑不但主管南海子内皇家苑囿的相关事务，还包括海子墙以外周边的重要寺庙、桥梁。因此，马驹桥和其旁边的碧霞元君庙，这一桥一庙，也归奉宸苑管辖。

碧霞元君庙始建于明成化元年，明英宗朱祁镇建完宏仁桥后不久，即于天顺八年正月去世，其子朱见深继位。随即发帑银于宏仁桥南之右，建碧霞元君庙，借以镇桥，以保永固。到清乾隆三十八年（1773 年），乾隆帝在重修马驹桥的同时，又发帑银重修碧霞元君庙，乾隆皇帝还御笔题各殿联。

【曾经的繁华无数】

马驹桥地处京津要道，明、清修建桥后，又在桥头建造了碧霞元君庙，香火之盛也促进了商业发展。

“碧霞元君”又名“泰山顶上天仙圣母”，故其庙简称为顶。明清时，京郊有五座碧霞元君庙，被称为“五顶”，马驹桥碧霞元君庙位于京城之南，规模又大，其名称“大南顶”，乡民又俗称为“天齐庙”。从庙宇建成开始，马驹桥镇每逢农历四月十五至十八日，都会举办大型庙会，以纪念碧霞元君诞辰。由于建筑规模巨大，远近朝拜者、香客如云。

“元君宫接马驹桥，香火遥分岱岳高。龙凤旗翻翠羽盖，山河影动亦鹳袍。”这是明代著名文学家屠隆的诗《泰山夫人》中描绘的马驹桥碧霞元君庙庙会的盛景。明刘侗、于奕正《帝京景物略》描绘了300多年前的盛况：“岁四月十八日，元君诞辰，都士女进香。先期，香首鸣金号众，众率之，如师，如长令，如诸父兄。月一日至十八日，尘风汗气，四十里一道相属也。舆者、骑者、步者、步以拜者，张旗幢、鸣鼓金者。舆者，贵家、豪右家。骑者，游侠儿、小家妇女。步者，窭人子，酬愿祈愿也。”

因为南海子在京师之南且占地广阔，南来的陆路被阻挡，商旅入京只能由南海子围墙东西两侧经过，马驹桥就成了东南方向进京的必经之地。凉水河南岸有一条京畿古道，是当时从天津、廊坊到北京最近的一条路。

笔者儿时记忆最深的就是马驹桥镇南北走向的这条街，记忆中这条街太长了，笔者小时经常和大人从凉水河北的海户屯小学校东门附近出发到镇上去玩，顺着街道一直向南走，走过石桥，就到了镇里，然后继续向南走，反正从来没走到过最南边。

古街丁字路口右侧为“四眼井”遗址

马驹桥镇南北狭长，南北走向形成一条长约2.5公里长的老街，镇周边有十四五个村庄紧紧相连相靠。街道两侧，旅馆驿站、斗行、烧锅、中药铺、铁匠铺、清真寺、教堂、会馆，上百家店铺临街而建，古典和现代、中式和西式建筑交相辉映，每逢集市和庙会，愈加热闹。笔者小时，虽然有些行业、商铺消失，部分老建筑被拆毁，但是基本格局未变。比较遗憾的是“四眼井”在笔者出生那年被填没了。

【没有城墙的秘密】

不同于通州古城、张家湾古城，马驹桥虽然也是一个京畿重镇，但是没有城墙，却有四座城门楼。这是怎么回事？

答案是：完全不必。

自古以来，京师所受到的外敌袭扰，主要来自北部、西部和东部，因此在这几个方向，朝廷都部署有重兵，同时修建有长城及各类关隘、城堡进行防御。而马驹桥所处京南方向是一马平川的中原腹地，且马驹桥又紧邻南海子皇家猎苑，北倚凉水河，是皇家把守要地，进可攻退可守，根本就无须劳民伤财修建城墙。

即便如此，马驹桥于明代也设有把总，清代设有绿营兵马驹桥营，明清均设有巡检司，一方面维持治安，一方面也能抵御小股敌人的袭扰。为了防患于未然，马驹桥镇的设计布局，就体现了一定的军事防御功能。到了民国，为防匪患，在镇内建东、南、西、北四座街门楼，分别起名为：“警醒万民”“太平门”“畿南重镇”“冀北繁冲”，既有壮大声威和震慑作用，也是古镇制高点。

马驹桥镇主街中间有个“四眼井”，始凿年代可追至辽金时期。井水甘洌，一年四季水量充沛，既保障了镇内居民饮用生活，还是整座镇防御体系的定位核心。

古镇的南北老街并不是一根直线，而是呈弧形略向东侧弯，这样能阻隔敌人视线。东、西门之间距离很短但不在一条直线上。东门正对着“四眼井”，南北门之中轴线与东门的连接线，正好交接成汉字的“丁”字，这个交接点就是“四眼井”的位置。从古代军事防御角度说，丁字路口使敌军进入城中后，兵力、车子都不能直通，有利于截击敌军。

千年马驹桥古镇形成的独特的历史地理格局，让我们不得不佩服古人的智慧和勤劳。然而，随着南海子的衰落，曾经繁华的马驹桥也慢慢变成了一个又偏僻又贫穷的农业乡村，也留下我的童年无数“记忆杀”。

改革开放以后，尤其是“老邻居”北京经济技术开发区的建设，让马驹桥的经济发展走上快车道，只是变得让笔者有些不认识了。

白岩松说：“人们声称的最美好的岁月其实都是最痛苦的，只有在事后回忆起来的时候才感到幸福。”这句话，也对也不对。最近笔者的一篇《海户屯与南海子有关》文章火了，引发了不少网友的跟帖回忆，也让我新结识了许多有过类似经历的朋友。幸福，不是和别人比，而是和自己的以往相比。幸福，不是过去，而是未来。

第三章 人像

◎ 那年那月　当于成龙遇见于成龙

笔者的朋友陶先生在媒体工作，喜欢研究京南文化，因此多有联络。一日，朋友忽邀笔者到河北固安参加于成龙的研讨会，才知他竟然是清代廉吏于成龙的后裔，他的母亲属于河北固安南房上村的于氏家族，历经十数代，枝繁叶茂，目前族人和后裔已达 2000 余人。

位于大运河森林公园内的大小于成龙雕像广场

【先分清楚大小于成龙】

固安于氏的先祖于成龙，人们习惯称其为振甲于成龙也叫后于成龙，这是为什么？原来康熙一朝出了两个叫于成龙的著名人物。他们曾一起共事，先后任过直隶巡抚，一品总督。出生早的于成龙（1617—1684 年）字北溟，号于山，谥号清端，即清端公于成龙，籍贯山西，也就是在电视剧《一代廉吏于成龙》所呈现的那位；出生晚的于成龙（1638—1700 年），为汉军旗人，字振甲，号如山，谥号襄勤，直隶固安人。《清史稿》记载：“同时两于成龙，先后汲引，并以清操特邀帝眷，时论称之。”他们同样以清廉而著称，一位是享有“廉吏第一”美誉的清端于成龙，另一位就是兼具“廉刚忠能”的振甲于成龙。直隶坊间有民谣称颂道：“前于后于，百姓安居”。歌谣中的称呼表现了直隶百姓对两位于成龙的尚度尊重。

前于成龙比后于成龙大 22 岁，对后于有知遇之恩。康熙十九年（1680 年），前于成龙被擢为直隶巡抚，与通州知州后于成龙有了上下级的交集，感受到后于成龙廉洁能干；康熙二十一年，前于成龙升两江总督，就向皇帝推荐他升任江宁知府，又成了自己的属下。后来前于成龙去世，后于成龙亲自主持料理了他的后事。

300 多年后的今天，在通州大运河畔的“运河清风”廉政文化主题公园，屹立着一座两米多高“前于后于”花岗岩雕塑，让大于小于又回到了通州。这里是以廉政为主题材的电视剧《天下粮仓》的外景地，公园内一共四组雕塑：密符扇、甘棠镜鉴、前于后于、通州第一党支部。这些雕塑，传承着一个个勤廉故事，让人们在饱览美景的同时，也感受到了先贤的廉洁品德。

【于成龙与通州的几层渊源】

2019 年 9 月 18 日，通州区文庙举办于成龙历史文化主题展，在开幕的当天，笔者又见到了陶先生和同行的几位于成龙家族的后人。于泽群是陶先生的舅舅，是固安南房上村的党支部书记，于成龙的十世族孙。他介绍说，于成龙先后两次在通州生活和为官，为通州做了不少好事。

第一次是在清顺治五年，于成龙11岁举家入关至北京通州，后移居通州张家湾，在这里度过了两年的童年时光。顺便说一句，于泽群等后人曾多次到张家湾寻找先人的一些历史印记，可惜一直未有发现。两年后，于成龙又移居延庆州，16岁时，全家最终定居在河北固安南房上村。

第二次是在康熙十八年，当时于成龙初任乐亭县令，后任滦州知州，干得不错，巡抚金世德赞誉于成龙“强项不阿”，上疏举荐于成龙为通州知州。这是于成龙第二次通州经历，他在这个岗位又干了三年。

【临危受命抗震救灾初建功勋】

然而这次升迁并非“美差”，上任伊始，就赶上了一次大考。据《通州志》记载：康熙十八年七月二十八日（1679年9月2日），北京及周边地区发生有文字记载以来最大规模的地震。震中位于平谷、三河，震级应有8级，范围波及河北、山西、陕西、辽宁、山东、河南，破坏十分严重。根据《广阳杂记》记载：“京城倒房一万二千七百九十三间，坏房一万八千二十八间。死人民四百八十五名。”据释大汕《离六堂集》记载这次地震的死亡总人数达到一万七千人。

于成龙立刻投入到抗震救灾之中。于成龙召集流亡的百姓，为灾民筹划操持生计，使百姓得到安置稳定。他还发现，除去地震旱灾给百姓造成的危害，还有通州土地已被旗人圈占，当地百姓没了永久的地产。因为天气久旱，粮米豆草价格飞涨，官吏百姓都处在困境之中。为保证百姓休养生息，他承诺国家的正赋之外一点也不给百姓增加负担。

他还不顾倒塌的衙署，视察了被夷平的孔庙、姚启圣祠等文化设施，长叹道：“我不忍坐视学宫被摧毁，我们要把学宫修起来。”他倡议先修复文庙（学宫）殿宇，供奉孔子圣像，以便通州学子有读书学习之处。他把孔庙西边的堂舍安排给县学诸生作为他们读书的课堂，开办了义学，并捐出俸禄重修了学宫。康熙二十一年（1682年），他又将原察院衙属内东西配房修复作为试院。其他利于教化的祠、守、表、坊，也都陆续修复或重建。

在通州文庙，至今还保存着当年记载于成龙捐款建庙的石碑《重修通州儒学记》。

他爱民如子，不惧豪强，深得百姓爱戴。为了百姓，他甚至敢于冒犯曾经多次宽容保护过自己的康熙皇帝。史载，康熙帝有一次乘龙舟准备从通州的一座桥下经过，由于桥面较低，龙舟无法通过，康熙皇帝命令拆桥过船。侍卫传旨时，于成龙却说桥不可毁。侍卫惊愕地质问："难道你要违抗圣旨吗？"他说毁桥容易建桥难，应奏明皇上，体察民生艰难，可抬船过桥。康熙皇帝最后采纳了他的意见。

纪念于成龙捐赠俸禄重建通州学官的《重建通州学记碑》

【两个人啥时候遇见的？】

康熙十九年（1680 年），大于成龙任直隶巡抚。翌年春，大于成龙到通州视察，见到了通州知州于成龙——两位于大人，就这么在通州相遇了！电视剧《一代廉吏于成龙》有一个两个人相遇的片段，虽是编剧编的故事，但是也能够大致描述出当时的场景。

大于问小于叫什么名字，小于答曰：于成龙。

大于哈哈大笑说："真叫巧呀，这里也有个于成龙。"

大于看到通州政通人和，社会秩序井井有条，对小于十分满意。

这时候，大于成龙又把温榆河大桥的工程交给他办，他对小于成龙说："这是顺义管辖的地方，顺义的知县岁数小，恐怕耽误事，你有才干就努力多干些吧。"于成龙火速赶到温榆河把工程担负了起来，四座桥梁如期完工。

因为通州的所见所闻，让大于对小于十分赏识，并主动向康熙皇帝推荐小于。康熙二十一年，大于成龙迁两江总督，次年六月，其治下一个最重要的职位江宁空缺出来。于是，大于向康熙皇帝提出，推荐提拔清操久著的通州知州小于成龙。

大于在《请补江宁知府疏》中写道："诚恐所推者操守有余而才干不足，或才干可观而操守难凭。以之经理重地，难免覆疏之虞。必得才守兼全如臣任直隶巡抚所荐通州知州于成龙，区画一切事务，庶可政修事举，胜任而愉快。"可是疏文报到朝廷后，吏部坚决反对，只能按常规方式办理，根据任职资格抽签决定。最后，还是康熙皇帝一锤定音，在奏疏上批了一个字："可"！

消息传到通州，百姓对小于成龙依依不舍。据光绪版《通州志》记载，"去通之日，士民遮道攀辕，感激不忍忘"。通州人感念小于成龙的德政，于是为他建了于公祠。

刑部尚书魏象枢巡察通州时，于成龙向其辞行，魏象枢以优礼待之，于成龙谢不敢当。象枢曰："此非待知府礼，君廉能，故以待督抚礼待君耳！"并赠诗一首，诗中说："冰清玉洁两于公，名姓相同志亦同。"

小于成龙后人展示他的画像

一次，康熙皇帝南巡至江宁时传谕，“人靡不有初，鲜克有终，尔必自始至终毋有改操，务效前总督于成龙，正直洁清，乃无负朕优眷之意”。鼓励他以老于为榜样，严格要求自己，做一个廉洁奉公“好干部”。

【于氏宗族的变迁】

小于成龙出生后不久，全家迁居广宁闾阳驿（今辽宁省北镇市）。他9岁入小学，11岁举家入关至通州张家湾，13岁时移居延庆州开始科举学习。由于封地的因素，于成龙16岁时随生父定居固安南房村，就是现在的南房上村，此后他在宦海沉浮，他父亲在此定居，死后葬在这里。于成龙开始学习满文。20岁进国子监学习，23岁毕业做了吏部笔帖式。他大伯于得水屡有战功，无子嗣，生父于国安将他过继给于得水。康熙七年，于成龙30岁这年蒙荫做了乐亭县令。《咸丰固安志》《光绪固安志》《民国固安志》中均有固安南房于氏家族与于成龙的有关记载。

南房上村于氏家族墓原占地30亩，“文革”被毁。在南房上村委会里边的小院，笔者见到了一些大型石碑，现存康熙御赐诰封碑数块，残损龟趺两处，材质良好，是于成龙父亲受皇封所建。

康熙二十五年二月，小于成龙赴任直隶巡抚，特意向康熙请假取道固安为父母扫墓，康熙感动他的孝行准假，且差侍卫传旨赏银千两，他将赏赐银两修葺祖坟，并在坟前长跪不起，失声痛哭，忠孝难两全，唯有勤政以告父母恩，乡人皆感动。

康熙三十三年，康熙帝巡视京畿地区，见运河水患，遂下令修建堤岸，小于成龙奉召至京，负责运河自通州、天津至山东峄县大堤加筑工程，并在通州修建仓廒。康熙三十三年，他在上书中指出：大运河自通州至峄县，黄河自荥泽至砀山，大堤低矮单薄的都应加高筑厚，高家堰诸处改石质工程，毛城铺诸处加以疏浚引导，江浦以下江都、高邮诸处大堤，建议大举修治。康熙三十七年（1698年），北京浑河泛滥，小于成龙临危受命，治理浑河。他改变以往的治河办法，注重浑河的全流域治理。3个月时间就疏浚河道72.5公里，筑南北堤90余公里。当年7月，于成龙将霸州等处开挖的新河命名为永定河。

康熙皇帝知人善任，重新任命小于成龙为“河道总督”，令其治理苏北段黄河、淮河。然而，黄淮水患已经积累到极其严重地步，治河问题积重难返，工作也是困难重重，举步维艰。不久，小于成龙由于长期积劳成疾，向朝廷请病假离任治疗。康熙皇帝曾命大学士明珠，带着御医、良药到工地探视慰问他，勉励他带一切以大局为重。最后，小于成龙终于鞠躬尽瘁于治水工地。康熙皇帝深感痛惜，赐谥“襄勤”。因此，后人提起小于成龙，都尊称“于襄勤公”。

小于成龙去世后，没有安葬在父母所在的固安南房上村，而是安葬在了如今的石景山区杨庄大街附近，这是因为他过继给大伯于得水，而于得水陵墓在石景山的缘故。

专家在河北固安考察小于成龙家族墓地

“前于”在直隶巡抚任上，曾为通州知州衙门题写了一副楹联：“重门洞开，要事事勿负寸心，方称良吏；高山仰止，莫矜矜不持一石，便算清名。”“后于”在任通州知州时，也曾写下了一副楹联：“穷秀才做官，何必十分受用；活菩萨出世，总凭一点良心。”

两廉吏不但做事劲道，这诗作得也杠杠的。

◎ “网红”祖师爷在此，还不过来打卡？

中国人的很多传统行业，都有个祖师爷，民间有“三百六十行，无祖不立”的说法。比如木匠这个行业，祖师爷是鲁班，白酒这行业，祖师爷是杜康。茶叶行的祖师爷陆羽，屠宰行的祖师爷是张飞（张飞“参加革命”前是屠户）……这些祖师爷不是谁自封的，都是千锤百炼的行业牛人老炮，谁不承认，就等于少了一个保护神，少了点儿专业的情怀。

“网红”也有祖师爷？这个可以有！只不过现在活跃在网络上那些毛头小子还没有成气候，“嘴上无毛，办事不牢”。时间、资历的积累还不够，远未达到祖师爷的地步。而笔者推荐的这位，条件全够了，说他是网红祖师爷，没人敢跟他叫板！

断裂过的墓碑

李卓吾是位离经叛道的“网红”。他生于 1527 年，死后葬在了通州。

这是李卓吾的“网红标签”：混血儿、“博士”“正局级领导干部”、下海、“女权”、给 800 个古人翻案。

李卓吾，祖籍福建泉州，有阿

拉伯血统，他本来姓林，后改姓李，号卓吾，明朝的嘉靖三十一年中了举人，这相当于现代人的博士学位。历共城教谕、国子监博士（当代博士学位的名称由来），万历中为姚安知府，这在现代来说相当于地区的一把手，妥妥的正局级领导干部。已经达到了许多当代人一辈子也达不到的职场高峰了。如果说他就此打住，人生已算圆满矣！

可他偏不！

他在万历九年也就是55岁时辞官，变成了一介平民，也由此开启了他的“网红”生涯。据说他在讲学时，不管哪座寺庙，还是深山老林，和尚、樵夫、农民，甚至连女子也勇敢地推开羞答答的闺门，满城空巷，都跑来听李贽讲课。一下子，李贽成了横扫儒、释、民的学术网红。

李贽对待女性的观念，在那个男尊女卑的时代，令人觉得“荒谬”！在李贽著有的《初潭集》《焚书·夫妇论》等书籍中，直接按照人类生育的自然顺序，进行了重新排列，将妇女和妻子排在第一位，李贽坚定地认为“夫妇，人之始也。有夫妇然后有父子，有父子然后有兄弟，有兄弟然后有上下。”细数中国历史，寻找“女权”主义的鼻祖，李贽绝对可以位列前五，若从坚决性和彻底性来看，榜首非他莫属！

李贽撰写的纪传体通史《藏书》把千百年来颠倒了的历史重新颠倒过来。其书中所载约800名历史人物，几乎每个人都有不同于传统的评价。不信您看：“千古一帝”——为秦始皇翻案；“必如曹孟德，方可称之为江淮河海之水”——为曹操翻案；“胜高宗十倍、中宗万倍”——为武则天翻案；“善择佳偶”——为卓文君翻案。这些在当今人们看来正常的观点，其实都是当年他首先提出来的。

有多少猖狂就有多少叹息！这些观点自然对传统思想造成了强烈的冲击。晚年定居于通州的他，最后被诬下狱，自刎死于狱中，享年76岁。死后，他的挚友、一位特别局气的通州人——马经纶冒着极大的风险把他收葬于北京通州北门外马寺庄迎福寺侧。1953年迁至通惠河北畔大悲林村南，

李卓吾墓

1983 年，李卓吾墓被移至西海子公园内。

2020 年 5 月初，经过二次改造后的西海子公园重新开放，李卓吾墓也进行了重新修缮，这次修缮，墓前规划了一片怪石，在笔者看来，这些嶙峋的怪石特别像一群姿态万千的观众，与李先生遥遥相对，仿佛在聆听他的教诲。也许修建者无意，但是无形间成了应题之作。

嶙峋怪石

通州具有深厚的文脉传承，笔者曾经跟许多人探讨过什么是“通州精神”？从李卓吾乃至马经纶身上，起码透射出两个中华传统道德的精髓：智、义。如果你遇到这样的通州朋友，算是没白交。

网红“祖师爷”在此，还不过来打卡？

◎ “面人汤”父子两代人的传奇

汤凤国和他的作品《遛鸟老人》

说起通州能够真正走出通州、走进北京和全国的艺术殿堂级非物质文化遗产项目，“面人汤”不敢说是唯一，也是第一个。因此，笔者2006年在策划民间艺术扑克牌公益活动时，将“面人汤”传人汤凤国列为活动当仁不让的“头牌”——大王，也因此和之后的时间里面，和汤凤国有过两次交集，走进汤凤国的家，和老爷子聊天、拍照。

2007年的一天，经朋友介绍，笔者来到位于东四美术馆南侧胡同的汤老师的家。他的家在距离胡同西口不远的一个小院的楼房二楼。敲开门，汤老师首先指着自己的耳朵说：“聋，听不清楚话。”并让我们说话声音大一些。屋子好像是个二居室，因为楼前有大树遮挡，光线不太好，很昏暗。客厅内都是书籍，橱柜的玻璃格子里面摆了不少面人作品。及至和汤老师聊开了，也就放下了拘束。他很健谈，跟我们谈起了他的家世、他的大学教授生活、他的作品，甚至还谈到了一场让他恼火的笔墨官司，而且边说还边从书架上拿起几件他的作品给我们欣赏。

《通州民间文化扑克牌》大王汤夙国

笔者提出给他拍几张照片，他欣然接受。因为屋子里面很昏暗，于是乎，我跟汤老师商量到阳台拍摄。笔者生性洒脱，喜欢纪实摄影，不太喜欢“一本正经”的工作照，于是试着跟汤老师商量，请汤老师随意做些动作。没想到汤老师答应得非常痛快，就在阳台的狭小空间里，他拿着他新创作的几幅作品，或托，或举，不断变换姿势。笔者也就势留下了这些珍贵影像。因为没用闪光灯，又都是随机抓拍，所以这些照片的像素不大，甚至个别地方有些虚，但是照片更有灵气。

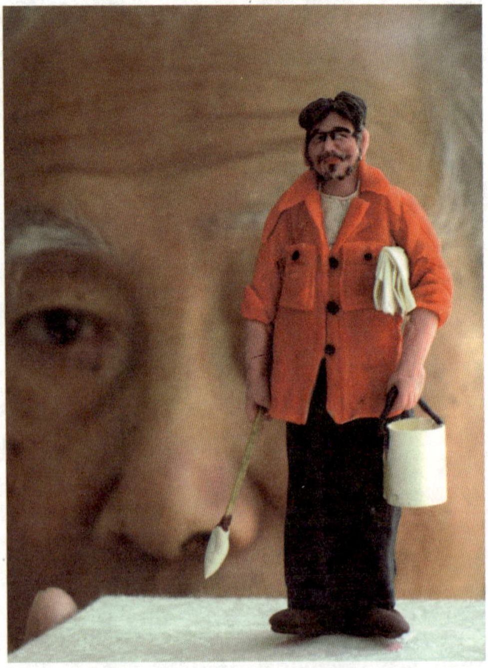

汤夙国作品《公园写大字书法的人》

2011 年，因为一篇报道的事情，笔者又带着自己的学生到汤老师家拜访，在同样的位置给汤老师拍了一些照片，还顺带着给自己的学生和汤老师拍了些合影。非常遗憾的是，净顾着给别人拍，自己没有和汤老师留下一张合影。

2015年3月8日凌晨4点20分，84岁高龄的汤夙国老先生停止了呼吸。听闻此讯，笔者扼腕痛惜，作为通州区民间艺术的旗帜性人物，汤老的去世绝对是通州民间文化界的损失。笔者专门安排学生在媒体刊发了一个关于他的报道为纪念。

在通州区档案馆，有一个和刘绍棠、高占祥、刘白羽、张源等通州文化名人同在的“面人汤艺术馆”，它成立于2001年，在2013年重新装修，收藏了“面人汤”父子两代人几十件栩栩如生的面塑作品及大量照片、书稿、证书，供市民免费参观、欣赏“面人汤”面塑艺术的辉煌和成就。

汤夙国生前曾任北京市文联第六届理事会理事、北京民间文艺家协会第三届主席团副主席。1996 年，联合国教科文组织授予汤夙国“民间工艺美术大师”称号。而他的父亲汤子博，是“面人汤”名号的创办者，经历更加传奇。说起来，他还是笔者潞河中学的先辈校友，他们父子俩都是手工艺人中少见的“高知”，妥妥的学霸艺术家。

什么是面人呢？面人也称面塑、年模、面花、江米人，是一种制作简单但艺术性很高的中国民间工艺品。早年间，每逢农闲，各地城市和农村都可以看到面塑艺人，他们背着一个小箱子，随时在街头坐下，前后左右围满了人，来捏塑大家熟悉和喜爱的各种人物。捏面人儿的人都是以此谋生的手艺人，可是在他们当中，总是出现一个文质彬彬的中学生，而且能够创意出许多当年流行的人物的面人，栩栩如生，吸引了很多孩童和家长。

这就是“面人汤”的创始人汤子博。他是通州新城南街人，生于1882年，幼年语迟但心灵手巧，尤喜绘画，少年时就读教会学校潞河学校（今潞河中学），课余师从当时年届八十的田朝阁先生学习国画。虽然接受了正规

“面人汤”创始人汤子博雕像

教育，但他却独爱绘画和捏泥人。

当时的通州有不少南来北往的谋生艺人。一次，他在通州万寿宫游玩时，偶遇山东面塑艺人，颇感兴趣，遂购其面团，潜心研习面塑，他边看边学，学着用面粉、糯米粉为主要原料，再加上色彩，石蜡、蜂蜜等成分，经过防裂防霉的处理，制成柔软的各色流行的人物造型面团。

因为常年学习绘画，汤子博便将自己国画中的人物捏成面人，与其他手艺人的面人不同。他还大胆地做了一项改革，就是将当时“扦举式”的面人改成可以站在木板上的“托举式”案头陈设艺术品。

随着年龄慢慢增长，家里的兄弟姐妹都开始工作赚钱，汤子博也开始考虑自己的“职业规划”。想来想去，自己最喜欢也最擅长的就是捏面人，于是叫木工打副柜子，开始在家门口卖面人，那年，他才 14 岁。

别人为了谋生，汤子博是为了“写生”。为丰富阅历，开阔眼界，汤子博开始走出通州，先后游历河北、山东、山西、绥远、内蒙古以及西北、东北等地，悉心观察。在天津时，他看到这里的少女装扮与其他地方不同，便仿捏一少女放在工具面料箱上。没见过的群众一边围观一边议论纷纷，后来才知道这是在制作面人。

在涿州一座废弃古寺中，汤子博看到准提菩萨像雕塑精美，即细致观赏每一部位，直到傍晚。在大同云冈石窟长住时，他每天都要反复审视佛像神态和手势。也正是因为这样的经历，让汤子博在今后捏古装人物时大有裨益。

在游历间，汤子博还经常上集赶庙，很多地方戏曲和高跷、狮子、五虎棍、跑旱船等民间花会及摔跤等各种技艺，让他对社会生活和各类事物有深刻了解。在这期间，他还掌握做泥人、配制古玩、捏瓷人和“做旧”等技能，绘画和面塑技艺更致成熟。

汤子博的面塑题材涉及古今中外、男女老少、五行八作，十分广泛，极受推崇。独门绝活儿就是“核桃面人”，他能在极小空间内，捏出“独钓寒江”“竹林七贤”等故事。最多时能够在核桃里塑造27个人物，如“三战吕布”，有虎牢关景致，有骑战马执兵刃激战情景，栩栩如生。

也因为捏面人的手艺精湛，汤子博与很多社会名人都有交往。不仅给民国总统黎元洪捏过面人，还因捏梅兰芳扮演的虞姬，得到了梅兰芳本人的肯定。除此之外，徐悲鸿也十分欣赏汤子博捏的面人，后来汤子博还捏了一个洛神送给徐悲鸿，徐悲鸿十分喜欢。

1971年5月，汤子博在北京逝世。因为当时他所制作的面人基本没有防腐材料，所以保存下来的作品少之又少。

汤子博使用过的眼镜

当汤子博去世后，他的儿子汤夙国成为“面人汤”第二代传人。汤夙国于1967年毕业于中央美术学院雕塑系，“文革”后几经辗转调回母校工作，以副研究员身份退休。

汤夙国的面塑与时俱进，他以中国的写意手法塑造钟馗、达摩、屈原，又用西方雕塑强化面塑人物的骨骼、体态。小小的面人，却有着大雕塑家的神韵与气魄，他塑造的《钟馗》《国画大师齐白石》等作品，皆神形兼备，情绪和神韵都能拿捏得恰到好处。

著名雕塑家钱绍武曾这样评价汤夙国：“夙国在校，颖悟异常，刻苦自励。既能不坠家学，又锐意求新。遂能融中西之长，成一家之言。不古不今，亦古亦今。“文革”之后，乃脱颖而出。非但国人重视，国际友人亦视为瑰宝。近年来，夙国行踪遍欧美，播扬民族优秀传统之余，复潜心研究各国精粹之所在。钻研雕塑，更能博涉文艺，诗词歌赋，莫不留心。”

为传播面塑艺术，从1980年起，汤夙国多次到美国、加拿大、德国、日本等20多个国家举办展览、讲学，其作品多次在国内外展出、获奖，巴黎大学及国外多家艺术馆等都收藏了他的作品，国外一些学校还建立了汤夙国面塑陈列室……

1996年，联合国教科文组织授予汤夙国“中国民间工艺美术大师”称号，2006年，汤夙国应美国波士顿儿童博物馆和美国PEM博物馆之邀，赴美办展、讲学。这个时候，他已经年逾古稀，2011年汤夙国成为国家级非物质文化遗产传承人。

对于“大师”称号，汤老相当地淡然，记得在他的家里，他对笔者说：“我不是大师，大师哪儿那么容易出，几百年出一个就不错了，都是大师就没有大师了。”

◎ 再忆周良

2017年是个令人扼腕痛惜的年份，这一年，先后有笔者的父亲、岳父，还有周良老师三位老人接踵去世。非常遗憾的是，笔者和周良老师错过了一次很重要的交集，最终也没有和他再见上一面，成为内心永远的痛。

周良工作照

【通州再无周良】

2017年春节前，笔者正在开车，突然接到了周良老师的电话，他急促地跟笔者说："你不是跟我说过要建个孝道博物馆吗？我给你引荐一个人，通州区一个孝道村的书记，你们可以谈谈……"当时笔者开车正要拐弯，于是跟周老说："您稍等，我稍候给您回。"建一个孝道博物馆是笔者的心愿，笔者很感兴趣。拐过弯后，笔者把车子停在路边，立刻给周老回电话。谁想到，一连几个电话，都没有人接。

待到晚上到家后，笔者又给周老打了几个电话，还是没有人接。无奈之下，笔者给通州博物馆任德永书记打通了电话询问缘由，没想到，任书记惊奇地说："你不知道周老又住院了吗？按照医嘱，是不能和外边的人联系的。""手机在她的老伴手里，这一定是老先生偷偷用手机给你打的，打完后手机被老伴收回，才不接电话了。"他猜测。据他讲，老先生是因几年前手术引发的感染，因为工作太忙，一直疏于治疗，直到复发住院。为了不影响他的治疗，文化委专门要求相关的工作人员，没有特殊情况不要去打扰老先生。

听任书记一说，笔者心里一热，又是感动，又是心疼。感动于周老的热心，人在病床，还不忘牵线搭桥。当时只祈愿周老早日康复，并跟任书记约定，等周老出院后再抽时间去看他。

没想到这一个电话后，跟周老竟成了永别。因为三三两两的工作，和周良见面的事情一拖再拖。2017年5月14日上午，任书记给笔者打来电话，沉痛地告诉笔者，周良老师于凌晨去世了。听到这个噩耗，笔者的眼泪当时就涌了出来。一个上午，笔者又接到好几个朋友的电话，都是关于这个事情的。15日下午，周良的追悼会在通州殡仪馆举行。待笔者到达现场后发现，参加追悼会的有好几百人，大多数人都是自发前来的。此情此景让笔者唏嘘不已。

周良对通州的文博事业具有不可替代的作用，他的离世是通州的巨大损失。“周老走了，以后关于通州的历史该问谁去？”有网友知道周老去世的消息后感叹道。一位朋友曾经无奈地说：“通州再无周良。”

【忘年之谊】

周老是通州区凉水河畔南火垡村人，生于1943年9月，于20世纪60年代中期参加工作，最早在马驹桥的北海小学教书。当年笔者的母亲也分到那里，他曾经和笔者的父母是很好的同事兼朋友。后来，他调到了通县文化局工作，笔者的父母则带着全家搬到了潞河中学。至今笔者还记得，70年代末刚刚改革开放时，他和朋友拎着一个装满散啤酒的白色塑料桶来到笔者家，父母炒了几个下酒菜，他们就坐在院子里面边吃边聊的情景。当时笔者只有七八岁。

一晃三十年过去了，笔者从小学、中学、大学，直到后来在北京市里参加工作，因为和通州交集不多，再也没有见过他。

2006 年底，笔者和几位朋友发起并组织了一个叫“通州民间文化名片展示”的公益活动，打算推出 54 位通州民间文化的名人代表，在拉名单的时候，大家就一致推荐他，可见他在通州的影响力。一天下午，笔者和朋友来到通州区博物馆，在一排平房紧东边一间不大的小屋里见到了周老。当朋友们介绍笔者的名字时，周老并没有太在意。笔者握住周老师的手，赶紧地说：“周叔叔，您不认识我了？我是张捷的儿子。”这时笔者发现周老师非常吃惊，他紧紧盯住笔者的脸，张嘴叫出笔者的小名：“你是小春？我知道！你刚出生没多久，我把你举过头顶逗着玩，结果你把一泡尿，全撒在我头顶上了……”一句话说得笔者脸通红，全屋子的人都大笑不已。

周老师对笔者的活动非常支持，他还提出了很多建议，当他知道笔者在北京当记者时，非常兴奋，鼓励笔者多关注通州。有了周良老师这些懂通州、爱通州的引路人，笔者的活动取得了圆满成功，先后被中央电视台《第一时间》早间新闻、北京日报、北京晚报、北京青年报等数十家媒体专题报道，推动了通州区民间文化的发展。

【通州文物“活地图”】

周老是北京运河研究专家、文物专家、通州十大文化名人之一。周良本名周庆良，周良是笔名，熟识他的人都称他为“周老”。通州的不少文物，如汉唐砖室墓，因为他才得以发掘、挽救。

听母亲回忆：年轻时的周老个性就极其鲜明，他爱憎分明，而且认准的事情绝不回头。后来他从事文物管理工作，很多人都知道，想与周老做朋友其实很简单，只要你热爱文物，周老就拿你当朋友。周老大发雷霆的人和事有两类：破坏文物的人和事儿，和不尊重事实、胡乱写文章误导后人的那些人。为了保护通州燃灯塔的原貌，周良批评了在燃灯塔附近的庞然大物式的建筑，与很多大人物吵了架。

通州区原作协主席刘祥写下的话语最典型："哪一次中央、市里及外地来人不是你实地讲解引经据典滔滔不绝？须知你把通州吃透了，重点朝代、建筑、遗址、诏书碑文，你甚至连哪年哪月哪日、长宽厚实物尺寸、段落句读，连民间传说走路都在背诵，你的学问是脚步丈量出来的。"从1982年开始到2003年，周良独自一人骑着自行车，走遍整个通州的每一个自然村和城区内的每一条街巷，完成了全市第二次文物普查的任务。也正是因为这一段经历，周良被大家称为"通州通""通州地下文物活地图"。

和周老交往多了，才知道他对通州的贡献。关于通州的文化、文物，关于大运河的历史，周良有很多著作，包括《通州漕运》《潞阳杂叙》《潞水吟》《古代张家湾》等12部。1985年，周良荣获文化部文物系统先进工作者称号。1989年，周良荣获公安部、文物局文物安全先进工作者称号。2002年，周良荣获国家文物局郑振铎—王冶秋基金会奖励。

周良文史选集（上下卷）

【笔墨思孝】

从2008年开始，笔者逐渐将目光集中到中国传统孝道文化的发掘和研究工作上，创建了中华孝道公益网站，主编出版《孝之道》公益读物。曾经作为特约嘉宾参加了2009年社科院组织的第三届中华孝文化与和谐社会建设论坛和2010年全国老龄委的世界华人孝文化研讨会。没想到又和周老找到的契合点。

在北京一次以孝道为题材的书法活动中，笔者无意中看到一幅遒劲有力的书法作品，落款和名章是周良。这让笔者十分惊讶。于是笔者马上联系周老询问，这才知道，周老的书画印功力都非常了得，而且对于孝道推崇至极。

后来笔者拜访周老时，他给笔者讲了一个发生在他自己家的故事：割肉医姑。他的母亲姓刘，是北京通州张家湾镇枣林庄人，前几年以93岁高龄故世。在她生前，常常给他讲她奶奶如何背着人将自己胳膊上的肉割下一块，放在汤药里给婆婆吃，从而让婆婆病愈的真事。此事传到四乡，得到了一块“庸德奇行”的金匾。匾文中“庸德”一词指的是儿媳妇孝敬公婆乃是平常应该做到的传统美德。“奇行”一词是指上述割肉医姑之事乃是不寻常的行为。因此，周老兄弟及妯娌很受教育，时时处处孝敬父母。

周老喜篆书，章法无常，识文而定，编锋顿涩运笔，不回锋，略具隶、楷韵味，力求美观，潇洒苍劲。又受骨瓷“锦地开光”纹饰启发，他首创了“章地书法”，使朱不掩墨，章不扰书，让书法作品展现出与众不同的新面孔。它的印章均为自刻，多古诗词及成语，单刀冲，一刀切法均用，印面形状多样自然，布局无束。特别是他篆刻采用的章料不是寿山石，而是质地坚硬的大理石，这需要创作者非常强大的腕力。

周老创作了很多孝道题材的书法和篆刻作品。笔者珍藏了他的一幅“二十四孝”篆刻作品拓片横幅，24个孝道故事一名一文，阴阳文相间，笔道刚劲多变化，线条皴擦入骨。正如同他的性格，棱角鲜明，难以磨灭。

“二十四孝”篆刻作品拓片横幅

◎ “中国申遗第一人”原来是潞河学子

以侯仁之名字命名的潞河中学仁之楼　（杨海涛／摄）

2022 年 6 月 11 日是我国第 17 个中国文化遗产日，全国各地都在搞纪念活动。截止到去年，我国已有 55 处自然文化遗址和自然景观被列入《世界遗产名录》，这其中包括大运河。而这些都离不开一个人的贡献——“中国申遗第一人”侯仁之。也许大家不知道，他还是潞河中学 1932 届的学子。为了纪念他，潞河中学西北侧有个“仁之楼”。

侯仁之像　（来源：北京大学网站）

侯仁之，中国著名历史地理学家、中国科学院院士、中国现代历史地理学开创者之一。1980 年，侯仁之当选为中国科学院地学部院士；1984 年，被英国利物浦大学授予“荣誉科学博士”称号；美国地理学会授予他乔治·戴维森勋章，被国际地理学界评价为“中国最富有激情的地理学家”“当代地理学的世界级领导人物”。他也是最早接触《保护世界文化和自然遗产公约》的中国学者，如果少了他的敏锐和果敢，我们或许要在“申遗”的路上徘徊很久。

1984 年，侯仁之在美国康奈尔大学讲学时接触到《保护世界文化和自然遗产公约》（简称《公约》），认为中国加入《公约》刻不容缓。他在归国后立即以全国政协委员的身份起草了一份中国应加入《公约》的提案，提案很快为国家所采纳。

1985 年 12 月 12 日，中国成为“世界遗产公约”缔约国。1987 年，侯仁之着手世界遗产的申报。同年，故宫博物院、周口店北京人遗址、泰山、长城、秦始皇陵（含兵马俑坑）、敦煌莫高窟列入《世界遗产名录》。要知道，只有成为“世界遗产公约”缔约国，才能推荐评选自己的世界遗产名录。

2014年6月22日，在第38届世界遗产大会上，大运河成功列入《世界遗产名录》。但是它的整个申报工作很漫长，这项工作从2005年就开始了，全国政协邀请了他的儿子参加了最初的论证会。经过了近十年艰苦卓绝的论证、研究规划、申报等工作，才最终促成了这件大事，可惜的是，侯仁之没有看到申报成功，就于2013年10月去世了。

侯仁之于1911年12月6日出生在河北，但写在他102年生命中的城市，却是北京。

侯仁之主编的《北京历史地图集》

他身份多元，学术领域也颇为广阔，建立中国现代历史地理学的基础理论，研究城市历史地理、沙漠历史地理、环境变迁、城市规划等。侯老终其一生，其角色都和一座城市——北京，紧密相连。他被国际学术界誉为“北京史巨擘”，用双脚踏勘出北京的河湖水系，找寻这个城市在历朝历代的地理位置，唤起了这座面貌日益模糊的现代都市丰沛的历史记忆。他也为北京老城建筑的保护奔走疾呼，为一再消逝的城墙、胡同伤神焦急。他称自己对于北京的感情是“知之愈深，爱之弥坚”。

1931年初秋，20岁的侯仁之从山东德州博文中学转至通州潞河中学就读。那是他第一次来北京。走出前门火车站的时候正是黄昏，在拥挤的人群中，他一眼便看到了巍峨的正阳门城楼和浑厚的城墙。侯仁之为之一振。多年后，他写道：“一瞬之间，我好像忽然感到一种历史的真实。从那时起，一粒饱含生机的种子就埋藏在我的心田之中……正是因为这个原因，我对北京这座古城的城墙和城门，怀有某种亲切之感，是它启发了我对历史的兴趣，把我引进了一座富丽堂皇的科学殿堂。”他与北京城的缘分自此开始。

潞河中学给了侯仁之深刻的影响。

侯仁之刚入学就赶上九一八事变，出于强烈的爱国心，他在潞河中学校刊上发表《民族的反省》中写道：我们要把“打倒日本帝国主义”看成一个非常困难而严重的问题刻在心上……从每个人的日常生活上建设起来，殷勤、刻苦、实践、奋斗——造成整个民族生活的中心……巩固整个民族“活”与“做人”的力量……

1932 年离开潞河中学初入燕京大学的侯仁之
（来源：北京大学网站）

1932 年，侯仁之就要从潞河中学毕业了，校长陈昌佑问他的打算，他说不准备听从父亲安排学习医学，想回原籍山东德州当小学教员。他说：“我在《中学生》上看到顾颉刚的文章，受到启迪，才这么决定的。”顾颉刚的那篇文章是《敬告今日青年》，刊登在 1932 年 1 月的《中学生》杂志上，为了这篇文章，侯仁之从潞河中学步行到北京的开明书店，来回走了 50 多公里路，买了回去反复阅读。他后来谈起顾颉刚文章时的情形时说，那篇文章对他影响很深，当时他看到中国就要被人瓜分，心里特别着急。他们那一代人对于中国的灾难总有着切肤之痛，也许正是这种疼痛变成了他成为伟大学者的动力。最终他转攻历史，考入燕京大学历史系。

侯仁之喜好运动，而潞河中学恰恰是我国开展近代体育的先行者、启蒙者，是中国奥林匹克运动的摇篮。新中国成立前，我国先后有 3 人担任过国际奥委会委员一职，其中孔祥熙、董守义二人均为潞河中学早期的毕业生。体育是增强体魄、塑造人格、磨砺精神不可替代的手段。这是百年潞河一直践行的教育准则。

1895 年前后，潞河中学开展了棒球、足球、篮球、网球和田径等项目的体育活动。1905 年前后，潞河中学的各项体育运动已经达到国内较高水平，校园里各项体育竞赛活动已经不能满足各个代表队的需求。在这种情况下，潞河中学率先把体育运动推向社会，从而推动了我国近代体育竞赛活动的发展。

1913年，被誉为亚运会前身的第一届远东运动会在菲律宾举行。潞河中学的运动员代表我国参加了比赛，并取得了团体第二名。1915年，第二届远东运动会在上海举行，我国获团体第一名，潞河中学运动员成绩显著，功不可没。在此后举行的7届远东运动会上都有潞河中学运动员拼搏取胜的记载。

好多人以为学者都是身体孱弱的书生，其实不是。

侯仁之在通州潞河中学读书时，每次从校园出发要徒步行走20公里地方进北京城，返回潞河中学又要走20公里地。他回忆道："年轻时我十分喜好体育运动，田径比赛中的跳高、跳远、铁饼、铅球，都能比画两下子，游泳、长跑则是我的强项。1941年，我在南京大学获得文学硕士学位的同时，还获得燕园5000米长跑的冠军。"

侯仁之的一生其实颇为坎坷，年轻时曾因参加抗日运动而被捕入狱，"文革"十年又被批斗、挨打、游街、劳改，历经磨难。但老人却以平和之心面对一切，他曾对一生做过一个简单的总结：少年飘零，青年动荡，中年跌宕，老而弥坚。他活到102岁，成了真正的生命的强者。

"我们不了解昨天和前天，怎能更好地了解今天呢？"这是他留下的话。

附记：

对于侯仁之先生，经历了一个从不了解到了解，再到崇拜的过程。

最早关注侯老是基于"校友"的关系，后来因为对于通州历史文化的研究，开始关注他的一些著作。因为，要研究通州，必须熟稔北京，而侯老是北京历史地理学的奠基人，无论从哪一个方面来研究，都无法绕过他。

读得多了，对于他渊博的学识，越来越崇拜。而最惊奇的是，在前一阵查询侯老的学术资料时，竟然发现一篇他早年写的与笔者的老本行相关的文章。

这篇文章名为《同记者同志谈谈地理学》，发表于60年前，也就是1963年6月15日的《新闻业务》杂志。读后如沐甘霖，受益匪浅。即便在今天来看，也有很大的现实意义。

文章从他组织的一次沙漠考察工作谈起，记者因故没去，他对此谈了一些观点。推而广之，他认为地理学是一门综合的科学，和国民经济的各个部门都有很密切的关系，建议所有的记者，都要学一些地理学的知识。

他更结合自己的经历，向记者们推荐了几种地理入门的书籍，尤其推崇一千几百年前郦道元写就的《水经注》。

他说，《水经注》文笔优美，具有很高的文学价值。唐代著名诗人柳宗元以写景著称，据说也得力于《水经注》之处颇多。而记者们通过学习则可以提高地理描述的能力。

他举例，《水经注》郦道元在描写永定河河水从怀来盆地下注西山山峡时的情景："漯水（永定河）又南入山，瀑布飞梁，悬河注壑，湍湍十许丈，谓之落马洪（即今官厅水库处）。"

他说："这里所描写的正是今日官厅水库拦河大坝没修筑以前洪水暴涨、汹涌下泄的情景，虽然简单几句，却写得有声有色。如果报道今日官厅水库的修建还能引证一下郦道元一千几百年以前的描写，古往今来，更能提人兴会。"

看到这里，笔者真是汗颜。侯老不但是自然科学的顶尖专家，还教会了我们写作的一些道理，吾师也！

以侯仁之名字命名的
潞河中学仁之楼
（杨海涛／摄）

◎ 崔永平走了，皮影馆何去何从？

利用一个二居室改建的博物馆门厅

2013 年 8 月的一天，笔者与通州几位文化人小聚，不经意间听到了一个意外的消息：在通州区开皮影艺术博物馆的崔永平老先生 5 月份去世了。都好几年没见到这位老先生了，这消息让笔者既惊诧又惋惜。

笔者随即查到崔老师家的电话打过去，是崔老师的夫人接的电话，话没说两句，那边已经声音哽咽了，赶紧安慰了几句，告知过几天去看看。

2013 年 8 月 11 日早晨，笔者约上曾经一起寻访这些通州文化名人的王起君和陈学增先生，一起驱车去30公里开外六环边通州马驹桥的崔永平皮影艺术博物馆。金桥花园——还是那个熟悉的小区，16号楼4单元——还是那个熟悉的一楼楼门。然而，给我们开门的却只是孤孤单单的崔永平老师的夫人王淑琴老师。

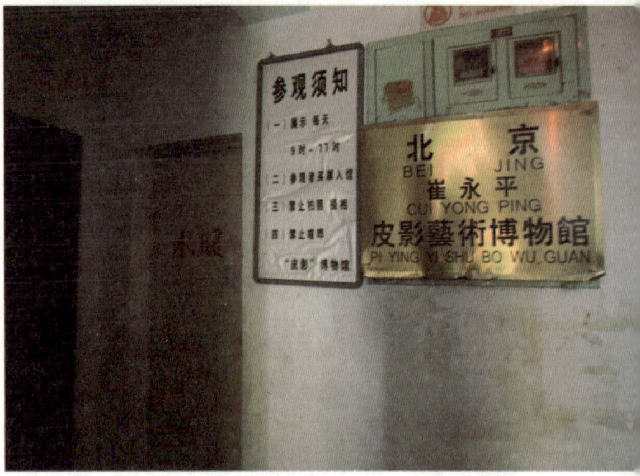

虽然几年过去了，王老师仍然记得笔者他们，她把他们让进屋子，忍住悲痛，为他们讲述了崔永平老师去世的经过。

5月7日早晨，刚刚从国外回来的崔永平老师突感不适，身体动不了了，王淑琴老师赶紧给几条街外一个熟人打电话，两个人七手八脚地搀着崔老师出门下台阶，结果没等到下到第二级台阶，崔老师就不行了……

据王老师讲，最近这一两年，他们陆续出国几次，主要是与一家美国的博物馆洽谈在国外开辟分馆的事情。这家博物馆本来想动员崔老师把博物馆迁到国外，结果遭到崔老师的严词拒绝，经过多次谈判，才达成开辟分馆的协议。崔老师的身体本来就不好，其中在加拿大闺女家时，还住了一阵院。也许，崔老师的过世与此有一定关系。

笔者与崔先生虽只有区区几面之缘，却经历了从误解到理解，从拒之门外到热情款待的过程，最后一次见到他，他甚至到了希望笔者帮助他整理下皮影资料、修理下家中破损书架的不二地步，这可不是说他喜欢使唤人，而是他对皮影事业传承殷殷期待的渴求。当笔者将一个喜爱民间文化的老板介绍给他，听说在现场他当场给人家下跪，感谢对博物馆的支持。崔先生是一个真正的有中国传统文人范儿的非常自尊的人，即便是拖着十几年半身不遂的身体，用一只手都把自己的书桌和藏品整理得井井有条，能做到这些事情，可以想见他对皮影的热爱和真心。

崔永平1945年生于北京通州东关，14岁开始学习皮影艺术。1993年中风后以顽强的毅力与病魔做斗争，并与夫人王淑琴集毕生积蓄建立中国第一个皮影艺术博物馆。

博物馆于2004年4月22日正式开馆，为我国古老的濒临失传的民间艺术——皮影戏创建了一个生存与传承的空间。人们从这里看到了2000多年前皮影戏的发明创造过程和500多个盎发别致的皮影头像。无论是善美的还是恶丑的，都有一种熟悉亲切之感。熟稔的故事情节和人物形象都向人们展示着皮影戏曾有的辉煌。《山羊与狼》《哪吒闹海》《宝莲灯》《水漫金山》《小英雄雨来》等诸多剧目都曾获艺术奖励。

博物馆成立后，曾经有个中国香港老板打算出300万美元买下皮影艺术博物馆，崔永平拒绝了。他说："人的目光不能总盯着钱。"

博物馆的展厅虽然只有250平方米左右，却面面俱到地布置了8个展厅。博物馆收藏的皮影题材十分广泛，既有历史演义、民间传说，又有童话寓言、现代故事。在博物馆中展出的大部分是传统剧目中的人物造型，如杨家将十二寡妇征西、水浒一百单八将、唐僧师徒、红楼十二钗、白蛇传等。这些人物都栩栩如生、各具特色。

崔永平的皮影艺术博物馆收藏有3万多件皮影，其中大多数是古董级的孤品皮影，每年接待一两万参观者，但可悲的是这些并不多的"客源"却大都是高鼻梁大眼睛的外国人。崔永平夫妇最大的苦恼是感觉他们毕生追求的艺术没有受到尊重。

皮影艺术博物馆在通州当地是个"另类"，他们是一对精神上的孤独者。博物馆这两年被重视了，也仅仅是每年给些补贴。当然了，聊胜于无，但是，笔者理解他们老两口另外一种苦恼：缺乏政府部门精神上支持。也许，钱只是一个方面，更多是政府部门和社会如何弘扬这种国粹，更好地推介这种国粹。

崔永平的个人书房

如今，崔老师已经故去，博物馆还能继续办下去吗？王老师的回答是肯定的。因为，只有继续办下去，才能完成崔老师的遗愿。崔老师长期在日本工作的儿子已经准备回国，协助母亲一起打理博物馆的事务。

临走时，王老师特地带笔者参观了崔永平老师的卧室和工作间，一切布置如初，还是那样井井有条，仿佛崔老师的音容笑貌还存留在此。也许，崔老师的魂魄已经依附在了那一幅幅栩栩如生的皮影上，灯影憧憧，皮影翩跹。

（记于 2013 年 8 月 16 日晚）

◎ 副中心一对兄弟的红色往事

两兄弟都是中共党员但互不知情，“佩剑将军”44年后才知弟弟已牺牲。这件事的两位主人公与通州颇有渊源。

今年（2021年）“七一”前后，“红星照耀大运河——中国共产党北京市通州区历史主题展览”正式开幕。此次展览以党和新中国发展的时代背景为链条，分为“开辟新天地、谱写新篇章、绘就新蓝图、奋进新时代”四个部分，串联起了通州革命、建设和改革实践的恢弘历史篇章。

在这个展览上，就展出了两位早期革命者的事迹和图片，但是介绍他们的展板位置相隔很远，事迹也毫无交集，貌似没有一点关系。但是，绝大多数人不知道的是，他们是一对亲兄弟，曾经居住在原通县新城南街6号，他们还都是早期的中共党员，弟兄二人自幼亲密无间，工作在隐蔽战线，但双方均未暴露自己的中共党员真正身份，大哥直到44年后才知道弟弟已经牺牲。

1924年张克侠兄弟合影

他们的名字分别是张克侠和张树棣。

大哥张克侠原名张树棠，生于1900年，他的祖籍是河北省献县人，11岁时跟父母迁居通州城，居住在新城南街6号。后来他就读于北京汇文中学。1915年，考入北平清河陆军预学校，1921年进入保定军官学校。1923年，他加入冯玉祥将军部队。1929年，秘密加入中国共产党。抗战胜利后，张克侠在国民党军队上层人物中积极开展反对内战、反对独裁的活动。1948年11月8日，张克侠与何基沣一起率2万余名官兵在贾汪、台儿庄防地举行起义。这次起义受到毛泽东、朱德的高度评价。中华人民共和国成立后，张克侠担任政协第五届全国委员会常务委员、林业部副部长、中国林业科学研究院院长等职。1984年7月7日在北京逝世。

1947年张克侠戎装照

1918年，张克侠与通县姑娘李德璞（后改名李英）结婚。李德璞的姐姐李德全后来与冯玉祥将军结婚，张克侠与冯玉祥成了连襟，这为以后他在西北军和国民党部队中能长期立足，提供了一个重要条件。

张克侠为什么叫“佩剑将军”？这是因为抗战期间他曾在台儿庄大战中协助张自忠指挥59军痛击坂垣师团，自此声名鹊起。抗战胜利后，蒋介石为了笼络国民党亲信，颁发了一批佩剑，名曰中正剑，“白皮红心”的张克侠也获赠一柄，人称“佩剑将军”。

二弟张树棣生于1910年，比大哥张克侠小10岁，又名双庆，后随兄改名为克义，1923—1928年在潞河中学读书。1927年春，周文彬加入中国共产党，不久，张树棣也入了党。在周文彬、宏庆隆、张树棣的影响下，更多学生追求进步，被吸收为党的积极分子。经北京地委批准，成立中共潞河中学支部，周文彬任书记，张树棣等五位同志任委员。这是通县第一个中国共产党支部。

张树棣在同学们眼里，勤奋进取，品格高尚，身体单薄但意志坚强，有一颗为大众奉献的热心。平民夜校是潞河中学学生的社会实践活动之一，延续了很多年。以周文彬、张树棣为代表的共产党员，利用平民夜校传播革命道理，扩大革命力量。

1928 年，张树棣于潞河中学毕业后，考入辅仁大学。1930 年，他从事学运和工运工作，1931 年到日本铁路学校学习，1933 年到苏联学习，回国后被派到哈尔滨，在日寇占领区做地下工作。1937 年，日寇大规模破坏东北地下党组织，被捕牺牲。

从上文他们的简历中可以看出，张克侠 1900 年出生，1929 年 29 岁时入党；张树棣 1910 年出生，1927 年入党，张克侠入党时间比弟弟晚了两年。他们两个人都是中国共产党的早期党员。非常遗憾的是，他们兄弟两个人并不知道对方也是中共党员。在中国文史出版社出版的《佩剑将军张克侠》一书中记载，是张克侠将弟弟张树棣介绍给在北平的共产党员吕一鸣、于生，后将张树棣送往苏联伯力学习国际情报，从事反对日本法西斯的地下斗争。1937 年，张树棣被派到哈尔滨从事反日情报工作中，不幸被捕牺牲。

据于生回忆，当时他还很诧异，为什么一个国民党的军官，要送自己的弟弟从事革命工作。新中国成立后，他才明白张克侠原来是地下党。而张克侠自从把弟弟送走以后，就再也没有弟弟的消息，也一直在寻找弟弟的下落，但是由于种种原因，一直没有线索。这个事直到 1981 年，于生在一篇文章中披露张树棣牺牲的消息，张克侠才知道，而这时距离张树棣牺牲，已经过去了 44 年。

张克侠知悉弟弟牺牲后，曾经给于生同志写信说："回忆往事，不胜感慨。我与弟弟甚友爱，在南京一别，竟成永诀，虽然革命必有牺牲，彼此还是心安理得的。与先烈并列，是死得其所。"

三年后也就是1984年7月7日，张克侠因病去世，兄弟两人终于在另一个世界相会。

张克侠看了1981年出版的《革命史资料（3）》这本书，
才确认了弟弟已经牺牲

◎ 非遗传人演绎的“春水玉”传奇

张玉成（右前）和他的大玉海

老哥张玉成是个闲不住的人。这不，好一阵没见面，一见面就跟笔者谈起了他的新系列——“春水玉”雕摆件。

张玉成是通州区的琢玉传人，非遗传承人，长笔者一轮，算起来，笔者认识他已经 14 个年头了。他在通州区台湖镇有个玉成轩工艺品厂，十来亩的大院子，除了厂房都种了菜，笔者有一阵经常到他的园子吃饭喝酒外带赏玉。这几年因为工作忙，联系就少了。

他在玉雕行业浸润了半个世纪，善于出新，时不时出个“大家伙”让世人拍案称奇。他曾经做出过一个长4.5米、高3.9米、重达数吨、世界最大的玉制“航空母舰”，至今还摆在昆明一个大厦门口；他还曾做出周长6米、自重2.5吨、世界最大的九龙大玉海，打破了吉尼斯世界纪录，被中央电视台报道过。笔者原以为他到了退休年龄该休息了，没想到又出“圈”了。

从通州城开车，顺着通马公路，穿过京沈高速立马左转，就到了台湖镇萧太后河畔的工作室，笔者看到了他的一个“春水玉”玉雕摆件仅仅只有20厘米高，对于外行来说，看到的是精绝的构思和雕刻工艺。其实，若是明白其中的寓意，一定会感到更加惊奇，因为这个作品里面蕴含着巨大的文化价值，他又创造了一个全国第一。

这是目前全国唯一的立体“春水玉”雕件。玉是中国符号，在中国古代玉器中，人们将表现辽代契丹人在春季，用海东青捕鹅雁的狩猎活动的玉雕作品统称为“春水玉”，也称“春水饰”。对于“春水玉”最早的称呼应为1983年杨伯达《女真族“春水”“秋山”玉考》一文，考证玉器上的海东青鹘捕鹅雁、虎鹿山林的图文素材，是表现辽代契丹族“春捺钵”和“秋捺钵”弋猎生活的一个场面，并将这类描述辽金时期少数民族春蒐秋狝活动场景的玉饰正式称为“春水玉”和“秋山玉”，这种称谓一直沿用至今。这类描绘契丹、女真等少数民族春蒐秋狝活动场景的玉饰才逐渐受到世人的关注。

“春水玉”记录的是海东青捕猎天鹅时那惊心动魄的一幕：一只天鹅躲藏于茂密的水草、芦苇或荷花丛中，上方有一只海东青向鹅俯冲而下，作追逐状。或雕刻为一只海东青的双爪已经按住天鹅头，欲食鹅脑，天鹅惊恐长鸣。海东青的凶悍、天鹅的惊恐哀鸣，表现都非常生动，整个打斗场面惊心动魄。

“春水玉”一般为圆形或椭圆形带饰为主，通体镂空浮雕，从古至今留下来的形制都是形体不大的牌子、挂件、发饰。而张玉成采用的则是立体的雕刻，并且巧用俏色，形体也要大得多，堪称是又一次的创新。

萧太后河流经京南后从通州与大运河汇合，传说是由辽代萧太后下令开凿的，萧太后河不只是“铜梆铁底运粮河”，她还是“古韵延芳淀，泽国任鸟飞”诗句中描写的北京最早期的皇家苑囿区。

辽代延芳淀的范围，北至通州的张家湾、台湖一带，西至马驹桥，西南达大兴区的采育，东南至廊坊界，曾汇聚成浩渺的淀泊，因其风景秀丽，莲菱飘香，因此得名延芳淀。

辽代契丹游牧民族有个传统习惯，每年不同季节要进行巡游和狩猎，所谓的“春水秋山，冬夏捺钵”，合称“四时捺钵”。而延芳淀正好能满足“春水”的条件，也就是春季在水边游猎，所以每年春天，在这里都会上演一出“海东青拿天鹅”的好戏。《辽史·地理志》记载：“延芳淀方数百里，春时鹅鹜所聚，夏秋多菱芡。国主春猎，卫士皆衣墨绿，各持连锤、鹰食、刺鹅锥，列水次，相去五七步。上风击鼓，惊鹅稍离水面。国主亲放海东青鹘擒之。”这是描写辽后主率领后妃、文武百官以及侍卫军到此打猎时的情景。

海东青，也叫鹘，是一种善捕水禽凶猛的小型鹰隼。据说每年契丹人都要抓上几千只鹰进行训练，也叫熬鹰，给鹰戴上眼罩，黑天白天不让它睡觉，驾鹰训练让它抓兔子去，抓住后马上把兔子的五脏和血让鹰吃了，鼓励它拼命去猎杀各种动物，据说几千只鹰里，最好、最快、最勇敢的那一只就叫“海东青”。用海东青为皇家捕猎第一头天鹅，制作的人间美味就叫“天鹅宴”。

“春水玉”有很深的精神寓意，《契丹国志》载：“女真东北与五国为邻，五国之东邻大海，出名鹰，自海东来者，谓之海东青，小而俊健，能擒鹅鹜，爪白者尤为异，辽人酷爱之，岁岁求之女真，女真至五国，战斗而后得，女真不胜其扰。”辽逼迫女真年年进贡海东青，这甚至造成日后女真反辽的原因之一。至金代，女真人沿袭辽代狩猎习俗，通过借海东青捕鹅雁，寄托他们以小胜大、以弱胜强的勇猛精神，寄托有一天能“问鼎中原”之政治意图也。

而今，延芳淀已经消失，捺钵的场景也没有了，而在萧太后河边，却有人用特殊的方式记录着“春水”围猎那壮丽的画面，他就是张玉成，用玉器雕琢着代表辽代契丹文化的“春水玉”。

金代一位诗人把海东青扑击天鹅的场面描写为“搏风玉爪凌霄汉，瞥日风毛堕雪霜”。张玉成告诉笔者，“春水玉”的艺术特色必须是以景写情，情景交融，场景激烈生动，气氛惊心动魄，让人感受到春天顽强搏击的生命活力。他越说越激动，同时还弓着腰、伸展双臂，向笔者模仿海东青捕猎时的展翅姿态。

2018 年开春，张玉成开始有了要创作春水玉作品的想法，他回忆道：他找到了一块黑绿相间的岫玉玉料，决定利用原料自然的颜色进行俏色巧雕。而巧雕的第一步是要找到海东青的嘴叼住天鹅头部的那个点，因为这个点是黑色海东青嘴和绿色天鹅头部结合的位置，把握好这个点位，才能够反推出海东青在上、天鹅在下的动态位置。

春水玉雕

张玉成说，玉料上边要展现海东青由上往下俯冲的那种势，翅膀一前一后呈后收状态，大副羽、小副羽采用浅浮雕，鹰的腿与爪采用镂空雕刻，特别是鹰的爪，三个脚趾完全透雕，还有鹰嘴中的舌头也镂空悬起，这叫“悬舌透爪”。

而地上的天鹅本来在湖里悠闲游荡，忽然被空中一只俯冲而下的雄鹰抓到头部，它那惊魂落魄、痛不欲生的感觉如何表现？张玉成把它设计成翅膀张开、扑棱挣扎的动态，再辅助雕琢上浪花四溅，水纹涌动和大、小水花、水点。为表现天鹅的生活环境，还雕刻了几颗水草和湿地水塘边生长的蒲棒，天鹅的颈部雕刻了一组翻转的水草，其中有一片叶子贴着天鹅颈部走向，更显逼真自然。作品中，上下两组动物中海东青的嘴和天鹅的头部的撞击部分只有 0.3 平方厘米，也撞出了 750 年关于辽金时代延芳淀大运河的“魂”。

鹰的腿与爪细节

这块岫玉毛坯料重 3.6 千克，高 29 厘米、宽 15 厘米、厚 5 厘米，张玉成足足琢磨了一年，2019 年 7 月他才开始雕琢，用了一个多月的时间完成作品，成品重 0.8 千克，高 22 厘米、宽 13 厘米、厚 4.5 厘米，是数百年来“春水玉”的最大作品，张玉成又创造了一个纪录。

张玉成介绍，一块普通的原料，只有通过精湛的手法雕琢才能唤醒玉石的灵魂，呈现出作品的生命力，这是玉雕匠人的一个使命。他深有感触地说，老师傅们早就说过，这行业是干到老，学到老，到老还有三分没学好。我要通过雕琢“春水玉”，留下萧太后河永不磨灭的历史记忆，给通州人一点“念想”。

◎ 一个人的坚持

早晨4点30分，天刚刚有些发白，华绪为便准点儿起床，打扫完院子，吃了几口昨天晚上留下的剩饭，就匆匆地开始了一天的工作：创作一种叫作“枯木陶”的传统手工艺陶艺作品。

印象中，午餐永远是面条，伴着他最喜爱的电视节目“财富故事会”以及一个小时的休憩后，工作还将继续延续到晚上7点……

自从将工作室搬到位于通州区一个叫南大化的偏僻小村，华绪为已经习惯了这种日子——一个人的日子。

刚刚烧制出来的成品

烧制温度很重要

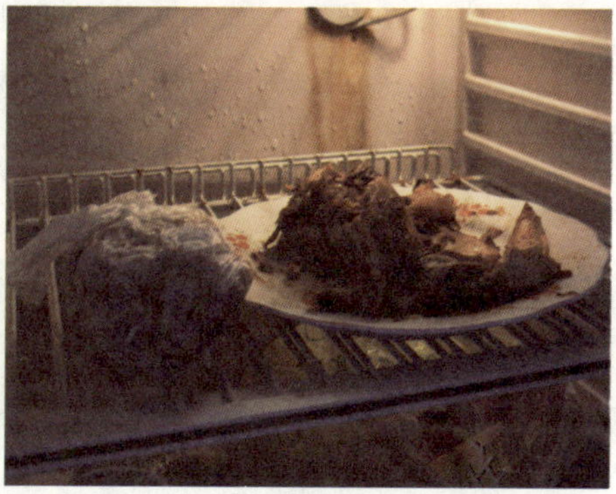

一个星期的菜都在这里

刚取出来的馒头

创作中的华绪为

“枯木陶”这个名号是华绪为的爷爷于20世纪初创建的，华老先生综合了北京多家红陶制作手艺，通过对自然界树根的观察，完全靠手工捏制，制作出不用任何模具的绝不重复的“个性化”工艺品。华绪为是第三代的唯一传人，今年50岁的他从6岁开始就学会了制作，然而在计划经济时代，他也随大流进了工厂企业，制陶成了业余爱好。直到1998年，他才辞职专心从事“枯木陶”的制作。

面对着这个濒临失传的技艺，华绪为也有过苦恼：唯一的徒弟英年早逝，上大学的儿子不愿意学艺，还有销售的问题等，但是他最终选择了坚持，一个人的坚持……

晚饭的主食是化冻后的馒头，唯一的菜是用微波炉化开的酱牛肉，这都是一个星期前他的爱人在30多公里以外的家里做好送来的。

“这肉很好吃，原汁原味。”正如他的陶艺，保留着传统的味道，华绪为在回味中，体味着过去，憧憬着未来。

（记于2010年3月）

第四章 杂记

◎ 安乐古城在顺义还是朝阳？这个通州人躺枪

前几天，北京一个“著名非相声”演员主持的电视台一个历史栏目自媒体平台发表文章，在谈到古安乐城的遗址是在顺义还是在朝阳区时，突然话锋一转，抛开了古今学术的正常争端，露出了“文革小将”的獠牙，污蔑一个“清代的通州举人刘锡信”写了一本《潞城考古录》的书，仅仅因为观点和该栏目作者不同，所以就发表了“我们认为，是这个清代插科打诨的人物，偷梁换柱、暗度陈仓，想抢刘禅这张金名片”的言论。

好大的帽子、好大的脾气呀！安乐城到底在哪里？本来是朝阳区和顺义区的事情，没想到让咱们这个已经作古近三百年的“北方第一学者”通州人刘锡信“躺枪”了。

刘锡信所著《潞城考古录》

那么刘锡信是谁？刘锡信是这个栏目所说的那样的人吗？

刘锡信，初名锡侯，字桐村，清代著名学者。他出生于通州一个书香世家，自幼聪慧过人，喜好读书。乾隆三十年（1765 年）考中举人，曾任户部湖广司员外郎，乾隆四十七年（1782 年），曾参与《日下旧闻考》编纂，后受邀参与编撰《通州志》。刘锡信从政之暇，笔耕不辍，其著作《潞城考古录》，针对以前之文献缺漏或错误之处得到补足和改正。

著名北京史志专家王灿炽对刘锡信和他的《潞城考古录》评价极高。他说："《潞城考古录》是刘锡信的心血所凝成，从书中可见其学识之渊博，治学之严谨。这本书是清代学者撰写的第一部有关通州史志的学术著作，它'订异参同，足备文献之缺，旧志多所采择'。"据说，当此书刊行时，著名学者朱筠称赞刘锡信为"北方第一学者"，予以很高的评价。当时名流程鱼门、叶辛麓、周山茨等人，也"咸相推重"。可见《潞城考古录》在学术界有重要影响。

《潞城考古录》共分两卷，共收录考据文章35篇。其中有关路县故城的考据文章10篇，其考证的许多事实，已经在当代得到印证。

他在《潞城考古录》中写道："通州潞河东八里有古城，周围四里许，遗址约高五尺。东西北三面俱存，惟南面近官道，已成陆地。西北隅废堞独高丈余，疑当日角楼瞭望台之类。考之州志，曰相传为前朝驻兵处，或云古潞县，疑不能明也。"又言："后读《水经注》云：鲍丘水（今潮河），南经潞县故城西，王莽之通潞亭也。"

《潞城考古录》是通州人在清代对古城村最早的考证，目的是考证此古城村是否是当年东汉的路县古城遗址。依据他的记载，近当代许多文史专家对路县故城遗址进行了诸多的论证、考察和研究。

随着北京城市副中心建设深入，2016年7月至9月，北京市文物部门对路县故城进行了总范围50多万平方米的考古勘查，共试掘探沟11条，并选择重点部位抽样进行考古勘探。经过初步考古勘查，结合古城址的具体情况，将古城遗址分为了城墙基址、城内遗存、护城河和城外遗存四部分。其中，城墙基址保存较好，北墙基址长约606米，东墙基址长约589米，南墙基址长约575米，西墙基址长约555米，四面城墙基址基本可以闭合，城址平面近似方形，城总面积约35万平方米；城内发现了一条南北向的明清时期的路面遗存和一条南北向的辽金时期的路面遗存；南城墙墙基外侧 11 米至 13 米处发现有护城河道遗存，河道走向与城墙基址走向基本平行，宽度 30 米至 50 米。

以上的考古发掘事实，几乎和《潞城考古录》的记载一致，被评选为“2016 年度全国十大考古新发现”，成为北京城市副中心的“金”名片。

《潞城考古录》澄清古籍中对于通州历史建置的一些误解。在《通潞亭考》一章中，刘锡信认为，通潞亭既不是亭馆之名，也不是汉制十里一亭，以及后汉时期封爵亭侯之亭，而是潞县故城之名，《水经注》已经明言。他还指出，王莽统治时期，曾改“县”为“亭”，“以应符命”。王莽曾建亭于潞，故名“通潞亭”。而《通州志》及《方舆纪要》等书将“通潞亭”列入“古迹门”，误矣。

王灿炽曾经在《刘锡信及其〈潞城考古录〉的述略》一文中这样评价他。一是内容丰富，旁征博引。内容包括故城遗址、县治、那治、四境、水道、文物、地名、职官、人物、封爵等等。所引正史、野史、方志、笔记、诗文等几十种。卷下有关通州事迹、设官、灾异、漕运、税课、遗事、水道等史料无不丰富。二是注意访求出土金石遗文。刘锡信十分重视出土文物，在《潞县故城考》《石罗汉年代考》《金石遗文》等文章中都记述了他访求出土文物的情况。三是注重调查考察，并将调查结果与历史文献记载相印证。为确定路县古城遗址，他亲自寻访其地，并登上古城废墟瞭望，观察潞河流向，证实潞河至此折东流，正好经过古城之南，与《水经注》所记完全一致。如此严谨的治学态度和考据方法，比那些满世界打嘴炮的所谓“文艺青年”不知道要强多少倍。

咱们回过头来再说说“安乐城”在哪里？

安乐县，最早见于《汉书·地理志》，是西汉渔阳郡的十二县之一。晋灭蜀后为刘禅封地。曾一度划归潞县。《安乐故城考》是《潞城考古录》中的一章，刘锡信据调查踏勘，推定安乐故城遗址在安德乡。他说：“今州城西北二十里有安德乡，地名坝上，通州称曰北坝，都人称曰东坝，

坝河和郑村坝遗址

即郑村坝也。明设御马苑于此，其故城尚存。疑安德乡即安乐故县，安德为安乐之讹，以音相近而误耳。明御马苑或因安乐故城遗址增筑，今莫可若矣。”

在此文中，刘锡信提出了“郑村坝是安乐古城”的观点。持此观点的还有我国近代史学家、教育家缪荃孙，他主持编纂的光绪《顺天府志》地理屯镇篇有过相关论述，安德乡即安乐故城。

据东坝地区办事处编写的《京东重镇东坝风情录》记载：东坝原为东汉安乐故城遗址。据《太平寰宇记》载安乐故城汉县废城，今潞县西北。《方舆纪要》载，通州西北安乐城，汉渔阳郡，元代为阜通河（今坝河）上的七座坝闸之一，元延祐三年（1316 年）名郑村坝隶属潞县。

郑村坝位于如今的朝阳区东坝地区。在通州城西北 10 公里，通州人管它叫北坝，而此地距离朝阳门东北 10 公里，所以北京城里的人叫它东坝。

晋代至宋朝，此地叫安德乡，元延祐三年（1316 年）修建郑村坝后便以坝闸之名取而代之。名郑村坝，为阜通河（即今坝河）上七座坝闸之一。此地曾经先后隶属于古通州、大兴境域。此地为京东重镇和漕运的码头，军事地位自然突出，而古代作战离不开战马。元朝时京师北郊、东郊就有多个皇家养马场和草料场。到明代，“御马苑”便设在东坝，专门饲养战马。东坝还有一座马神庙，为明成祖敕建，“御马苑”很可能就建在安乐古城的遗址上。

坝河和郑村坝遗址

不过，根据顺义一些地方志和史料记载，安乐古城在顺义。顺义县史志办编《顺义古今》中说：西汉汉高帝五年（前 202 年），刘邦封子刘旦为燕王，期间在顺义境置狐奴县、安乐县，属渔阳郡。景初二年（238 年）省狐奴县，复置安乐县。晋灭蜀后为刘禅封地。北魏太平真君七年（446 年）废安乐县入潞县。《潮白河畔的美丽传说顺义三千年故事》《顺义访古｜安乐县百姓，养活刘禅（阿斗）这个亡国之君》等文章支持这个观点。

安乐古城到底在哪里？迄今为止没有文物考古学上的直接证据。

20世纪80年代，朝阳区东坝镇东南的三岔河村北侧发掘出土十余件汉代陶器皿，其中有弦纹灰陶壶、灰陶仓、灰陶博山炉、灰陶鼎、灰陶豆等完整器物及大量灰陶片。据考古人员勘查证实，在当地数百亩范围的台地上存有汉墓群，现为朝阳区重点文物保护单位。而在顺义区后沙峪镇古城村北，同样也发掘出零星的秦汉时期砖瓦和陶器碎片，还曾出土过战国时期的刀币、半两钱、五铢钱等古钱币。

但是这些只能证明有人类的存在和聚居，并不能证明安乐城在此。

笔者根据对两地史志的研究，同时对相关遗址附近进行走访，设身处地模拟一下刘锡信的思维判断：按照《水经注》所说的方位，安乐城在如今的温榆河和潮白河之间，刘锡信在做《潞城考古录》中参考引用了大量《水经注》的资料，也不可能不知道其中所注方位，但是他应该有两个判断依据：一是《水经注》不是万能的，它也有很多错误和纰漏，后人也多有批注和纠错；二是即便《水经注》所述无误，此安乐城也不一定是彼安乐城，因为年代不同。就如同通州路县古城，曾经搬迁了三次之多。其中在河北燕郊还有路县古城遗址。

不仅是路县县城经历了多次搬迁建城，南部武清区的雍奴古城，根据考证也有迁址的可能。

大家都知道，雍奴故城在今天的天津市武清区大宫城城址，这是2002年天津文物局发布的，不过这里是西汉时期的。韩嘉谷先生在《通县晾鹰台为东汉雍奴县故城东门旧址考》一文中认为，东汉雍奴即“魏遣张郃、乐进围雍奴”之城，治今通州区德仁务古城，附近的晾鹰台墓群可为佐证。

古时的城，古时的水，不断地遭遇“天灾人祸”，北水常改道，古城搬家换地符合逻辑。我们不免猜测，原来的安乐古城，北魏曾一度划入潞县治所，而东坝地区最晚于元代也曾划入过潞县，笔者认为，安乐古城城址也先后经历了顺义古城村，后顺义衙门口村，再到安德乡（郑村坝）的历程，从县到乡，一个行政区域只能是上下级的隶属关系，也无可厚非，而安德乡的建城历史肯定晚于《水经注》时期，距离如今的年代更近一些，直到再次遭到兵变战争成为废墟遗址。

◎ 刘绍棠和司马南：从问题教材引发的舆情聊起

这些天，问题教材事件在网上持续发酵，越来越多的错误被网民们挖出，从插图照片已经延伸到了文字内容。网络大V司马南一天内连发多条视频，痛斥这种现象是历史虚无主义在我们教育领域、教材领域的表现，人教社作为国家队竟成了重灾区，教训不可谓不深刻。“教材的错误是不容易被抹平的！”一言既出，吸引了几百万的网民围观发言。

什么样的教材是好教材？新中国成立以后，著名教育家叶圣陶担任了人教社（人民教育出版社）首任的社长总编辑，为中国特色教育理论作出了具有独创性、系统性的重要贡献。他曾经亲自编写了1932年出版的小学教材《开明国语课本》。也正是他，发现了通州大运河畔被誉为“神童作家”的作家刘绍棠，并将他的作品——小说《青枝绿叶》选入1952年2月人教版高中《语文》（第三册）。

清明时节祭奠刘绍棠的鲜花

位于西集儒林村的刘绍棠墓

有人评价刘绍棠的作品："格调清新淳朴，文笔通俗晓畅，描写从容自然，结构简洁完整，乡土色彩浓郁。"这样的文章被选入教材，是千万读者的幸事。从1949年到21世纪初50余年，刘绍棠又有多篇文章被选入教材：散文《老师领进门》（又名《师恩难忘》）选入人教版六年级下册《语文》、苏教版五年级上册《语文》和北师大版小学《语文》四年级上册"师生"单元第1篇课文；散文《榆钱饭》选入西师大版六年级《语文》下册（2005年版）、人教版初中《语文》（1992年10月第一版）；《本命年的回想》选入苏教版（2009年版）七年级上册《语文》。刘绍棠的这些作品，影响了几代人，核心都是为乡土中国、给中国的人民画像。刘绍棠对家乡怀着无尽的眷恋和热爱，他坚持以人民为中心的创作观具有恒久的价值。百年树人，这才是我们教育的精髓和目的。

刘绍棠于1936年2月29日出生于通州区西集镇儒林村，是中国著名乡土文学作家，"荷花淀派"的代表作家之一，"大运河乡土文学体系"创立者。他13岁开始发表作品，加入中国作协时是当时最年轻的作协会员。他的作品曾多次获国内奖项并受国家嘉奖，有多部作品被翻译成外文，在国际上也有一定的影响力。1950年春，因被诗人晏明称为"神童""神童作家"称号逐渐流传并被大众认可，又因家乡儒林村临近北运河，被称为"大运河之子"。世事轮回，谁也想不到的是，如今的网红大V司马南竟是刘绍棠的乘龙快婿。

刘绍棠是笔者的先辈校友先生。1951年9月，15岁被河北省作协保送到通州潞河中学读高中。当年9月16日，刘绍棠的《完秋》在孙犁主编的《天津日报·文艺周刊》上发表，受孙犁赏识，后来他的作品经常在该周刊上不经修改就直接发表，并成为孙犁的"得意门生"。他在潞河高中期间陆续发表的《红花》《青枝绿叶》《大青骡子》等作品，赢得了全国性声誉。其中，因1952年发表的小说《红花》在全国青年中反响强烈，团中央开始对他进行重点培养，并鼓励他到东北农村去采访。采访的两个多月内，他开始构思小说《青枝绿叶》，把在东北得到的创作素材挪到自己的村子里，换上他所熟悉的人物原型。正是从那时起，他开始走上写家乡、写乡亲的乡土文学之路。1952 年，小说《青枝绿叶》发表，被叶圣陶编入高二《语文》课本。据说，当老师讲到这一课时，不好意思讲了，只好请坐在下面听课的刘绍棠上来讲。

潞河中学内的协和湖

请看刘绍棠是怎样赞颂自己的母校的。他在《野婚》中这样写道：“通州潞河中学，五十年代是京东一市十三县的最高学府，一百多年的金字招牌，国内外都享有盛名。校园南北一里，东西二里，七八百亩大，只有五六百名男女师生，是一座洋式大观园。眼下的北京大学，未名湖畔方圆左右是老燕京大学的旧址。然而，有谁知道，潞河中学乃是老燕京大学之父。美国教会创办了潞河中学五六十年之后，才又开办燕京大学。燕京大学的亭台楼榭，园林景观，完全模仿潞河中学的格局，几乎跟潞河中学一模一样，只不过放大了尺寸。燕京大学有未名湖，潞河中学有协和湖；燕京大学有燕南园，潞河中学有潞南园；燕京大学有湖心岛，潞河中学也有湖心岛……燕京大学个大辈小，潞河中学个小辈大。”在潞河中学，刘绍棠还收获了爱情。他认识了刚刚回国的侨胞曾彩美，两人一见钟情并相守终生。潞河中学时光，应该是他人生中最美好的时光。

大运河森林公园银枫秋实景区

如今，刘绍棠已经离开我们25年了，刘绍棠墓就坐落在他的家乡儒林村的左堤路内侧，在这里，左边能看到作家生身之地儒林村的袅袅炊烟，右边能听到北运河流淌不息的汩汩水声。清明节期间，笔者从这里经过，专门驻留拜谒了一下，鞠一抔小花，放在石阶上，献给这位值得尊敬的潞河中学学长和运河守望者。这里有养育他的大运河，这里有颂不完大运河的美景，这里有抒不尽运河的情怀，这里有太多的运河故事要诉说……

（记于2022年6月3日）

◎ 高考前夜说说通州的古考场……

很快，2022 年北京高考即将开考，全市共有 5.4 万名考生参加考试。记得笔者当年参加高考的时候，是在潞河中学自设的教室参加考试的，笔者所住的潞南园距离考场不超过 200 米，都没有出大院，占尽“主场”优势。而其他学校的学生就没有笔者幸运，当时有不少农村的同学是骑着车子一早从几十里地的农村赶过来的，辛苦可想而知。高考考场，真不是想设就设的。记得古人有句话，叫作“赶考”，越远越“赶”，消耗体力，消耗精力。因此，无论对于古代还是现代的考生来说，都是近点儿的方便。

古时通州就有这个便利条件。因为通州自己有贡院，就是古代会试的考场，即开科取士的地方，相当于现在的“高考考场”。在古代，凡是送给皇帝的物品都叫贡品，唯独“贡院”贡献的是人才。所以贡院就是通过考试选拔人才贡献给皇帝或国家的意思。

贡院的设立源于科举制度。自隋炀帝创始至清光绪三十一年（1905年）废除，在我国延续了近1300年。科举制度历代有所变革，清朝沿袭明制，分为县试、府试、院试。这三级科考称为童试，产生秀才。“省考”称为乡试，产生举人；通过最后一级中央政府朝廷考试者，叫作进士，他们中的第一名就叫状元。如果要做个比较，他们分别相当于现代的大学本科生、硕士研究生和博士。

当时京师及各省、府、州、县，一般均分别设有供各级科举考试的贡院。通州是顺天府的东路厅的治所所在，所以通州的贡院除供本州县考以外，还是顺天府举行府考和院考的处所。顺天府所辖24州、县，因此，通州的贡院考出来的学生就是秀才，它是读书人梦寐以求捞取功名而步入统治阶层的敲门砖。不仅如此，三年一次的顺天府地区乡试也在通州贡院进行。乡试为全省考试，直隶省都应该在省城保定考试，鉴于顺天府所属州县距离保定太远，规定顺天府除大兴和宛平两京县之外，其他22州县的秀才

贡院胡同5号程家大院（摄于2010年）

贡院前街 15 号（摄于 2005 年）

都在通州参加乡试。考中者称为举人，可以参加在京城举办的会试。据文史专家统计，金、元、明、清四代，通州有贡监生1497名、文武进士175人、文武举人688人。魏藻德、梁国治分别在明崇祯十三年（1640年）、清乾隆十三年（1748年）考取状元。

通州的贡院位于原通州老城北大街路东的贡院胡同，顾名思义这条胡同是因为有贡院而得名的。州志称，明代为监察御史出城办差所驻之地，也即最初应称“察院”。为试院时是顺天府或直隶学政，来通州城考核通永道、霸昌道所属之通州、蓟州、三河、武清、宝坻、香河、宁河，霸昌道之霸州、涿州、昌平州，良乡、文安、大城、东安、永清、固安、顺义、密云、房山、保定、怀柔、平谷等二十二州县生员的场所。

康熙十八年（1679年），贡院被地震尽毁；至康熙二十一年，知州于成龙复建东西配房，各三间；康熙二十九年，学院李应等人修东西号舍；康熙三十二年，学院顾藻等建正房五间；乾隆三十八年（1773年），东路同知曹元瑞等增修考棚；道光初年（1821年），州绅白鎔等重修并添置桌凳；同治七年（1868年）顺天学政贺寿慈添建抱夏厦三间；光绪

贡院小学新址

元年（1875 年），添盖上房三间，东西厢房六间，并添堂号，大号桌凳、公案、门窗等项。其规模是很大的。

光绪二十六年（1900 年），通州贡院再遭受火灾而变成一场废墟；其时正好赶上维新变法，兴新学，废科举。从此，通州这所贡院也就没有修复。光绪二十九年（1903 年），通州官立高等小学堂在南边不远的靳家胡同成立，这座贡院的空旷院落改为“通州官立小学堂教场”。民国二十五年（1936 年），又把这个宽阔的操场改建为通县女师附属小学。1940 年以后，因为男女师两校合并，又改称通县师范第二附属小学。最后以地为名，1969 年改称通县贡院小学。1997 年 9 月，随着改县设区，校名又改称为通州区贡院小学。

不过随着新城建设的加快，北大街一带被拆迁，古代这么重要的地方，今天却见不到了。通州区贡院小学也按照新的规划，于 2015 年搬迁到了西海子公园和通州宾馆西侧一个集传统古典美和现代元素完美融合的新校舍，不过小学依然保留了“贡院”名称，记录下了通州这段古老的文脉。

◎ 苏武牧羊，此处应有个传说

今人爱旅游，古人也一样。只不过今人习惯把感悟体验发到微博或者朋友圈，古人没那么多载体，只好写诗。因此，流传下来许多脍炙人口的描写风景、风光、风貌的诗歌。如今细细品读，大体能够体悟出那山那水、那情那景带给读者们的愉悦。

近日笔者偶得一本《通州诗抄》，其中辑录了宋元明清时的诗词 290 余首之多，诗词作者从南宋至清末，甚至包括汪元量、马祖常、杨士奇、

牧羊台

归有光、汤显祖、宋荦、查初白等历史上知名的诗人大家。一看方知，原来古代通州也是旅游胜地。古人寻古，自秦汉以来至隋唐，境内尚存一些文化遗迹，如燃灯舍利塔、画眉塚、牧羊台、靖嘉寺等，都留下墨迹。元、明、清各朝又增添了诸多景点，最有名的当属“通州八景”。

所谓诗中有景。通州因漕运而兴，有“四海九州，岁致百货，千樯万艘，辐辏云集。商贾行旅梯山航海而至者，车毂织络相望于道”之盛况。各类衙署、皇家粮仓、木场、盐场，以及商局会馆、货栈，百货云集，聚散繁忙。运河源头，柳岸堤旁，每日迎来送往，帝王谒陵南巡，文人进京会试、官吏述职赴任、闲绅逸士游历，“征车如水”“川流不息”。望文生义，犹如观看通州版的《清明上河图》，这就是中国文字的魅力。

诗中有乾坤。读古人的诗，有如读史。读诗《牧羊台》，是明代顺天府通州人刘廷谏所作。诗云：

牧羊台上生蒿草，牧羊台下成官道。

块土千年却不刊，行人感憾秋风老。

胡笳汉月思纷纷，多少兴亡空白云。

转讶天空犹缺事，此间应有李陵坟。

刘廷谏，万历四十七年（1619 年）登进士，授刑部广西司主事。因能兴利除弊、除暴安民，升吏部郎中。后因得罪魏忠贤而被罢职。崇祯初复官吏部郎中，在吏部为官二十多年，敢于直言上疏，耿介见泥不调。崇祯十七年（1644 年）拜佥都御史。这首诗表达了一个信息：苏武牧羊也许就发生在这里！

牧羊台，明清时期的一个景点，如今已经消失了。根据《通州志》注：“在州城南，传苏子卿牧羊处。”苏子卿即汉代苏武，曾以中郎将出使匈奴。单于劝降，苏武不屈，初被匈奴囚于大窖中，用雪和毡充饥。后被流放北海无人处牧羊，没粮吃，挖野鼠和拾草子为食，前后共十九年。后来匈奴与汉和亲，传说汉昭帝在打猎中，射中一雁，雁足系帛书武牧羊地点，经双方交涉，苏武终得生还归汉。

至于这个牧羊台的地址，康熙《通州志》则记载为饮羊河，“与牧羊台相近，在州城南，俗传苏子卿牧羝处，或云即萧太后运粮河”。也就是说，是在靠近萧太后河的地方。根据笔者的推断，这个位置应该在如今的通州城区正南，萧太后河南岸的台湖、马驹桥一带。

这一代台子多。据史载，台湖、马驹桥地区及其附近地带，是永定河冲积形成的第四纪沉积物地层。远古时，这里地势低洼，是水乡泽国，一片汪洋，水面多，陆地少，但也有一些起伏变化，存在着高阜地带。在高阜地带处，还分布着一些土台沙台。即便是到了1949年后，不少土台尚存，后银子村北有沙台子四五个，由此往东的西田阳村北有大土台子1个，南小营村南有土台子3个，东田阳村有3个，再往东的小杜社村北有极其高大的沙山，六郎庄、西马各庄、东马各庄及延伸到于家务回民乡的于家务等村之北，时断时续皆有大沙岗子。可以推断，西起后银子村北，逶迤东行，西田阳村北、南小营村南、东田阳村西、小杜社村北、六郎庄村北、西马各庄村北、东马各庄村北、于家务村北，这是一条高阜地带，时高时低不等、成沙成土不一、若断若续不定的，或为丘，或为岗，或为台，或为坨，或为山等的自然古老地貌。

苏武到底是在哪里牧羊的？至今史学界仍然有不同的提法。

班固所编撰的《汉书》《汉书·卷五十四》记载：“匈奴以为神，乃徙武北海上无人处，使牧羝，羝乳乃得归。”匈奴单于把他流放到“北海”这个地方。给了他一群公羊让他放牧，并且对他说，只有公羊产了小羊，才准他回来。史书中的“北海”，就是他曾经牧羊的地方，不过书中并未明确指明北海在何处。这个地方按照现在的说法，属于荒蛮之地，也不可能有名字。

在古代中国文字的表达里面，“北海”只是代表一个方向，有人认为苏武牧羊是在贝加尔湖，这是不正确的。清朝的一位史学家撰写了一本《汉书补注》，里面提到根据唐书地理志所描述，汉朝塞外的大小湖泊，通称为“海”。《汉书》中有记载，他放羊的地方有仓鼠囤粮的现象，所以当地百姓总是在冬日鼠洞里掘取粮食的习惯。然而贝加尔湖畔属于林区，根本就不会出现这种现象，很多学者认为贝加尔湖位置太北了，冬天气温能到零下四十多度，至今都荒无人烟，而且离漠北单于庭驻地——现蒙古国土拉河流域也有1500多公里距离，匈奴怎么可能会让苏武去那放羊。

倒是古代通州南部是大片水域，叫作延芳淀，没有什么人烟，少数游牧民族经常到那里打猎，这才有了匈奴单于的弟弟于靬王打猎遇到了苏武的“偶遇”。因此，关于牧羊台的故事，此处不应仅仅有个传说。

◎ 海东青和晾鹰台的故事

干我们文字这行的比较憋屈，有句老北京话叫“熬鹰”，说是就是不得已而经常熬夜，甚至为了写大稿“熬大鹰”彻夜不能睡。开心麻花电影《羞羞的铁拳》“完美”地诠释了人鹰互“熬”的笑喷镜头。

这句北京话出自早年入关的满族，他们有养鹰训练鹰的习俗，慢慢地成了老北京玩家的最高境界。“熬鹰”就是不让鹰睡觉，熬着它。鹰在昼夜颠倒、长期疲劳的状态下，就神魂颠倒，从而收敛自己的野性，臣服于人。

其实，中国北方那些善于骑射的游牧民族，大多数都善于驯鹰，甚至把其升华为一种政治活动。

通州永乐店镇德仁务村有个晾鹰台，就是辽金时期辽帝们游猎巡幸举行“捺钵”活动的遗址。“捺钵”是契丹语的译音，意为辽帝的行营。自辽代以来，“捺钵”一词被引申来指称帝王的四季渔猎活动，即所谓的“春

晾鹰台遗址全景

晾鹰台遗址

水秋山，冬夏捺钵”，合称“四时捺钵”。

辽时，通州的南部是大面积的水泊，起名延芳淀，而延芳淀正好能满足“春水”的条件，也就是春季在水边游猎。辽代帝后每年春季至此，游兴猎天鹅，故在这里堆建了三座高台，晾鹰台与放鹰台、呼鹰台，共称辽代帝后狩猎“三鹰台”。现在这三座台子只剩下晾鹰台一座了，目前仅余土台，西北端一部分长95米、宽54米。1985年被列为通州区文物保护单位。

那时每年春天，在这里都会上演一出“海东青拿天鹅”的好戏。

海东青是辽帝将士专门训练出来的猎鹰，据说是万里挑一。通州区博物馆有一只海东青的标本模型，据说，能够被称为海东青的猎鹰一定要出自辽东，其中最俊者谓之海东青。海东青属于大型猛禽，体重健壮。头部羽毛白色，缀有褐斑，上体均呈暗灰色，胸部褐红色，缀有褐斑，尾部纯白色，嘴较厚长，爪子像铁钩一样硬，飞得既快又高，能捕天鹅、野鸭、兔、狍等禽兽。

熬鹰用具三件套

开始时，放鹰台上早已站好一排排鹰师，鹰师们挽绦于手，由帝后亲自扯动丝绦，拉掉海东青头上的锦帽……待到海东青追击天鹅时，鹰师来到三四里外的呼鹰台在这里呼唤猎擒的海东青归来。海东青们听到后就会回到各自主人的身边，随后再乘船赶往晾鹰台。

晾鹰台的作用最奇特，猎鹰经过奋力与天鹅、大雁搏斗，周身是汗。有时又遭到风侵雨淋而羽翅湿透，要让猎鹰在阳光下晾晒，因此称之为“晾鹰台”。自然，休息够了，一顿庆功宴是少不了的。

晾鹰台是“漷县八景”之一，名字叫作“晾鹰旧台”。这里曾经隶属于漷县地界，“漷县八景”最早见诸清《漷阴志略》，这部书由管庭芬所纂，取自道光十一年（1831 年）抄本。他在书中对晾鹰台大加赞赏并赋诗一首《登晾鹰台》。

擦钵犹是万乘雄，海东青到猎秋风。

漫天柳涨延芳淀，匝地云连驻跸宫。

大漠四垂关野色，头鹅一击立奇功。

于今不见呼鹰客，牧马前来系冷枫。

想想看，在水天一色空旷无垠的沼泽平原上，突兀起这样一座高台，上面盘桓着一群群猎鹰，是一种什么样的场景。

熬鹰是过程，晾鹰是胜利后的小憩，没有熬鹰就没有晾鹰。阳光总在风雨后，多数的成功，前提都离不开一个“熬”字。

位于晾鹰台附近的永乐店郊野公园

◎ 咖啡新势力：向村陶瓷的味道

向村陶艺创作室已经在宋庄国防工事艺术区坚守了许多年，因为坚持，所以伟大。它现在已经成了到宋庄兜圈看艺术各色人等的必经之地。当艺术家和非艺术家们惊诧于艺术与陶瓷的完美结合，争论着艺术与生活的差别，兴奋之后，一旁的向村咖啡馆则顺理成章地成为这些艺术思考之后沉淀心情的好地方。

向村艺术咖啡

咖啡店上悬挂的招牌就很别致，四个正方形的陶瓷大匾写着“陶艺咖啡”四个艺术字，背景是挂着釉料的绿绿的翠，门口玄关的吊灯灯罩是用数十个咖啡杯串在一起组成的。咖啡店有两层楼面，装满、挂满了各式各样的以陶艺为主题的书籍和油画等艺术收藏品，虽略显拥挤，但是绝不凌乱。店主很会布局，在这里，皮质沙发可以和原木长椅和谐共处，而欧式茶几又可以和中式藤椅混搭，把它们串联在一起的就是神态各异的陶艺玩偶。屋内每一个可供利用的角落乃至窗口都被赋予了各种艺术主题，柔柔的灯光打上去，精巧而恬静。

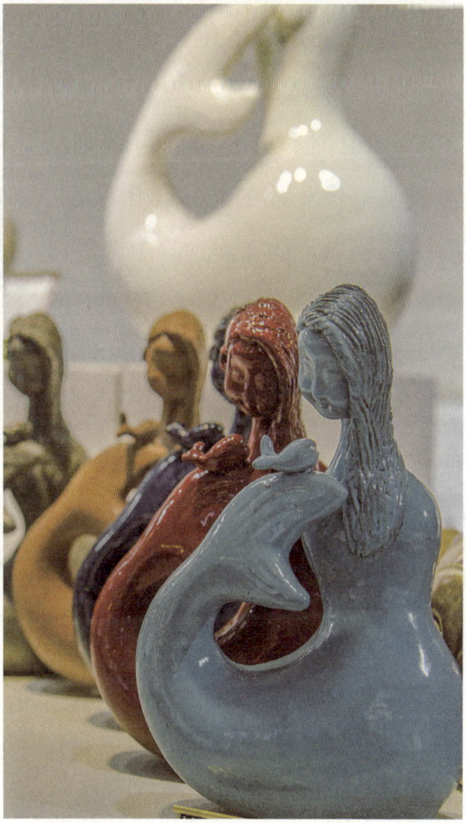
陶艺品

不同的咖啡给了人不同的心情。吧台在一楼，所以一楼的香味更浓些。这次，笔者是和几位朋友一起过来的，因为好久未见面，想说的话就显得多了些。先上了一杯卡布奇诺咖啡，白色的心形泡沫不断地涌腾崩裂，奶香弥漫在空气里。围坐在茶几旁的人们马上热烈起来。细碎的人声，回荡且略有震动感的音乐，看来，咖啡的心情并不总是安静的。

当然了，这里最重要的话题永远是咖啡和陶瓷。而把它们结合最完美的就是向村的主人——周相春先生。向村出售的所有咖啡都选用进口的咖啡主产区咖啡豆自行烘焙而成，周先生改造了咖啡豆烘焙工艺，试制成功陶瓷烧制的转炉代替传统的铸铁转炉，使烘焙后的咖啡具有一种独特的闷烧感，味道更深厚、更醇香。有意思的是，因为艺术的缘故，周先生的陶瓷转炉零件怎么看都像是一个精致的花瓶。

一种滋味多样感受，每个人的故事各不相同。周相春先生创业20余年，全身心投入到陶艺创作中，他画廊与陶艺馆并举，让艺术走进生活，早已蜚声国内外。如今他又在50岁之时，开办了向村咖啡，形成了三位一体的艺术休闲空间。陶瓷是器皿，是容器，但在这里，它还是一种“调味料”。这里所有的咖啡杯都是向村独家设计的帆型杯，杯把像个鼓满风帆，中间有个圆洞，正好把大拇指伸进去，因着釉料的关系，蓝的、黄的各不相同，个个都是独一无二的定制杯。

帆型咖啡杯

一种生活一种情调。只有太多经历的人才能感受到向村单品咖啡的魅力。周先生亲手为笔者他们冲泡了一杯耶加雪菲单品咖啡。咖啡选用埃塞俄比亚耶加雪菲咖啡豆，他们每日清晨开始烘焙、磨制后装在小箩里备用。像做茶艺一样，他在托盘上放置好手冲壶，依次放上陶瓷漏斗、滤纸，再撒上咖啡粉，最后用一只装满开水的细口壶冲泡，深褐色的咖啡最初像水滴，最后连成了一根细线，慢慢汇聚到了壶中……端起杯来，轻轻嗅到的是一种独特的柠檬、花香和蜂蜜般的甜香气，舌尖轻触杯沿，口感清新明亮，伴着柔和的果酸及柑橘味。不加奶也不加糖，就让丰厚的质感与独特的柔软果香刷过你的味蕾，留下无穷回味……

到向村咖啡“发呆”是免费的，你若是看周边的画展看累了，到此歇歇脚，即便是囊中羞涩，店主也是欢迎的。其实，向村的咖啡并不贵，它多数是一种象征。而艺术是一种修养，与是否有钱无关。

远离闹市、远离浮躁，换个心情清洗大脑。让陶瓷融入咖啡，让艺术融入生活。新的味道，新的艺术享受，带给我们的肯定是不一样的心情。

◎ 张家湾这座小山曾经藏着一个大秘密

通州有个张家湾，著名作家王梓夫曾说：“如果张家湾的名字来自元代张瑄督海运，至今已有700余年的历史了。”“作为京杭大运河的漕运码头，张家湾比通州还要早240余年。”张家湾不仅有运河故道、有古城、有古桥、有古码头，还有一个特殊时期留下的印迹。

在张家湾东西定福庄的中间，耸立着一座小山，虽然不高，但是在京东大平原的映衬下，还是显得特别的突兀。小山环绕着一圈碧水，从空中望去，像极了一只美目。

这座山可不是打古时候就有的，而是 20 世纪 60 年代末“人工制造”的。

空中俯瞰小山，像极了一只美目 （黄悦／摄）

说起来，这座山的由来，还和东、西定福庄的村子形成有关，因为在这之前，两个村子曾经是一家，叫作定福庄，早在元代就成村了。据《漕运古镇张家湾》一书记载，元代，今西定福庄曾叫千户屯，因某千户率兵于此屯田而名。千户是个统领千人的古代军职，金朝始置，为世袭军职。元代相沿，其军制十户设“千夫之长”。元末明初，此处驻军参加了抵抗明军的战斗，被打败后，此处的屯兵不复存在，遂有当地百姓至此种田居住，他们由衷地希望不要再发生战争，而过安定生活，以享幸福，故以吉语“定福”（安定幸福）命名了自己的村子。“1969 年，在定福庄村东修筑巨大军用构筑物，将部分村民迁到构筑物之东居住，才产生东、西定福庄之村名。”

这个神秘的军用构筑物，就是这里要说的小山。据一些历史资料记载，那些年中苏关系紧张，此山是为了防御苏联借道蒙古国的入侵，阻止敌人的坦克长驱直入而在北方建设的“人造山”防御工事。这些工事分别在华北、苏北、西北平原地区进行。人造山的堆形为单峰菱形或双峰椭圆形，高度一般都在 20—40 米，正面宽 250—400 米，纵深 120—220 米。小山里面的地下坑道总长近千米，坑道出口 6—10 个。覆土要求能够抵御几百公斤航空炸弹的直接命中。内部要求达到自然通风、供电、供水。每座人造山一般配置一个营的兵力，在战时可进驻一个炮兵群指挥机构，总兵力约 300—500 人，堪称陆战之王。

这座小山，与资料中描述得有些不同，一是高，目测要超过 50 米，而且植被密集；二是比较“圆润”，再加上环湖碧水，一点儿也没有人造的痕迹，浑然天成。小山位于张家湾镇的腹地，距离运河最近处 1400 米，距离凉水河不过 500 米，距离京津公路一步之遥，扼守水路要道，地理位

定福村

置极佳。这座人造山被媒体公开以后，好多军迷感叹这是“中国马其诺”。

好在苏联毁灭于内部，想象中的“中苏大战”并没有发生，而“人造山”的军事功能也就遭到废弃。随着我国国家实力的增长，国外军事集团想从陆路入侵华北平原的可能已经没有了，定福庄人的安定幸福生活更多地来自国家的好政策和改革开放。“人造山”和周边的风景越来越漂亮，已经成为通州市民的打卡胜地。

◎ 细数通州的三处国耻纪念遗迹背后的故事

今天是2022年8月15日。8月15日，是一个值得亿万中国人民永远铭记的日子。77年前的1945年8月15日，日本电台播出了裕仁天皇亲自宣读的《终战诏书》，宣布日本无条件投降。

日本投降矣！
答覆四國接受規定條欵
今晨七時四國首都同時正式宣佈
日本答覆係昨晚提出
昨日東京
社評
巨機八百架昨炸日本
敵機前日襲美機動艦隊
中蘇締約
蘇軍越過大興安嶺

《大公报》刊登的日本投降消息

然而据环球网报道，在日本战败投降日到来之际，岸田内阁一些成员，以及日本国会议员，公然前往靖国神社“拜鬼”。日本首相岸田文雄打着日本自民党总裁的旗号，委托他的事务所给靖国神社送“玉串料”，也就是所谓的祭祀费，相当于“间接拜鬼”。这一系列行为的背后不免令人怀疑日本早就已经忘记自己投降过了。

否认罪责就意味着重犯，而忘记历史就等于背叛。1931年9月，日本帝国主义开始发动侵华战争。这次战争规模之大、时间之久、破坏之巨、影响之深，实属空前。日本侵略者以14年时间，占据中国大片国土，大好河山遭受日寇铁蹄践踏。日本军队所到之处，房屋工厂被破坏，资源财富被掠夺，人民生命惨遭杀戮。战争给中国人民带来了极为深重的灾难，打断了中国的现代化进程。在通州，至今还遗留着三处日寇侵华的罪证，时刻提醒着我们不忘历史，铭记来之不易的胜利。

【华北汉奸政府“通县水塔”】

在如今的中仓路中仓仓墙遗址西边的大院内，有一个1936年修建的自来水塔。钢筋混凝土结构，总高25米，水塔顶部设储水槽，可储水200吨，于1936年6月动工，当年12月告竣。该塔至今保存完好，水塔由伪冀东通县城关市政工所督建，上面有大汉奸殷汝耕题词：“通县水塔”依然清晰可见。

通县水塔遗迹

可不要以为这个水塔是什么“便民”工程，这是日寇和汉奸政府的阴谋。通州是伪“冀东防共自治政府”所在地。1935年7月，“何梅协定”之后，日军攫取了中国河北、察哈尔两省和平津大部分主权。10月，日军指使河北省香河县汉奸暴动，占领县城。11月，又策动汉奸进行所谓“华北五省自治运动”，在通州成立有22个县的“冀东防共自治政府”，大汉奸殷汝耕任伪政府主席。

汉奸殷汝耕题字

日本在通州设立伪政府，主要是因为通州东临大运河，处于平津之间，向北可控制山海关，向南则可深入华北平原腹地。控制了通州就控制了秦皇岛、山海关、天津一带的交通要道，具有极强的军事意义。他们修建水塔的如意算盘是：通过修建自来水塔，填塞全城所有水井，由特务控制供水，一次达到严密控制百姓的目的。

【伪“通州事变”殉难者纪念碑】

日本侵华罪证碑

在通州土桥 103 国道东侧，有这么两块“纪念”1937 年丧生的日本侵略者的石碑，至今仍然矗立在绿化带内，平时路过很容易被忽视，从斑驳残缺的碑文中依稀可见“通州事件”几个字格外清晰。它们分别是“通州事件棉花关系殉职者慰灵碑”和“满洲电电社员殉职纪念碑”。

这两块碑与历史上鲜为人知的“通州起义”有关，1937 年 7 月 29 日零时，伪“冀东防共自治政府”通州保安队起义官兵在总队长张庆余等人带领下举行起义。起义部队趁夜色对通州日本驻军发起袭击，经过六小时激战，击毙日军特务机关长细木繁中佐等日军数十人，消灭日军守备队、汽车队大部及全部日本顾问，活捉伪政府政务长官、大汉奸殷汝耕。当日军得知通州保安队起义后，即展开了疯狂的报复行动。当天就派飞机对通州县城进行轮番轰炸，不少未逃离的中国平民被炸死。到了 30 日，日本人从南苑调了 1000 多名日军再次进驻通州。日本鬼子这时是见人就杀，700 多名通州平民死在日军刀枪下。

1938 年 8 月，由汉奸政府组成此碑的建设委员会，强行拆除文庙汉白玉护栏为日军立碑，数百年的文物惨遭破坏。所立碑文上除了有 11 名死亡日本人的名字之外，还为了掩盖其侵华的本质，碑文上写“为士邦之人某其乐利”，将侵略说成是“壮志伟业”，鼓吹“东亚共荣”。

【侵华日军飞机“机窝”】

在张家湾镇三间房村有三座蘑菇形的硕大建筑，这里是侵华日军遗留的飞机掩体，俗称飞机窝、飞机堡。1942 年，抗日战争正处于相持阶段，日军在三间房村东修建了一座大型军用机场。为防备空袭，日军把飞机停在机场外的村西，同时修建了许多飞机掩体，由于这些掩体形似一个乌龟盖子，所以当地人俗称为“机窝”。除了机场机窝，日军还在村中街南侧建了暗堡，形状像平顶的房屋，多半在地下，探出地面的部分留有枪眼。这是日本侵华罪行抹不掉的铁证。

三间房日寇机窝遗址文物石碑

三间房日寇机窝遗址

这场由日本侵略者发动的战争，不仅在物质财富上，更在精神上极大地伤害了中国人民的感情。中国人民承受着丧失家园、被奴役、被杀害、国破家亡、妻离子散的痛苦，不得不接受战争所强加的对人性的摧残。我们铭记历史，谴责侵略者的残暴，不是延续仇恨，而是珍爱和平。我们缅怀先烈，牢记不能忘却的牺牲，是因为山河重振来之不易。先辈洒热血，吾辈更应自强。

◎　一个丢了半个多世纪的证件，比身份证还要珍贵

60年是什么概念？

一个甲子的轮回。

2022年，笔者偶然得到一份特别的收藏品——两张一对1962年的盖着通县通州镇人民公社印章的结婚证。

经过了半个世纪的洗礼，结婚证纸张已经微微发软泛黄，但顶部的五星红旗依然鲜红，庄严依旧，赤色的牡丹花纹和金色的龙凤呈祥图样依然鲜艳喜庆，连上面的文字也清晰可见。

结婚证文字采用的是繁体字横排，第一排是序号：京通婚字第1284号。

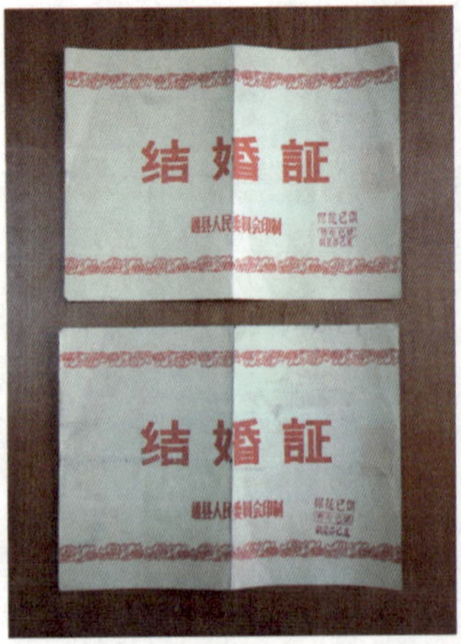

结婚证封面

结婚证内页

下边正文的内容是："杨洪亮（男）二十一岁 / 马桂珍（女）十八岁自愿结婚，经审查合于中华人民共和国婚姻法关于结婚之规定，发给此证。"

结婚证没有粘贴新人照片，可能是当时还没有相关的要求，所以没能欣赏到这对新人当年的风采。新人只在钢笔签名的地方摁下了这一双力透纸背的指纹，就这样互相托付终身。

结婚证的文字和版式都是有一定的规矩的，体现了 1950 年 4 月 30 日颁布的《中华人民共和国婚姻法》的意志。在这部法律的约束下，规定了男女双方婚育年龄，新娘、新郎的名字头一次并列在一起，体现男女平等；婚书中除结婚人外，双方父母、媒人、证婚人等不再出现，废除婚姻包办；结婚证统一由政府颁发，摒弃了以前自主购买的习俗……

结婚证的落款日期是"一九六二年十月二十九日"，落款处盖着通县通州镇人民公社圆形印章。

1962 年前后通州有哪些变化？据 1960 年 4 期《经济研究》刊登的《通县人民公社三级所有制的概况》显示，通县于 1958 年 9 月实现了人民公社化。全县共建立了 8 个人民公社。

据 2003 年版的《通州志》大事记记载，1958 年 4 月 1 日，通县、通州市划归北京市，县市合并为通州区。8 月 29 日，区委传达文件后 3 天内全区实现人民公社化，组建 9 个人民公社。1960 年 2 月，撤销通州区，恢复通县建制。

他们结婚这天发生了哪些大事？笔者正好找到一张当天出版的《光明日报》，头版头条的文章是《首都隆重集会坚决支持古巴反美卫国斗争》，事由是美国开始对古巴进行经济封锁，当时

光明日報
GUANGMING RIBAO
29
六亿五千万中国人民永远是古巴人民最可靠、最忠实的战友
首都隆重集会坚决支持古巴反美卫国斗争
周恩来总理、邓小平总书记等党和国家领导人参加了大会
革命的古巴万岁！
社论

当天的《光明日报》头版

的人也许并不知道，这一封锁，也持续了 60 年。

结婚证的正面除了证件名称和印制单位以外还有一个细节：封面右下侧盖了三个鲜红的方章：“棉花已供”“棉布已供”“购物券已发”字样。可能是年代太久远，笔者都无法切身体会到这几个字背后的无奈，只是听父辈们提到过，当时国内正处于三年困难时期，物质匮乏，粮食和许多最基本的生活用品都要凭票供应，只有在婚丧嫁娶等情况下，才能得到一些特殊的照顾。

20 世纪 60 年代的票证

如今，这对结婚证上的年轻夫妻，应该已是 80 岁上下高龄的耄耋老人了，证件中没有提到其他有效的身份信息，他们后续的发展、家庭住址、有无子女也都不得而知。笔者真心希望他们都还健康长寿。同时，也发出失物招领，请朋友们帮助这对老人找回遗失的美好。不让这份沉淀着 60 年的真爱之证被时光掩埋。

◎ 一份喜报的诞生

端午节前，笔者突然接到一个老朋友的电话，说是要给笔者送点儿粽子。放下电话，笔者又惊又喜。朋友叫冬子，家住西单，娶了一位通州的姑娘为妻。这一晃多年过去了，也不知道他们过得怎样？

及至见面一番寒暄后，发现冬子除了谢了顶，其他的变化不大。问起嫂夫人，说起她已经是两个中小学女孩子的妈妈。因为其他的原因，所以也没有多聊，相约改机会再见面。

P4 囍记录 2005年5月4日 星期三

躍馬争春金平樂 有情終成眷屬

聞雞起舞浩宇歌 因愛方結伉儷

红镜头 良缘

奥运情牵我和你 杨浩宇王金平婚庆纪念

创刊号 囍报

距2008年8月8日北京奥运会开幕还有 1192天

本期限量印刷2008份 2005年5月4日 星期三 农历三月二十六日

奥运情牵我和你

杨浩宇 王金平今天结婚了

证婚词

《喜报》一版和四版

P2 喜 历程 2005年5月4日 星期三

[新人介绍]

奥运情牵我和你

杨浩宇（冬子）王金平的情感之路

2005年5月4日 星期三 喜 祝福 P3

好人自有好邮缘

[花絮]

冬子名字之迷？

亲友团合影

双方父母寄语

新人鸣谢

《喜报》二版和三版

等冬子走后，笔者不禁思绪万千，想起了与冬子两口子的奇遇——一次喜报的策划过程，当时的创意，应该在北京是头一个了。

2005 年 4 月初，一个朋友找到笔者，想让笔者帮助策划他的一个朋友的婚礼。

这个朋友可不简单，他叫刘超英，当时 40 多岁，是中国收藏家协会体育专业委员会的副主任，中国体育博物馆的馆员，著名的北京申奥“万米邮票长城签名长卷”的发起人。

他的这个朋友名叫冬子，大名叫杨福东，业余时间喜爱摄像，曾经陪伴刘超英近 10 年，专门拍摄我国“申奥”民间组织的各种活动，他定于 5 月 4 日结婚。所以决定找一些人筹划婚礼。这些人各抒己见，有说出首日封的，有说出婚庆签名长卷的。这些意见都被采纳了，但是大家认为还需要一些更加独特的东西来体现这个婚礼，因为这对新人的相爱相识围绕着“申奥”，是非常值得纪念的。

酒桌上，他引荐了他的未婚妻，一个运动员出身的通州姑娘王金平。说起她，也不简单，她家在通州的土桥，是一位出色的自行车运动员，打小就离开家到什刹海体校训练。艰苦的体育训练，养成了她天不怕地不怕的性格。在 2003 年的“非典”期间，她在最危险的时候，自愿报名参加志愿者，在宣武医院病房里面服务了一个月，她的事迹上过北京的大报。而两个人的恋情，是通过“申奥”活动在天安门相识，而又通过“非典”志愿者而经历了生死考验，最终走到一起的。他们都是普通人，但是说心里话，笔者是真心地佩服他们俩。

酒意正浓时，笔者提出不如结合自己从事新闻出版报纸的工作，办个只有一期的“喜报”，把新人相识、相知、相恋、相爱的浪漫过程；新人相处时一些值得双方怀念的小点滴；新人及与新人相关人士的纪念性照片；亲人、朋友及相关人士对新人的祝福通过一张报纸展现出来，把结婚这一神圣的事情，用报纸的形式留存下来。此创意一出，立刻得到在座一致赞成，而且大家各抒己见，纷纷提出建议，并且主动把许多工作分担下来，最后的结果是：笔者负责新人相恋经过的主打稿件写作和排版。主意已定，大家分头行动起来，一做才知道，确实不那么容易，但是既然已经接下来了，就没有退路可言了。那几天，笔者几乎天天加班到深夜，用了近 15 天时间才把大样制作出来。经过出片、印刷等一系列程序，终于赶在 5 月 2 日全部做了出来。为了纪念 2008 年北京承办奥运会，只印刷了 2008 张，每张都有唯一的一个编号，这第一张准备请各个名人签字后送给首都博物馆，第 2008 张准备在 2008 年奥运会召开时捐献给组委会。

这个婚礼在我们的策划下非常成功，接亲那天，笔者还被邀请随新郎到通州土桥接亲。婚礼吸引了北京电视台“奥运 2008”栏目的记者，他们在婚礼之前就进驻到新人家里，一连拍摄了 5 天，最后专门制作了一个 25 分钟的专题片在北京电视台第一频道等播出近 30 次，该名记者也因此片获奖。当然了，笔者也在这个片子里露了一脸，“忽悠”了“喜报”近一分钟。

（记于 2020 年 6 月）

◎ 由张家湾“拍记”引出的一天

在网上听到网名“老鸵鸟”的欧老师一声通州老乡的称呼，顿感心里热乎。

笔者遇到了这样一种人，他们虽然来自天南海北，但是都聚集在了通州。

周六晚上，欧老师约笔者次日到张家湾“拍记”，顺便和几位家在通州的网友聚聚见见。于是赶忙上网联系。可惜的是，由于时间紧迫，最后

雾锁永通桥

未能联系上“leekei”。

周日早8点，笔者拉着王起君先生准时赶到八通线果园站，与欧老师和蓟风老师见面，一同开车直奔张家湾通运桥。

王起君先生是著名的报纸收藏家，在邮局当过支局长，走遍了通州的每一个角落，因此有通州“活地图”之称，也是通州活动的“秘书长”。

当天大雾，车开得并不快，开了十几公里，掉了一个头，七拐八拐就摸到了通运桥边的张家湾老城门楼。

残荷

这是郊区的“郊区”，由于空旷，因此天气更加冷些，地更冻些，雾也更大些。笔者与几位摄友试着找些角度，一边拍摄一边切磋。非常羡慕欧老师和蓟风老师的胶片机，笔者的佳能数码机突然出现了故障，机身与镜头连接处发生传输故障。

“永通”守望者

原以为10点多雾会散，没想到雾气更大了。这给我们的拍摄增加了不少的难度。大家商量一下，决定收手，也为今天的“雾拍”画上一个句号。

在往回返的路上，热情的王起君先生又联系上了通州著名的收藏家康和中先生，正巧他要到老酒收藏家陈学增的店里去，于是顺道拐弯直奔乔庄的收藏市场。

康和中先生是通州区的政协委

员，是一位收藏大家，对运河文化、通州地方文化深有研究。他的“嘉树堂”园林收藏有山西古民居、古门楼系列，明清古家具、古牌匾、古钟砖雕和瓷器等，林林总总。特别值得一提的是，他收藏的明清皇家御用“金砖”系列，囊括了几乎清朝所有皇帝时代的“金砖”，其收藏之全堪称中国民间中独一份。这也要归功于大运河的功劳，因为这些“金砖”都是通过大运河从南方运到北京皇宫的，通州是它们的必经之地。

陈学增在京城玩酒的圈子里非常有名，他专门收藏纯粮食酿造的老白酒。在陈学增先生的店里，当笔者告诉他，早上刚刚与“老北京网”的几位“拍记”活动之后，他非常惊讶地对笔者说：

“我还是头一次听说有这个名字的网站，‘老北京’代表着一种回忆。我这里也有一种‘老北京二锅头酒’，这还是 10 年前通州制酒厂生产的，虽说仅剩一箱还落满了灰尘，但是非常好喝，有回味。你回头跟这些朋友们说说，欢迎他们到我这里喝‘老北京二锅头酒’。”

越聊越热乎，中午我们几个人索性就在旁边的张记锅贴店吃起了火锅。这家店最早在南街的老胡同里，口碑非常不错，至于搬迁的原因，店主并没有细说。

一进饭馆，就只见这三位满世界跟人打招呼，笔者也发现了自己的熟人——“枯木陶”华续为先生，饭前寒暄几句，饭中互相敬个酒，透着温馨惬意。

通州有点像罗大佑歌词里的“鹿港小镇”，虽然紧靠北京，但是城不大，所以熟人多，甭管本地人还是外地人，只要你融入了通州，通州就接纳了你。

笔者喜欢通州的“小”，当然，笔者更崇尚北京城里的“大”。对笔者来说，打拼在北京，安居和“疗伤”在通州。

感谢欧老师，感谢同去和未成行的几位“老乡”，感谢这些温馨热故的朋友。笔者崇尚一位朋友，客居通州的著名博客手韩浩月先生，他说过

城墙记忆

一句话：通州是北京的左岸。

在这里，通州不再是一个地域的形象，通州也不是一方水土的问题，而是一种生活方式，乃或是一种类型的人格。

（记于 2011 年 12 月 4 日）

◎ “教师节”背后的故事真不简单

后天就是教师节，今年的教师节正好和中秋节同日，可喜可贺。关于教师节，正好有话要说。这还要从一本儿童教材说起——

笔者得到了一本红色文献——冀中解放区出版的《儿童游戏》图书，虽然价格不低，但是相比较它的价值来说，还是觉得是捡了个漏。

该书为 32 开本 30 页，封面的书名、落款和装饰色块采用的是靛蓝色，配合装饰些许绿色线条，封面纸比较光洁，内页采取的解放区特有的草纸铅字印刷。册子虽然比较薄，但是干净整洁，品相完整，实属罕见。本书

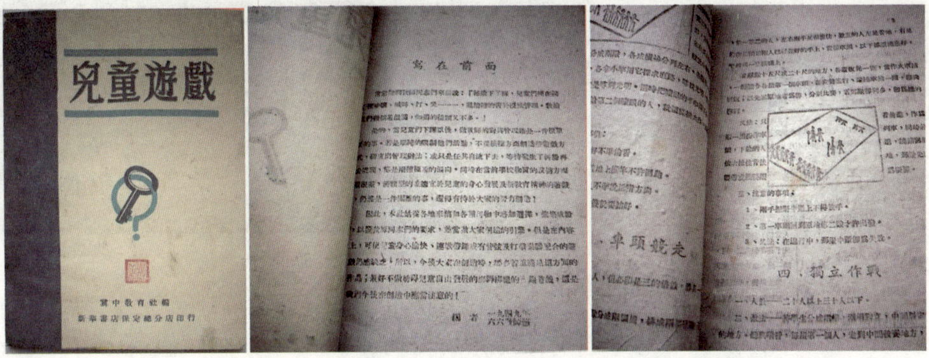

《儿童游戏》封面与内页

由冀中教育社编，新华书店保定总分店印行，发行时间是1949年6月。全书一共30页，除了前言和目录，一共选登了26个小游戏，这些游戏，大约有三分之一的游戏结合了时事，比如《寻找光明》《蒋介石完蛋了》《捉拿俘虏》……游戏内容有文有示意图，虽然简陋，但是能看出作者是认真的。

该书的前言写得非常口语化。是这样写的：“常常接到教师同志们来信说：‘每逢下了课，儿童们便在院子里吵嚷、喊叫、打、哭……乱糟糟的苦于没法管理。交给他们做个游戏罢，知道的种类又不多……’当儿童们下课以后，做教师的对其管理确是一件很重要的事。若是单纯的限制他们活动，不从积极方面创造些游戏方法，研究出管理办法；或只是任其自流下去，等待发生了纠纷再做处理，都是两种极端的偏向。同时在当前学校物质的设备方面仍很差，新类型的并适宜于儿童的身心发展及新教育精神的游戏仍然是一件困难的事，还得有待于大家的努力创造！因此，本社姑从各地来稿和各种刊物中略加选择，汇集成册，以食教师同志们的要求，并当作大家创造的引擎……”

朴实的话，说出了教育的本质。不过引起笔者注意的是落款的时间，是这样写的：“1949年六六教师节”，不是每年的9月10日么？这是怎么回事？

中国的教师节最早是在民国时期所开启的。说起来，这件事情还牵扯到孔祥熙（也是潞河中学毕业的早年校友哟）。

潞河中学孔祥熙捐建的图书馆

1931年，中国国难当头，整个社会都处于一片水深火热之中。孔祥熙建立中华慈幼协会，规定每年的4月4日是中国儿童节。然而同年5月，江浙一带的教育工作者联络南京、上海一带的教育界人士，提倡在每年的6月6日为中国教师节。他们还在公报上联合发表《敬告全国同胞书》，渴望得到社会的认可与关注。当年6月6日，中国第一场教师节的庆祝大会在南京举行，当时来自全国各地的教育界人士，都来到这个规模盛大的庆祝活动。然而他们关于教师节的提议，却一直没有得到国民政府的认可。导致“六六教师节”一直未能在全国顺利推广。

孔祥熙是孔子后裔，15岁以山西太古华美公学第一名的成绩，被保送到潞河书院。1900年，孔祥熙因毕业成绩优异，被潞河书院推荐到美国欧柏林大学继续深造，后来，孔祥熙当上了南京国民政府行政院长兼财政部长，成为民国翻云覆雨的人物。为了感念中学那段求学经历。1935年，他给潞河中学建了一座楼，就是今天的潞友楼。

1939年，国民党政府的教育部将孔子诞辰这一天定为“教师节”，同时又向民间宣布往昔所举行的“六六教师节”，自本年开始不得再出现。然而这个教师节却遭到了教育界各界人士的反对，很多教师并没有把“八二七”当作教师节，他们仍然按照原来的“六月六日”继续举行庆祝教师节的活动。

抗战胜利结束后，国民党统治区坚持过“八二七教师节”，在解放区，主要以“六六教师节”为主。1948年，国民党已成衰败之势，这一年他们在南京举办了最后一次“八二七教师节”。1949年，根据北京市档案馆的大事记记载，北京的学校，自发组织在新中国诞生前的最后一次“六六教师节”的庆祝活动。

新中国诞生的前夕，1949年6月6日，《人民日报》出现了一篇文章，文章中写道：当下是中国翻开历史崭新篇章的一年，所以新中国的教育任务也应当有所改变。这篇文章一语中的，指出了当下中国教育所面临的新问题。1951年劳动节前夕，教育部部长发表讲话，宣布废除国民政府时代的“六六教师节”和“八二七教师节”，同时将“五一”和“教师节”合并，这一天既是劳动工人的节日，也是广大教师的节日，中国历史上的第一个教师节诞生了。

1985年1月21日，第六届全国人大常委会第九次会议做出决议，将每年的9月10日定为我国的教师节，用以感谢传道授业解惑的教师。

从一个教师节的时间就能看出来，尊师重教，说得简单，做起来不容易。教育是具有阶级性的、有价值观的，关键是教师。

（记于2022年9月8日）

◎ 端午节话樱桃

樱桃熟了，前几天，一个朋友打电话邀请笔者到西集采樱桃，考虑到疫情影响，不敢外出太远，婉言谢绝了。

待到端午节当天，笔者在家待到下午，突然想起这件事，正好憋了些日子，也想出去散散心。于是驱车一猛子顺着运河左堤下行，不一会儿就到了沙古堆村。路两侧的樱桃园一家接着一家，一直延伸到儒林村，路两侧时不时也都有摆摊卖樱桃的。寻着几家打听了一下，价格不贵，和超市差不多，20 元一斤，采摘也在 30 多元一斤。不过和他们聊多了，大多透露出的信息却不乐观。

“今年的产量不行，今年的行市也不行……”好几个农人说，4月的两次急寒让樱桃没有长起来，产量不及往年一半，而且过来采摘的人不算太多，即便买也不多买。一番话说得笔者无语，往年的热闹景象仿佛并没有上演。

从2007年5月开始，西集镇举办首届大樱桃采摘节，迄今已经16年了，每年一到采摘季，游人无数，一年比一年热闹。西集镇的大樱桃种植历史已有20余年，现有面积达1.1万亩，主要分布在沙古堆村、儒林村、供给店村、小辛庄村等30多个村庄，其中以沙古堆村种植面积最广。2011年，主产区在西集的“通州大樱桃”正式被农业部授了“国家地理标志”称号，给这里赋予了更加深刻的地理和人文意义。近几年，他们在参加全国及市级比赛中累计获金奖17个，银奖38个。广袤的樱桃园既是西集乡村休闲田园景观，也是生态休闲旅游的重要一环。

西集樱桃

樱桃在我国有3000多年的栽培历史，别名牛桃、朱桃、李桃、莺桃、荆桃、楔桃、英桃、樱珠、含桃等。关于樱桃的史籍记载，最早是周代的《礼记·月令》：“是月（仲夏之月）也，天子乃以雏尝黍，羞以含桃先荐寝庙。”东汉经学大师郑玄注为“含桃，樱桃也。”《淮南子·时则训》称：“羞以含桃。”

北京历史上所栽培的樱桃与今天市面上所见到的樱桃有所不同，其果形小，状似珍珠。如今北京地区常见的樱桃被称为欧洲甜樱桃，也称大樱桃。这种樱桃大多数是近代以来从国外引进的。目前，西集樱桃产业聚集区樱桃种植主要品种是红灯、雷泥、红艳、红蜜等 10 多种。

樱桃被称为“端阳圣果”。据传古代君王在樱桃收获时，摘下来舍不得尝鲜，而是先用它来祭祀祖先，然后再与群臣共食。辽金有“荐新”“献时新”等习俗，即皇帝将刚刚成熟的果物珍品赏赐大臣，或是文武百官、达官贵人向皇上进献刚刚成熟的果物珍品，而樱桃则是端午前后赐食或进献的果中珍品。通州政协《文史选刊》曾载文，按照通州的习俗，端午节这天，人们应该在佛前供三或五碗粽子和樱桃、桑椹，富户还供五毒饼糕点，并拈香朝拜，以此驱灾防病。

2022 年，受疫情影响，许多行业普遍经营状况不好，同样也波及樱桃种植产业，虽然政府正在出台一系列措施，但是毕竟要有一个过程。这就像一架正在飞行的飞机，停，也得慢慢滑翔降落，起，也得逐步加速才能起飞。唯祝愿大家再坚持一段时间，共同渡过难关。

因此，今年的樱桃，身边的朋友们还是应该多吃一点，要不，伤了农民的心，明年再买，就难了。

（记于 2022 年 6 月 3 日）

参考文献

全国政协文史委，中国文物学会．中国大运河 [M]．中国文史出版社，2009.

市政协文史委．北京文史资料精选 [M]．北京出版社，2006.

王灿炽．王灿炽史志论文集 [M]．北京燕山出版社，1991.

魏开肇．北京城市史：历代建置与机构 [M]．北京出版社，2016.

尹钧科．北京郊区村落发展史 [M]．北京大学出版社．

王云五．燕魏杂记；昌平山水记；京东考古录 [M]．商务印书馆，1936.

通县地名志编纂委．北京市通县地名志 [M]．北京出版社，1992.

通州区地方志编纂委．通县志 [M]．北京出版社，2003.

周良．周良文史选集（上）（下）[M]．漓江出版社，2015.

周良．通州地名谈 [M]．文化艺术出版社，2009.

周良．潞阳杂叙 [M]．中国文联出版社，2002.

户力平．光阴里的老北京 [M]．新华出版社，2017.

北京民俗博物馆．东坝民俗文化志 [M]．民族出版社，2009.

白新瑞．朝阳故事系列读本（八册）[M]．红旗出版社，2010.

通州区图书馆．流光旧影认通州 [M]．光明日报出版社，2016.

通州区文化委．潞阳遗韵 [M]．漓江出版社，2013.

通州区文化委．大运河文化带：通州故事丛书（10）[M]．北京联合出版公司，2018.

通州区政协文史委．大始通州 [M]．团结出版社，2017.

通州区政协，漷县镇政府．千年古镇漷县 [M]. 团结出版社，2012.

通州区政协，新华街道办事处．检粹新华 [M]. 团结出版社，2016.

通州区政协，马驹桥镇政府．京畿古镇马驹桥 [M]. 团结出版社，2015.

通州区政协，于家务乡政府．孝和于家务 [M]. 团结出版社，2019.

通州区政协，张家湾镇政府．漕运古镇张家湾 [M]. 团结出版社，2014.

通州区政协，潞城镇政府．智临潞城 [M]. 团结出版社，2020.

张惠．李贽：老愤青的童心 [M]. 中国发展出版社，2008.

杨家毅．中仓 [M]. 人民出版社，2014.

杨家毅．通州文脉 [M]. 北京出版社，2018.

陈喜波．漕运时代北运河治理与变迁 [M]. 商务印书馆，2018.

陈喜波．运河上的古村落 [M]. 北京联合出版公司．

郑建山．大运河的传说 [M]. 大众文艺出版社，2011.

刘福田．一代宗师李卓吾 [M] 团结出版社，2017.

徐华，张洪志．潞河中学史话 [M]. 社会科学文献出版社，2014.

刘海波，郭丽．北京通信电信博物馆 [M]. 同心出版社，2014.

褚绍唐．徐霞客旅行路线考察图集 [M]. 中国地图出版社，1991.

全国政协文史委．革命史资料（3）[M]. 文史资料出版社，1981.

木铁．佩剑将军张克侠 [M]. 中国文史出版社，1987.

赵珍．清代北运河漕运与张家湾改道 [J]. 史学月刊．

北京市考古研究院．北京通州小圣庙遗址与北京运河故道考古发掘简报 [J]. 运河学研究．

徐建平．清末直隶行政区划改革研究 [J]. 北京社会科学，2008（2）．

侯仁之．徐霞客和徐霞客游记[J]．社会科学战线，1980(1)．

蒋明宏．徐霞客北游、川游问题新识[J]．华东师范大学学报，1997(4)．

曾俊伟，徐祖光．徐霞客京师之游初探[J]．徐霞客研究(16)，2008．

王元林．京杭大运河镇水神兽类民俗信仰及其遗迹调查[J]．中国文物科学研究，2012(1)．

宗世昊．明清时期京杭大运河镇水兽的形象溯源与流变[J]．艺术与民俗，2022(1)．

成志芬，唐顺英，华红莲．大运河（北京段）传统村落居民对运河文化的认知及认同研究[J]．北京联合大学学报，2018(16—2)．

李丙鑫．南海子行宫和台[J]．北京规划建设，2001(2)．

王洪兵．清代京畿协同治理模式初探[J]．中国社会历史评论，2019(22)．

京兆尹公署内务科．北运河平面图，1917．